国家级一流本科专业建设配套精品教材

旅游经济学（第二版）

主编　王　静

副主编　赵福祥　钟宏伟

中国旅游出版社

再版前言

本教材自 2016 年出版以来，深受广大读者的喜爱，为了与时俱进，特对本教材进行了修订。

修订版教材注重立德树人，将二十大精神、习近平文化思想、旅游强国写入教材，并更新了案例。

教材编写分工如下：第一章、第八章、第九章章前案例由王静编写；第二章、第十章由赵福祥编写；第三章、第五章由梁幸福编写；第四章由阮冬梅编写；第六章由张洁编写；第七章由钱必均编写；第九章由张琴编写；实训指导由普国安编写；第三、四、五、六、七章的章前案例和章后案例由钟宏伟编写；旅游管理专业研究生王杨、刘超明、杨晨参与了本书案例的资料收集和参考文献的整理。

编者

2024 年 5 月

前 言

旅游经济学是旅游管理专业的必修基础课程之一。其以社会主义市场经济理论为指导，运用现代西方经济学、旅游学、管理学等多学科知识，全面、系统地阐述了旅游经济的基本理论和方法。它是一门专业性、知识性、实践性较强的课程。

本书结合编者多年的行业工作与教学经验，在广泛参考国内外有关资料的基础上，融入很多当前的实践案例，注重把理论与实践、定量与定性紧密结合，具有较强的理论性、科学性、系统性和突出的实用性。内容包括：旅游经济与旅游经济学、旅游产品及开发、旅游需求与供给、旅游市场及开拓、旅游价格及策略、旅游消费及效果、旅游收入与分配、旅游投资、旅游产业结构与优化、旅游经济发展等。本书不仅是旅游专业必备的教科书和参考书，对相关从业人员也具有重要的参考价值。

与已出版的同类型教材相比，本书具有以下特点：

（1）内容全面，重点突出。本书既涵盖了旅游经济学常规的教学内容，又重点突出了旅游经济实践工作的主要方面，具有直接、简明的特色。

（2）实践训练突出。木书将基础理论、知识链接、案例分析有机结合，既突出了重要的理论知识点，又加入了实践案例，方便教学。这些训练设计均可帮助读者掌握要点并拓宽思路。

本书由云南财经大学旅游与酒店管理学院普国安、王静任主编，普国安负责全书审阅及实训指导编写，王静负责全书提纲和前言的拟订及全书审阅工作。本书编写分工如下：第一章、第八章，王静；第二章、第十章，赵福祥；第三章、第五章，梁幸福；第四章，阮冬梅；第六章，张洁；第七章，钱必均；第九章，张琴；实训指导，普国安。

本书在编写过程中参考并借鉴了国内外有关作者的论著，同时得到了中国旅游出版社工作人员的大力支持，在此表示由衷的感谢！作者水平所限，书中难免有疏漏和不足之处，敬请读者批评指正。

编者

2015 年 10 月

前言

目 录

绪 论

第一节 深入学习贯彻党的二十大精神

党的二十大是在全党全国各族人民迈上全面建设社会主义现代化国家新征程、向第二个百年奋斗目标进军的关键时刻召开的一次十分重要的大会，是一次高举旗帜、凝聚力量、团结奋进的大会。党的二十大在政治上、理论上、实践上取得了一系列重大成果，就新时代新征程党和国家事业发展制定了大政方针和战略部署，是我们党团结带领人民全面建设社会主义现代化国家、全面推进中华民族伟大复兴的政治宣言和行动纲领，对于全党全国各族人民更加紧密团结在以习近平同志为核心的党中央周围，万众一心、接续奋斗，在新时代新征程夺取中国特色社会主义新的伟大胜利，具有极其重大而深远的意义。学习贯彻党的二十大精神，习近平总书记强调的"五个牢牢把握"是最精准的解读、最权威的辅导。要从战略和全局高度完整、准确、全面理解把握党的二十大精神，增强学习贯彻的政治自觉、思想自觉、行动自觉，为实现党的二十大确定的目标任务不懈奋斗。

一、深刻认识党的二十大胜利召开的伟大意义，提升新时代大学生政治站位

党的二十大担负起全党的重托和人民的期待，从战略全局深刻阐述了新时代坚持和发展中国特色社会主义的一系列重大理论和实践问题，科学谋划了未来一个时期党和国家事业发展的目标任务和大政方针，在党和国家历史上具有重大而深远的意义。

（一）这是中国共产党在百年辉煌成就和十年伟大变革的高起点上创造新时代更大荣光的大会

中国共产党在百年历程中共召开了十九次全国代表大会。党的二十大是我们党在建党百年后召开的首次全国代表大会，也是在新时代十年伟大变革的时间坐标上召开的全国代表大会，具有特别的里程碑意义。

（二）这是推进实践基础上的理论创新、开辟马克思主义中国化时代化新境界的大会

马克思主义中国化时代化既是马克思主义的自身要求，又是中国共产党坚持和发展马克思主义的必然路径。中国共产党为什么能，中国特色社会主义为什么好，归根到底是马克思主义行，是中国化时代化的马克思主义行。党的二十大深刻阐述了习近平新时代中国特色社会主义思想的科学内涵和精神实质，深入阐释了开辟马克思主义中国化时代化新境界的重大命题并提出了明确要求，具有重大理论意义。

（三）这是谋划全面建设社会主义现代化国家、以中国式现代化全面推进中华民族伟大复兴的大会

现代化是各国人民的共同期待和目标。百年来，我们党团结带领人民进行的一切奋斗、一切牺牲、一切创造，就是为了把我国建设成为现代化强国，实现中华民族伟大复兴。在新中国成立特别是改革开放以来的长期探索和实践基础上，经过党的十八大以来在理论和实践上的创新突破，我们党成功推进和拓展了中国式现代化，创造了人类文明新形态。党的二十大明确提出以中国式现代化全面推进中华民族伟大复兴的使命任务，精辟论述了中国式现代化的中国特色、本质要求和重大原则，深刻阐释了中国式现代化的历史渊源、理论逻辑、实践特征和战略部署，大大深化了我们党关于中国式现代化的理论和实践。

（四）这是致力于推动构建人类命运共同体、携手开创人类更加美好未来的大会

当前，世界之变、时代之变、历史之变正以前所未有的方式展开，人类社会面临前所未有的挑战。世界又一次站在历史的十字路口，何去何从取决于各国人民的抉择。党的二十大深刻把握世界大势和时代潮流，宣示中国在变局、乱局中促进世界和平与发展、推动构建人类命运共同体的政策主张和坚定决心，为共创人类更加美好的未来注入强大信心和力量。

（五）这是推动解决大党独有难题、以党的自我革命引领社会革命的大会

全面建设社会主义现代化国家、全面推进中华民族伟大复兴，关键在党。党的二十大明确提出：我们党作为世界上最大的马克思主义执政党，要始终赢得人民拥护、巩固长期执政地位，必须时刻保持解决大党独有难题的清醒和坚定。

二、深刻把握党的二十大主题，激发新时代大学生爱国热情

党的二十大的主题，正是我们党对这些事关党和国家事业继往开来、事关中国特

色社会主义前途命运、事关中华民族伟大复兴战略性问题的明确宣示，是大会的灵魂。习近平总书记在党的二十大报告中，开宗明义指出大会的主题：“高举中国特色社会主义伟大旗帜，全面贯彻新时代中国特色社会主义思想，弘扬伟大建党精神，自信自强、守正创新，踔厉奋发、勇毅前行，为全面建设社会主义现代化国家、全面推进中华民族伟大复兴而团结奋斗。”这一主题明确宣示了我们党在新征程上带领人民举什么旗、走什么路、以什么样的精神状态、朝着什么样的目标继续前进等重大问题。《中国共产党第二十次全国代表大会关于十九届中央委员会报告的决议》指出：“报告阐明的大会主题是大会的灵魂，是党和国家事业发展的总纲。”学习领会党的二十大精神，必须把握这一“灵魂”，抓住这一“总纲”。大会主题中的六个关键词语值得我们高度重视。

（一）旗帜

新时代新征程党高举的旗帜就是“中国特色社会主义伟大旗帜”。大会主题写入这一根本要求，既体现了中国特色社会主义历史演进的连续性、继承性，又体现了新时代党坚持和发展中国特色社会主义的坚定性、恒久性。

（二）思想

大会主题所指示的“全面贯彻新时代中国特色社会主义思想”，就是要求在新时代新征程必须全面贯彻习近平新时代中国特色社会主义思想。党的二十大报告对此作出全面部署。

（三）精神

继在庆祝中国共产党成立100周年大会上习近平总书记提出并号召继承发扬伟大建党精神后，党的二十大主题写入了“弘扬伟大建党精神”的要求，新修改的党章载入了伟大建党精神“坚持真理、坚守理想，践行初心、担当使命，不怕牺牲、英勇斗争，对党忠诚、不负人民”的内涵，这是党在自己最高权力机关及最高章程上的庄严宣示，明确回答了党以什么样的精神状态走好新的赶考之路的重大问题，不仅是贯穿大会报告的重要红线，也是今后党的全部理论和实践的重要遵循。

（四）现代化

“现代化”即“全面建设社会主义现代化国家”。这一重要主题彰显了当前和今后一个时期党的中心任务。党的二十大庄严宣告：“从现在起，中国共产党的中心任务就是团结带领全国各族人民全面建成社会主义现代化强国、实现第二个百年奋斗目标，以中国式现代化全面推进中华民族伟大复兴。”“中国式现代化”成为这次大会的重要标识。

（五）复兴

在党的二十大主题中，前后用了三个“全面”，即“全面贯彻新时代中国特色社会主义思想”“全面建设社会主义现代化国家”“全面推进中华民族伟大复兴”。第一个“全面”规定了新时代党的创新科学理论的指导地位，第二个“全面”规定了新时代新征程的中心任务，第三个“全面”规定了党在新时代新征程的奋斗目标。大会主题中的前两个“全面”，以及报告全文使用的其他一百多个“全面”，都是为了实现“全面推进中华民族伟大复兴”这一根本目标。

（六）团结奋斗

“团结奋斗”是党的二十大主题的鲜明特色。除了在主题中要求“为全面建设社会主义现代化国家、全面推进中华民族伟大复兴而团结奋斗”外，“团结奋斗”一词还体现在党的二十大报告的标题、导语、正文、结束语各个部分。报告全文共使用 7 次“团结奋斗”、27 次“团结”，突出表达了这次大会的主基调。

三、深入学习领悟过去五年工作和新时代十年伟大变革的重大意义，增强新时代大学生民族自豪感

过去五年和新时代以来的十年，在党和国家发展进程中极不寻常、极不平凡。习近平总书记在党的二十大报告中全面回顾总结了过去五年的工作和新时代十年的伟大变革，深刻指出新时代十年的伟大变革，在党史、新中国史、改革开放史、社会主义发展史、中华民族发展史上具有里程碑意义。学习宣传、贯彻落实党的二十大精神，必须深入学习领悟过去五年工作和新时代十年伟大变革的重大意义，坚定历史自信、增强历史主动，自觉在思想上政治上行动上同以习近平同志为核心的党中央保持高度一致。

党的二十大报告在总结党的十九大以来五年工作基础上，用“三件大事”、三个“历史性胜利”高度概括新时代十年走过的极不寻常、极不平凡的奋斗历程，从 16 个方面全面回顾党和国家事业发展取得的举世瞩目的重大成就，从 4 个方面总结提炼新时代十年伟大变革的里程碑意义。新时代十年的伟大变革，充分证明中国特色社会主义道路不仅走得对、走得通，而且走得稳、走得好。

四、深刻领会“两个结合”是推进马克思主义中国化时代化的根本途径，加强新时代大学生弘扬中华优秀传统文化教育

党的二十大报告提出，中国共产党为什么能，中国特色社会主义为什么好，归根到底是马克思主义行，是中国化时代化的马克思主义行。100 多年来，我们党洞察时代大势，把握历史主动，进行艰辛探索，坚持解放思想和实事求是相统一、培元固本和守正创新相统一，把马克思主义基本原理同中国具体实际相结合、同中华优秀传统文化相结

合，不断推进理论创新、进行理论创造，不断推进马克思主义中国化时代化，带领中国人民不懈奋斗，中华民族迎来了从站起来、富起来到强起来的伟大飞跃，实现中华民族伟大复兴进入了不可逆转的历史进程。

马克思主义理论不是教条，而是行动指南。习近平总书记在党的二十大报告中指出：“我们坚持以马克思主义为指导，是要运用其科学的世界观和方法论解决中国的问题，而不是要背诵和重复其具体结论和词句，更不能把马克思主义当成一成不变的教条。”坚持和发展马克思主义，必须同中国具体实际相结合。100 多年来，我们党把坚持马克思主义和发展马克思主义统一起来，既始终坚持马克思主义基本原理不动摇，又根据中国革命、建设、改革实际，创造性地解决自己的问题，不断开辟马克思主义中国化时代化新境界。坚持和发展马克思主义，必须同中华优秀传统文化相结合。只有植根本国、本民族历史文化沃土，马克思主义真理之树才能根深叶茂。中华优秀传统文化源远流长、博大精深，是中华文明的智慧结晶，其中蕴含的天下为公、民为邦本、为政以德、革故鼎新、任人唯贤、天人合一、自强不息、厚德载物、讲信修睦、亲仁善邻等，是中国人民在长期生产生活中积累的宇宙观、天下观、社会观、道德观的重要体现，同科学社会主义核心价值观主张具有高度契合性。中国共产党之所以能够领导人民成功走出中国式现代化道路、创造人类文明新形态，很重要的一个原因就在于植根中华文化沃土，不断推进马克思主义中国化时代化，推动中华优秀传统文化创造性转化、创新性发展。

五、牢牢把握全面建设社会主义现代化国家开局起步的战略部署，指引新时代大学生守正创新促发展

党的二十大站在党和国家事业发展的制高点，科学谋划了未来五年乃至更长时期党和国家事业发展的目标任务和大政方针，发出了全面建设社会主义现代化国家、全面推进中华民族伟大复兴的动员令。

“全面建成社会主义现代化强国，总的战略安排是分两步走：从二〇二〇年到二〇三五年基本实现社会主义现代化；从二〇三五年到本世纪中叶把我国建成富强民主文明和谐美丽的社会主义现代化强国。”党的二十大对全面建成社会主义现代化强国两步走战略安排进行了宏观展望，又围绕统筹推进“五位一体”总体布局、协调推进“四个全面”战略布局，从 11 个方面对未来五年工作作出全面部署，全面构建了推进社会主义现代化建设的实践体系。特别是把教育科技人才、全面依法治国、维护国家安全和社会稳定单列部分进行具体安排，充分体现了抓关键、补短板、防风险的战略考量，是党中央基于新的战略机遇、新的战略任务、新的战略阶段、新的战略要求、新的战略环境做出的科学判断和战略安排，必将引领全党全国各族人民有效应对世界之变、时代之变、历史之变，推动全面建设社会主义现代化国家开好局、起好步。

六、深入把握党的二十大关于文化和旅游工作的部署要求，推动文旅融合高质量发展

党的二十大作出推进文化自信自强、铸就社会主义文化新辉煌的重大战略部署，要准确把握社会主义文化建设的指导思想和原则目标、战略重点和主要任务以及中国立场和时代要求。

（一）要准确把握社会主义文化建设的指导思想和原则目标

报告指出："全面建设社会主义现代化国家，必须坚持中国特色社会主义文化发展道路，增强文化自信，围绕举旗帜、聚民心、育新人、兴文化、展形象建设社会主义文化强国，发展面向现代化、面向世界、面向未来的，民族的科学的大众的社会主义文化，激发全民族文化创新创造活力，增强实现中华民族伟大复兴的精神力量。"报告明确提出了社会主义文化建设的根本指导思想、基本原则和奋斗目标，坚持为人民服务、为社会主义服务，以社会主义核心价值观为引领，发展社会主义先进文化，弘扬革命文化，传承中华优秀传统文化，满足人民日益增长的精神文化需求，巩固全党全国各族人民团结奋斗的共同思想基础，不断提升国家文化软实力和中华文化影响力。

（二）要准确把握社会主义文化建设的战略重点和主要任务

党的二十大报告提出了建设具有强大凝聚力和引领力的社会主义意识形态、广泛践行社会主义核心价值观、提高全社会文明程度、繁荣发展文化事业和文化产业、增强中华文明传播力影响力五个方面的战略任务，准确把握、全面落实好这些战略重点和主要任务，对推进文化自信自强、铸就社会主义文化新辉煌具有重要基础支撑作用。

（三）要准确把握社会主义文化建设的中国立场和时代要求

党的二十大报告指出："中华优秀传统文化源远流长、博大精深，是中华文明的智慧结晶。"要把马克思主义基本原理与中华优秀传统文化相结合，不断推进马克思主义中国化，增强中华文明的传播力和影响力。

（四）以文塑旅、以旅彰文，推进文化和旅游深度融合发展

党的二十大报告明确提出："加大文物和文化遗产保护力度，加强城乡建设中历史文化保护传承，建好用好国家文化公园。坚持以文塑旅、以旅彰文，推进文化和旅游深度融合发展。"这些重要论述，为文旅行业把握新发展阶段，贯彻新发展理念，构建新发展格局，推动高质量发展点明了方向，指明了路径，是未来 5 年乃至更长一段时间内文旅行业融合发展实践的根本遵循和行动指南，对文旅行业实现理念重构和实践创新具有非常重要的现实指导意义。

七、深刻把握团结奋斗的新时代要求，为文旅行业培养高素质人才

在党的二十大上，习近平总书记宣示新时代新征程党的使命任务，发出了全面建设社会主义现代化国家、全面推进中华民族伟大复兴的动员令。从现在起，中国共产党的中心任务就是团结带领全国各族人民全面建成社会主义现代化强国、实现第二个百年奋斗目标，以中国式现代化全面推进中华民族伟大复兴。

美好的蓝图需要埋头苦干、团结奋斗才能变为现实。习近平总书记的铿锵宣示充满信心和力量——“党用伟大奋斗创造了百年伟业，也一定能用新的伟大奋斗创造新的伟业”。让我们更加紧密地团结在以习近平同志为核心的党中央周围，全面贯彻习近平新时代中国特色社会主义思想，坚定信心、同心同德，埋头苦干、奋勇前进，深入贯彻落实党的二十大精神和党中央决策部署，为全面建设社会主义现代化国家、全面推进中华民族伟大复兴而团结奋斗，在新的赶考之路上向历史和人民交出新的优异答卷！

相关链接 1

关于党的二十大报告，必须知道的“关键词”

2022 年 10 月 16 日，中国共产党第二十次全国代表大会开幕，习近平代表第十九届中央委员会向大会作报告。一起学习报告里的这些“关键词”。

【大会的主题】

大会的主题是：高举中国特色社会主义伟大旗帜，全面贯彻新时代中国特色社会主义思想，弘扬伟大建党精神，自信自强、守正创新，踔厉奋发、勇毅前行，为全面建设社会主义现代化国家、全面推进中华民族伟大复兴而团结奋斗。

【三个“务必”】

中国共产党已走过百年奋斗历程。我们党立志于中华民族千秋伟业，致力于人类和平与发展崇高事业，责任无比重大，使命无上光荣。全党同志务必不忘初心、牢记使命，务必谦虚谨慎、艰苦奋斗，务必敢于斗争、善于斗争，坚定历史自信，增强历史主动，谱写新时代中国特色社会主义更加绚丽的华章。

【极不寻常、极不平凡的五年】

党的十九大以来的五年，是极不寻常、极不平凡的五年。党中央统筹中华民族伟大复兴战略全局和世界百年未有之大变局，就党和国家事业发展作出重大战略部署，团结带领全党全军全国各族人民有效应对严峻复杂的国际形势和接踵而至的巨大风险挑战，以奋发有为的精神把新时代中国特色社会主义不断推向前进。

【三件大事】

十年来，我们经历了对党和人民事业具有重大现实意义和深远历史意义的三件大事：一是迎来中国共产党成立一百周年；二是中国特色社会主义进入新时代；三是完成脱贫攻坚、全面建成小康社会的历史任务，实现第一个百年奋斗目标。

【新时代十年的伟大变革】

新时代十年的伟大变革，在党史、新中国史、改革开放史、社会主义发展史、中华民族发展史上具有里程碑意义。

【归根到底是两个“行”】

实践告诉我们，中国共产党为什么能，中国特色社会主义为什么好，归根到底是马克思主义行，是中国化时代化的马克思主义行。拥有马克思主义科学理论指导是我们党坚定信仰信念、把握历史主动的根本所在。

【中国共产党的中心任务】

从现在起，中国共产党的中心任务就是团结带领全国各族人民全面建成社会主义现代化强国、实现第二个百年奋斗目标，以中国式现代化全面推进中华民族伟大复兴。

【中国式现代化】

中国式现代化，是中国共产党领导的社会主义现代化，既有各国现代化的共同特征，更有基于自己国情的中国特色。

——中国式现代化是人口规模巨大的现代化。

——中国式现代化是全体人民共同富裕的现代化。

——中国式现代化是物质文明和精神文明相协调的现代化。

——中国式现代化是人与自然和谐共生的现代化。

——中国式现代化是走和平发展道路的现代化。

中国式现代化的本质要求是：坚持中国共产党领导，坚持中国特色社会主义，实现高质量发展，发展全过程人民民主，丰富人民精神世界，实现全体人民共同富裕，促进人与自然和谐共生，推动构建人类命运共同体，创造人类文明新形态。

【全面建设社会主义现代化国家开局起步的关键时期】

未来五年是全面建设社会主义现代化国家开局起步的关键时期。

【五个“坚持”】

我国发展进入战略机遇和风险挑战并存、不确定难预料因素增多的时期，各种“黑天鹅”“灰犀牛”事件随时可能发生。我们必须增强忧患意识，坚持底线思维，做到居安思危、未雨绸缪，准备经受风高浪急甚至惊涛骇浪的重大考验。前进道路上，必须牢牢把握以下重大原则。

——坚持和加强党的全面领导。

——坚持中国特色社会主义道路。

——坚持以人民为中心的发展思想。

——坚持深化改革开放。

——坚持发扬斗争精神。

【加快构建新发展格局】

必须完整、准确、全面贯彻新发展理念，坚持社会主义市场经济改革方向，坚持高水平对外开放，加快构建以国内大循环为主体、国内国际双循环相互促进的新发展格局。

【发展经济着力点】

坚持把发展经济的着力点放在实体经济上，推进新型工业化，加快建设制造强国、质量强国、航天强国、交通强国、网络强国、数字中国。

【实施科教兴国战略】

必须坚持科技是第一生产力、人才是第一资源、创新是第一动力，深入实施科教兴国战略、人才强国战略、创新驱动发展战略，开辟发展新领域新赛道，不断塑造发展新动能新优势。

坚持创新在我国现代化建设全局中的核心地位。完善党中央对科技工作统一领导的体制，健全新型举国体制，强化国家战略科技力量，优化配置创新资源，提升国家创新体系整体效能。

【全过程人民民主】

全过程人民民主是社会主义民主政治的本质属性，是最广泛、最真实、最管用的民主。必须坚定不移走中国特色社会主义政治发展道路，坚持党的领导、人民当家做主、依法治国有机统一。

【全面依法治国】

全面依法治国是国家治理的一场深刻革命，关系党执政兴国，关系人民幸福安康，关系党和国家长治久安。必须更好发挥法治固根本、稳预期、利长远的保障作用，在法治轨道上全面建设社会主义现代化国家。

【文化自信自强】

全面建设社会主义现代化国家，必须坚持中国特色社会主义文化发展道路，增强文化自信，围绕举旗帜、聚民心、育新人、兴文化、展形象建设社会主义文化强国，发展面向现代化、面向世界、面向未来的，民族的科学的大众的社会主义文化，激发全民族文化创新创造活力，增强实现中华民族伟大复兴的精神力量。

【为民造福】

治国有常，利民为本。为民造福是立党为公、执政为民的本质要求。必须坚持在发展中保障和改善民生，鼓励共同奋斗创造美好生活，不断实现人民对美好生活的向往。

【完善分配制度】

坚持按劳分配为主体、多种分配方式并存，构建初次分配、再分配、第三次分配协调配套的制度体系。努力提高居民收入在国民收入分配中的比重，提高劳动报酬在初次分配中的比重。坚持多劳多得，鼓励勤劳致富，促进机会公平，增加低收入者收入，扩大中等收入群体。规范收入分配秩序，规范财富积累机制，保护合法收入，调节过高收入，取缔非法收入。

【推动绿色发展】

大自然是人类赖以生存发展的基本条件。尊重自然、顺应自然、保护自然，是全面建设社会主义现代化国家的内在要求。必须牢固树立和践行绿水青山就是金山银山的理念，站在人与自然和谐共生的高度谋划发展。

【总体国家安全观】

国家安全是民族复兴的根基，社会稳定是国家强盛的前提。必须坚定不移贯彻总体国家安全观，把维护国家安全贯穿党和国家工作各方面全过程，确保国家安全和社会稳定。

【新安全格局】

我们要坚持以人民安全为宗旨、以政治安全为根本、以经济安全为基础、以军事科技文化社会安全为保障、以促进国际安全为依托，统筹外部安全和内部安全、国土安全和国民安全、传统安全和非传统安全、自身安全和共同安全，统筹维护和塑造国家安全，夯实国家安全和社会稳定基层基础，完善参与全球安全治理机制，建设更高水平的平安中国，以新安全格局保障新发展格局。

【开创国防和军队现代化新局面】

实现建军一百年奋斗目标，开创国防和军队现代化新局面。

如期实现建军一百年奋斗目标，加快把人民军队建成世界一流军队，是全面建设社会主义现代化国家的战略要求。必须贯彻新时代党的强军思想，贯彻新时代军事战略方针，坚持党对人民军队的绝对领导，坚持政治建军、改革强军、科技强军、人才强军、依法治军，坚持边斗争、边备战、边建设，坚持机械化信息化智能化融合发展，加快军事理论现代化、军队组织形态现代化、军事人员现代化、武器装备现代化，提高捍卫国家主权、安全、发展利益战略能力，有效履行新时代人民军队使命任务。

【坚持和完善“一国两制”，推进祖国统一】

“一国两制”是中国特色社会主义的伟大创举，是香港、澳门回归后保持长期繁荣稳定的最佳制度安排，必须长期坚持。

坚持贯彻新时代党解决台湾问题的总体方略，牢牢把握两岸关系主导权和主动权，坚定不移推进祖国统一大业。

解决台湾问题是中国人自己的事，要由中国人来决定。我们坚持以最大诚意、尽最大努力争取和平统一的前景，但决不承诺放弃使用武力，保留采取一切必要措施的选项，这针对的是外部势力干涉和极少数“台独”分裂分子及其分裂活动，绝非针对广大台湾同胞。国家统一、民族复兴的历史车轮滚滚向前，祖国完全统一一定要实现，也一定能够实现！

【人类命运共同体】

中国提出了全球发展倡议、全球安全倡议，愿同国际社会一道努力落实。我们真诚呼吁，世界各国弘扬和平、发展、公平、正义、民主、自由的全人类共同价值，促进各国人民相知相亲，尊重世界文明多样性，以文明交流超越文明隔阂、文明互鉴超越文明冲突、文明共存超越文明优越，共同应对各种全球性挑战。中国人民愿同世界人民携手开创人类更加美好的未来。

【新时代党的建设新的伟大工程】

全面建设社会主义现代化国家、全面推进中华民族伟大复兴，关键在党。我们党作为世界上最大的马克思主义执政党，要始终赢得人民拥护、巩固长期执政地位，必须时刻保持解决大党独有难题的清醒和坚定。全党必须牢记，全面从严治党永远在路上，党的自我革命永远在路上，决不能有松劲歇脚、疲劳厌战的情绪，必须持之以恒推进全面从严治党，深入推进新时代党的建设新的伟大工程，以党的自我革命引领社会革命。

【五个“必由之路”】

全党必须牢记，坚持党的全面领导是坚持和发展中国特色社会主义的必由之路，中国特色社会主义是实现中华民族伟大复兴的必由之路，团结奋斗是中国人民创造历史伟业的必由之路，贯彻新发展理念是新时代我国发展壮大的必由之路，全面从严治党是党永葆生机活力、走好新的赶考之路的必由之路。

【战略性工作】

青年强，则国家强。当代中国青年生逢其时，施展才干的舞台无比广阔，实现梦想的前景无比光明。全党要把青年工作作为战略性工作来抓，用党的科学理论武装青年，用党的初心使命感召青年，做青年朋友的知心人、青年工作的热心人、青年群众的引路人。

资料来源：人民网·中国共产党新闻网。

相关链接 2

9个重要表述，带你理解高质量发展

习近平在党的二十大报告中提出，必须完整、准确、全面贯彻新发展理念，坚持社会主义市场经济改革方向，坚持高水平对外开放，加快构建以国内大循环为主体、国内国际双循环相互促进的新发展格局。

中国式现代化

报告原文

在新中国成立特别是改革开放以来长期探索和实践基础上，经过十八大以来在理论和实践上的创新突破，我们党成功推进和拓展了中国式现代化。

中国式现代化，是中国共产党领导的社会主义现代化，既有各国现代化的共同特征，更有基于自己国情的中国特色。

高水平社会主义市场经济体制

报告原文

构建高水平社会主义市场经济体制。坚持和完善社会主义基本经济制度，毫不动摇巩固和发展公有制经济，毫不动摇鼓励、支持、引导非公有制经济发展，充分发挥市场在资源配置中的决定性作用，更好发挥政府作用。

现代化产业体系

报告原文

建设现代化产业体系。坚持把发展经济的着力点放在实体经济上，推进新型工业化，加快建设制造强国、质量强国、航天强国、交通强国、网络强国、数字中国。

乡村振兴

报告原文

全面推进乡村振兴。坚持农业农村优先发展，坚持城乡融合发展，畅通城乡要素流动。扎实推动乡村产业、人才、文化、生态、组织振兴。全方位夯实粮食安全根基，牢牢守住十八亿亩耕地红线。深化农村土地制度改革，赋予农民更加充分的财产权益。保障进城落户农民合法土地权益，鼓励依法自愿有偿转让。

区域协调发展

报告原文

促进区域协调发展。深入实施区域协调发展战略、区域重大战略、主体功能区战略、新型城镇化战略，优化重大生产力布局，构建优势互补、高质量发展的区域经济布局和国土空间体系。

高水平对外开放

报告原文

推进高水平对外开放。稳步扩大规则、规制、管理、标准等制度型开放。加快建设贸易强国。营造市场化、法治化、国际化一流营商环境。推动共建“一带一路”高质量发展。有序推进人民币国际化。深度参与全球产业分工和合作，维护多元稳定的国际经济格局和经贸关系。

新领域新赛道

报告原文

必须坚持科技是第一生产力、人才是第一资源、创新是第一动力，深入实施科教兴国战略、人才强国战略、创新驱动发展战略，开辟发展新领域新赛道，不断塑造发展新动能新优势。

共同富裕

报告原文

我们要实现好、维护好、发展好最广大人民根本利益，紧紧抓住人民最关心最直接最现实的利益问题，坚持尽力而为、量力而行，深入群众、深入基层，采取更多惠民生、暖民心举措，着力解决好人民群众急难愁盼问题，健全基本公共服务体系，提高公共服务水平，增强均衡性和可及性，扎实推进共同富裕。

和谐共生

报告原文

大自然是人类赖以生存发展的基本条件。尊重自然、顺应自然、保护自然，是全面建设社会主义现代化国家的内在要求。必须牢固树立和践行绿水青山就是金山银山的理念，站在人与自然和谐共生的高度谋划发展。

资料来源：http://finance.people.com.cn/n1/2022/1018/c1004-32547280.html.

相关链接 3

高举中国特色社会主义伟大旗帜
为全面建设社会主义现代化国家而团结奋斗
——在中国共产党第二十次全国代表大会上的报告（节选）

八、推进文化自信自强，铸就社会主义文化新辉煌

全面建设社会主义现代化国家，必须坚持中国特色社会主义文化发展道路，增强文化自信，围绕举旗帜、聚民心、育新人、兴文化、展形象建设社会主义文化强国，发展面向现代化、面向世界、面向未来的，民族的科学的大众的社会主义文化，激发全民族文化创新创造活力，增强实现中华民族伟大复兴的精神力量。

我们要坚持马克思主义在意识形态领域指导地位的根本制度，坚持为人民服务、为社会主义服务，坚持百花齐放、百家争鸣，坚持创造性转化、创新性发展，以社会主义核心价值观为引领，发展社会主义先进文化，弘扬革命文化，传承中华优秀传统文化，满足人民日益增长的精神文化需求，巩固全党全国各族人民团结奋斗的共同思想基础，不断提升国家文化软实力和中华文化影响力。

（一）建设具有强大凝聚力和引领力的社会主义意识形态

意识形态工作是为国家立心、为民族立魂的工作。牢牢掌握党对意识形态工作领导权，全面落实意识形态工作责任制，巩固壮大奋进新时代的主流思想舆论。健全用党的创新理论武装全党、教育人民、指导实践工作体系。加强全媒体传播体系建设，塑造主流舆论新格局。健全网络综合治理体系，推动形成良好网络生态。

（二）广泛践行社会主义核心价值观

社会主义核心价值观是凝聚人心、汇聚民力的强大力量。弘扬以伟大建党精神为源头的中国共产党人精神谱系，用好红色资源，深入开展社会主义核心价值观宣传教育，深化爱国主义、集体主义、社会主义教育，着力培养担当民族复兴大任的时代新人。推动理想信念教育常态化制度化，持续抓好党史、新中国史、改革开放史、社会主义发展史宣传教育，引导人民知史爱党、知史爱国，不断坚定中国特色社会主义共同理想。用社会主义核心价值观铸魂育人，完善思想政治工作体系，推进大中小学思想政治教育一体化建设。坚持依法治国和以德治国相结合，把社会主义核心价值观融入法治建设、融入社会发展、融入日常生活。

（三）提高全社会文明程度

实施公民道德建设工程，弘扬中华传统美德，加强家庭家教家风建设，加强和改进未成年人思想道德建设，推动明大德、守公德、严私德，提高人民道德水准和文明素养。统筹推动文明培育、文明实践、文明创建，推进城乡精神文明建设融合发展，在全社会弘扬劳动精神、奋斗精神、奉献精神、创造精神、勤俭节约精神，培育时代新风新貌。加强国家科普能力建设，深化全民阅读活动。完善志愿服务制度和工作体系。弘扬诚信文化，健全诚信建设长效机制。发挥党和国家功勋荣誉表彰的精神引领、典型示范作用，推动全社会见贤思齐、崇尚英雄、争做先锋。

（四）繁荣发展文化事业和文化产业

坚持以人民为中心的创作导向，推出更多增强人民精神力量的优秀作品，培育造就大批德艺双馨的文学艺术家和规模宏大的文化文艺人才队伍。坚持把社会效益放在首位、社会效益和经济效益相统一，深化文化体制改革，完善文化经济政策。实施国家文化数字化战略，健全现代公共文化服务体系，创新实施文化惠民工程。健全现代文化产业体系和市场体系，实施重大文化产业项目带动战略。加大文物和文化遗产保护力度，加强城乡建设中历史文化保护传承，建好用好国家文化公园。坚持以文塑旅、以旅彰文，推进文化和旅游深度融合发展。广泛开展全民健身活动，加强青少年体育工作，促进群众体育和竞技体育全面发展，加快建设体育强国。

（五）增强中华文明传播力影响力

坚守中华文化立场，提炼展示中华文明的精神标识和文化精髓，加快构建中国话语和中国叙事体系，讲好中国故事、传播好中国声音，展现可信、可爱、可敬的中国形象。加强国际传播能力建设，全面提升国际传播效能，形成同我国综合国力和国际地位相匹配的国际话语权。深化文明交流互鉴，推动中华文化更好走向世界。

资料来源：http://www.gov.cn/xinwen/2022-10/25/content_5721685.htm.

第二节　深入学习领会习近平文化思想

在全国宣传思想文化工作会议上，党中央正式提出并系统阐述了习近平文化思想。这是一个重大决策，在党的理论创新进程中具有重大意义，在党的宣传思想文化事业发展史上具有里程碑意义。

习近平文化思想，是新时代党领导文化建设实践经验的理论总结，是对马克思主义文化理论的丰富和发展，是习近平新时代中国特色社会主义思想的文化篇。

习近平文化思想的形成，标志着我们党对中国特色社会主义文化建设规律的认识达到了新高度，表明我们党的历史自信、文化自信达到了新高度。

习近平文化思想内涵丰富、思想深邃、博大精深，为我们在新时代新征程继续推动文化繁荣、建设文化强国、建设中华民族现代文明提供了强大思想武器和科学行动指南。

深入学习领会习近平文化思想，是全党尤其是全国宣传思想文化战线的一项重要政治任务。

一、深入学习领会关于坚持党的文化领导权的重要论述

坚持党的文化领导权是事关党和国家前途命运的大事。坚持党的文化领导权，是习近平总书记深刻总结党的历史经验、洞察时代发展大势提出来的，充分体现了对新时代文化地位作用的深刻认识，体现了对党的意识形态工作的科学把握。习近平总书记指出，意识形态关乎旗帜、关乎道路、关乎国家政治安全。“经济建设是党的中心工作，意识形态工作是党的一项极端重要的工作。面对改革发展稳定复杂局面和社会思想意识多元多样、媒体格局深刻变化，在集中精力进行经济建设的同时，一刻也不能放松和削弱意识形态工作，必须把意识形态工作的领导权、管理权、话语权牢牢掌握在手中，任何时候都不能旁落，否则就要犯无可挽回的历史性错误。”党管宣传、党管意识形态、党管媒体是坚持党的领导的重要方面，要“坚持政治家办报、办刊、办台、办新闻网站”。他强调：“所有宣传思想部门和单位，所有宣传思想战线上的党员、干部，都要旗帜鲜明坚持党性原则。”“坚持党性，核心就是坚持正确政治方向，站稳政治立场，

坚定宣传党的理论和路线方针政策，坚定宣传中央重大工作部署，坚定宣传中央关于形势的重大分析判断，坚决同党中央保持高度一致，坚决维护党中央权威。”“做到爱党、护党、为党。”他要求，要全面落实意识形态工作责任制，“各级党委要负起政治责任和领导责任，把宣传思想工作摆在全局工作的重要位置，加强对宣传思想领域重大问题的分析研判和重大战略性任务的统筹指导”“宣传思想战线的同志要履行好自己的神圣职责和光荣使命，以战斗的姿态、战士的担当，积极投身宣传思想领域斗争一线”“要牢牢掌握意识形态工作领导权”“建设具有强大凝聚力和引领力的社会主义意识形态”。习近平总书记的这些重要论述，深刻阐明了加强党对宣传思想文化工作领导的极端重要性，明确了做好宣传思想文化工作必须坚持的政治保证。

二、深入学习领会关于推动物质文明和精神文明协调发展的重要论述

推动物质文明和精神文明协调发展是坚持和发展中国特色社会主义的本质特征。立足中国特色社会主义事业发展全局，正确把握物质文明和精神文明的辩证关系，体现了对社会主义精神文明建设重要性和中国国情的深刻认识和全面把握。习近平总书记指出，实现中华民族伟大复兴的中国梦，物质财富要极大丰富，精神财富也要极大丰富。中国式现代化是物质文明和精神文明相协调的现代化。物质富足、精神富有是社会主义现代化的根本要求。物质贫困不是社会主义，精神贫乏也不是社会主义。他强调：“人无精神则不立，国无精神则不强。精神是一个民族赖以长久生存的灵魂，唯有精神上达到一定的高度，这个民族才能在历史的洪流中屹立不倒、奋勇向前。”“我们要继续锲而不舍、一以贯之抓好社会主义精神文明建设，为全国各族人民不断前进提供坚强的思想保证、强大的精神力量、丰润的道德滋养。”他指出，我们不断厚植现代化的物质基础，不断夯实人民幸福生活的物质条件，同时大力发展社会主义先进文化，加强理想信念教育，传承中华文明，促进物的全面丰富和人的全面发展。他要求，“加强思想道德建设，深入实施公民道德建设工程，加强和改进思想政治工作，推进新时代文明实践中心建设，不断提升人民思想觉悟、道德水准、文明素养和全社会文明程度”“深入开展群众性精神文明创建活动”“深化文明城市、文明村镇、文明单位、文明家庭、文明校园创建工作，推进诚信建设和志愿服务制度化，提高全社会道德水平”“深入挖掘、继承、创新优秀传统乡土文化，弘扬新风正气，推进移风易俗，培育文明乡风、良好家风、淳朴民风，焕发乡村文明新气象”。习近平总书记的这些重要论述，站在经济建设和上层建筑关系的哲学高度，深刻阐释了社会运动规律，深刻阐明了精神文明的重要作用，具有极为重要的本体论和认识论意义，为新时代坚持和发展中国特色社会主义、推进中国式现代化提供了科学指引。

三、深入学习领会关于“两个结合”的根本要求的重要论述

“两个结合”的根本要求拓展了中国特色社会主义文化发展道路。创造性提出并阐述“两个结合”，揭示了开辟和发展中国特色社会主义的必由之路，也揭示了党推动理论创新和文化繁荣的必由之路。习近平总书记指出，新的征程上，我们必须“坚持把马克思主义基本原理同中国具体实际相结合、同中华优秀传统文化相结合”“中国共产党人深刻认识到，只有把马克思主义基本原理同中国具体实际相结合、同中华优秀传统文化相结合，坚持运用辩证唯物主义和历史唯物主义，才能正确回答时代和实践提出的重大问题，才能始终保持马克思主义的蓬勃生机和旺盛活力”。他指出，在五千多年中华文明深厚基础上开辟和发展中国特色社会主义，把马克思主义基本原理同中国具体实际、同中华优秀传统文化相结合是必由之路。“如果没有中华五千年文明，哪里有什么中国特色？如果不是中国特色，哪有我们今天这么成功的中国特色社会主义道路？”只有立足波澜壮阔的中华五千多年文明史，才能真正理解中国道路的历史必然、文化内涵与独特优势。他强调，历史正反两方面的经验表明，“两个结合”是我们取得成功的最大法宝。第一，“结合”的前提是彼此契合。马克思主义和中华优秀传统文化来源不同，但彼此存在高度的契合性。相互契合才能有机结合。正是在这个意义上，我们才说中国共产党既是马克思主义的坚定信仰者和践行者，又是中华优秀传统文化的忠实继承者和弘扬者。第二，“结合”的结果是互相成就。“结合”不是“拼盘”，不是简单的“物理反应”，而是深刻的“化学反应”，造就了一个有机统一的新的文化生命体。“第二个结合”让马克思主义成为中国的，中华优秀传统文化成为现代的，让经由“结合”而形成的新文化成为中国式现代化的文化形态。第三，“结合”筑牢了道路根基。我们的社会主义为什么不一样？为什么能够生机勃勃、充满活力？关键就在于中国特色。中国特色的关键就在于“两个结合”。中国式现代化赋予中华文明以现代力量，中华文明赋予中国式现代化以深厚底蕴。第四，“结合”打开了创新空间。“结合”本身就是创新，同时又开启了广阔的理论和实践创新空间。“第二个结合”让我们掌握了思想和文化主动，并有力地作用于道路、理论和制度。“第二个结合”是又一次的思想解放，让我们能够在更广阔的文化空间中，充分运用中华优秀传统文化的宝贵资源，探索面向未来的理论和制度创新。第五，“结合”巩固了文化主体性。任何文化要立得住、行得远，要有引领力、凝聚力、塑造力、辐射力，就必须有自己的主体性。文化自信就来自我们的文化主体性。这一主体性是中国共产党带领中国人民在中国大地上建立起来的；是在创造性转化、创新性发展中华优秀传统文化，继承革命文化，发展社会主义先进文化的基础上，借鉴吸收人类一切优秀文明成果的基础上建立起来的；是通过把马克思主义基本原理同中国具体实际、同中华优秀传统文化相结合建立起来的。创立习近平新时代中国特色社会主义思想就是这一文化主体性的最有力体现。习近平总书记的这些重要论述，充分表明我们党对中国道路、中国理论、中国制度的认识进一步升华，拓展了中国特色社会主义道路的文化根基。

四、深入学习领会关于新的文化使命的重要论述

新的文化使命彰显了我们党促进中华文化繁荣、创造人类文明新形态的历史担当。在强国建设、民族复兴伟业深入推进的关键时刻，高瞻远瞩提出新的文化使命，具有强大感召力和引领力。习近平总书记指出，“做好新形势下宣传思想工作，必须自觉承担起举旗帜、聚民心、育新人、兴文化、展形象的使命任务”“巩固马克思主义在意识形态领域的指导地位、巩固全党全国各族人民团结奋斗的共同思想基础”“在新的起点上继续推动文化繁荣、建设文化强国、建设中华民族现代文明，是我们在新时代新的文化使命”。他强调，要坚持中国特色社会主义文化发展道路，发展社会主义先进文化，弘扬革命文化，传承中华优秀传统文化，激发全民族文化创新创造活力，增强实现中华民族伟大复兴的精神力量。他指出：“中国特色社会主义文化，源自中华民族五千多年文明历史所孕育的中华优秀传统文化，熔铸于党领导人民在革命、建设、改革中创造的革命文化和社会主义先进文化，植根于中国特色社会主义伟大实践。发展中国特色社会主义文化，就是以马克思主义为指导，坚守中华文化立场，立足当代中国现实，结合当今时代条件，发展面向现代化、面向世界、面向未来的，民族的科学的大众的社会主义文化，推动社会主义精神文明和物质文明协调发展。要坚持为人民服务、为社会主义服务，坚持百花齐放、百家争鸣，坚持创造性转化、创新性发展，不断铸就中华文化新辉煌。”他强调：“对历史最好的继承就是创造新的历史，对人类文明最大的礼敬就是创造人类文明新形态。”他要求，新时代的文化工作者必须以守正创新的正气和锐气，赓续历史文脉、谱写当代华章。习近平总书记的这些重要论述，强调了新的文化使命是新时代新征程党的使命任务对文化发展的必然要求，落脚点是铸就社会主义文化新辉煌、建设中华民族现代文明。

五、深入学习领会关于坚定文化自信的重要论述

坚定文化自信，是事关国运兴衰、事关文化安全、事关民族精神独立性的大问题。习近平总书记指出：“一个国家、一个民族的强盛，总是以文化兴盛为支撑的，中华民族伟大复兴需要以中华文化发展繁荣为条件。”“我们说要坚定中国特色社会主义道路自信、理论自信、制度自信，说到底是要坚定文化自信。”“文化自信，是更基础、更广泛、更深厚的自信，是更基本、更深沉、更持久的力量。”他强调：“中华文明历经数千年而绵延不绝、迭遭忧患而经久不衰，这是人类文明的奇迹，也是我们自信的底气。坚定文化自信，就是坚持走自己的路。坚定文化自信的首要任务，就是立足中华民族伟大历史实践和当代实践，用中国道理总结好中国经验，把中国经验提升为中国理论，既不盲从各种教条，也不照搬外国理论，实现精神上的独立自主。要把文化自信融入全民族的精神气质与文化品格中，养成昂扬向上的风貌和理性平和的心态。”习近平总书记的这些重要论述，深刻阐明了文化自信的特殊重要性，彰显了我们党高度的文化自觉和文

化担当，把我们党对文化地位和作用的认识提升到一个新高度。

六、深入学习领会关于培育和践行社会主义核心价值观的重要论述

培育和践行社会主义核心价值观是凝魂聚气、强基固本的基础工程。坚持以德树人、以文化人，是习近平总书记始终念兹在兹、谆谆教诲的一件大事。习近平总书记指出："人类社会发展的历史表明，对一个民族、一个国家来说，最持久、最深层的力量是全社会共同认可的核心价值观。核心价值观，承载着一个民族、一个国家的精神追求，体现着一个社会评判是非曲直的价值标准。""核心价值观是一个国家的重要稳定器，能否构建具有强大感召力的核心价值观，关系社会和谐稳定，关系国家长治久安。""如果没有共同的核心价值观，一个民族、一个国家就会魂无定所、行无依归。"他指出："我们提出要倡导富强、民主、文明、和谐，倡导自由、平等、公正、法治，倡导爱国、敬业、诚信、友善，积极培育和践行社会主义核心价值观。富强、民主、文明、和谐是国家层面的价值要求，自由、平等、公正、法治是社会层面的价值要求，爱国、敬业、诚信、友善是公民层面的价值要求。这个概括，实际上回答了我们要建设什么样的国家、建设什么样的社会、培育什么样的公民的重大问题。"他强调："核心价值观的养成绝非一日之功，要坚持由易到难、由近及远，努力把核心价值观的要求变成日常的行为准则，进而形成自觉奉行的信念理念。""要注意把社会主义核心价值观日常化、具体化、形象化、生活化，使每个人都能感知它、领悟它，内化为精神追求，外化为实际行动，做到明大德、守公德、严私德。"他要求，弘扬以伟大建党精神为源头的中国共产党人精神谱系，用好红色资源。"要以培养担当民族复兴大任的时代新人为着眼点，强化教育引导、实践养成、制度保障，发挥社会主义核心价值观对国民教育、精神文明创建、精神文化产品创作生产传播的引领作用，把社会主义核心价值观融入社会发展各方面，转化为人们的情感认同和行为习惯。坚持全民行动、干部带头，从家庭做起，从娃娃抓起。深入挖掘中华优秀传统文化蕴含的思想观念、人文精神、道德规范，结合时代要求继承创新，让中华文化展现出永久魅力和时代风采。"习近平总书记的这些重要论述，深刻阐明了中国特色社会主义文化建设的一项根本任务，明确了推进社会主义核心价值观建设的重点和着力点。

七、深入学习领会关于掌握信息化条件下舆论主导权、广泛凝聚社会共识的重要论述

掌握信息化条件下舆论主导权、广泛凝聚社会共识是巩固壮大主流思想文化的必然要求。习近平总书记站在时代和科技前沿，对如何做好信息化条件下宣传思想文化工作进行了深邃思考。习近平总书记指出，当今世界，一场新的全方位综合国力竞争正在全球展开。能不能适应和引领互联网发展，成为决定大国兴衰的一个关键。世界各大国均

把信息化作为国家战略重点和优先发展方向，围绕网络空间发展主导权、制网权的争夺日趋激烈，世界权力图谱因信息化而被重新绘制，互联网成为影响世界的重要力量。当今世界，谁掌握了互联网，谁就把握住了时代主动权；谁轻视互联网，谁就会被时代所抛弃。一定程度上可以说，得网络者得天下。他深刻指出："没有网络安全就没有国家安全，没有信息化就没有现代化，网络安全和信息化事关党的长期执政，事关国家长治久安，事关经济社会发展和人民群众福祉，过不了互联网这一关，就过不了长期执政这一关，要把网信工作摆在党和国家事业全局中来谋划，切实加强党的集中统一领导。"网络空间是亿万民众共同的精神家园。网络空间天朗气清、生态良好，符合人民利益。网络空间乌烟瘴气、生态恶化，不符合人民利益。互联网已经成为舆论斗争的主战场。在互联网这个战场上，我们能否顶得住、打得赢，直接关系我国意识形态安全和政权安全。他特别提出："管好用好互联网，是新形势下掌控新闻舆论阵地的关键，重点要解决好谁来管、怎么管的问题。"我们必须科学认识网络传播规律，准确把握网上舆情生成演化机制，不断推进工作理念、方法手段、载体渠道、制度机制创新，提高用网治网水平，使互联网这个最大变量变成事业发展的最大增量。"我们要本着对社会负责、对人民负责的态度，依法加强网络空间治理，加强网络内容建设，做强网上正面宣传，培育积极健康、向上向善的网络文化，用社会主义核心价值观和人类优秀文明成果滋养人心、滋养社会，做到正能量充沛、主旋律高昂，为广大网民特别是青少年营造一个风清气正的网络空间。""随着 5G、大数据、云计算、物联网、人工智能等技术不断发展，移动媒体将进入加速发展新阶段。要坚持移动优先策略，建设好自己的移动传播平台，管好用好商业化、社会化的互联网平台，让主流媒体借助移动传播，牢牢占据舆论引导、思想引领、文化传承、服务人民的传播制高点。"习近平总书记的这些重要论述，是我们党对信息化时代新闻传播规律的深刻总结，明确了做好党的新闻舆论工作的原则要求和方法路径。

八、深入学习领会关于以人民为中心的工作导向的重要论述

以人民为中心的工作导向体现了我们党领导和推动文化建设的鲜明立场。新时代以来宣传思想文化改革发展历程，贯穿着以人民为中心的鲜明主线，充分展现了习近平总书记深厚的人民情怀。习近平总书记指出，"人民性是马克思主义的本质属性""人民立场是中国共产党的根本政治立场""中国共产党的根本宗旨是全心全意为人民服务"。宣传思想文化工作必须坚持以人民为中心的工作导向。他强调："文艺要反映好人民心声，就要坚持为人民服务、为社会主义服务这个根本方向。""以人民为中心，就是要把满足人民精神文化需求作为文艺和文艺工作的出发点和落脚点，把人民作为文艺表现的主体，把人民作为文艺审美的鉴赏家和评判者，把为人民服务作为文艺工作者的天职。"他强调，哲学社会科学研究要"坚持以马克思主义为指导，核心要解决好为什么人的问题。为什么人的问题是哲学社会科学研究的根本性、原则性问题。我国哲学社会科学为

谁著书、为谁立说，是为少数人服务还是为绝大多数人服务，是必须搞清楚的问题”。他指出：“我们的党是全心全意为人民服务的党，我们的国家是人民当家作主的国家，党和国家一切工作的出发点和落脚点是实现好、维护好、发展好最广大人民根本利益。我国哲学社会科学要有所作为，就必须坚持以人民为中心的研究导向。脱离了人民，哲学社会科学就不会有吸引力、感染力、影响力、生命力。我国广大哲学社会科学工作者要坚持人民是历史创造者的观点，树立为人民做学问的理想，尊重人民主体地位，聚焦人民实践创造，自觉把个人学术追求同国家和民族发展紧紧联系在一起，努力多出经得起实践、人民、历史检验的研究成果。”习近平总书记的这些重要论述，深刻回答了文化为什么人的问题，彰显了党的性质宗旨和初心使命。

九、深入学习领会关于保护历史文化遗产的重要论述

保护历史文化遗产是推动文化传承发展的重要基础。历史文化遗产承载着中华民族的基因和血脉。习近平总书记对文化遗产保护高度重视，展现了强烈的文明担当、深沉的文化情怀。习近平总书记指出，中华文明探源工程等重大工程的研究成果，实证了我国百万年的人类史、一万年的文化史、五千多年的文明史。历史文化遗产“不仅属于我们这一代人，也属于子孙万代”。“革命文物承载党和人民英勇奋斗的光荣历史，记载中国革命的伟大历程和感人事迹，是党和国家的宝贵财富，是弘扬革命传统和革命文化、加强社会主义精神文明建设、激发爱国热情、振奋民族精神的生动教材。”中华文化是我们提高国家文化软实力最深厚的源泉，是我们提高国家文化软实力的重要途径。要使中华民族最基本的文化基因与当代文化相适应、与现代社会相协调，以人们喜闻乐见、具有广泛参与性的方式推广开来，把跨越时空、超越国度、富有永恒魅力、具有当代价值的文化精神弘扬起来，把继承传统优秀文化又弘扬时代精神、立足本国又面向世界的当代中国文化创新成果传播出去。要系统梳理传统文化资源，让收藏在禁宫里的文物、陈列在广阔大地上的遗产、书写在古籍里的文字都活起来。“要敬畏历史、敬畏文化、敬畏生态，全面保护好历史文化遗产，统筹好旅游发展、特色经营、古城保护，筑牢文物安全底线，守护好前人留给我们的宝贵财富。”他指出：“不忘历史才能开辟未来，善于继承才能善于创新。优秀传统文化是一个国家、一个民族传承和发展的根本，如果丢掉了，就割断了精神命脉。我们要善于把弘扬优秀传统文化和发展现实文化有机统一起来，紧密结合起来，在继承中发展，在发展中继承。传统文化在其形成和发展过程中，不可避免会受到当时人们的认识水平、时代条件、社会制度的局限性的制约和影响，因而也不可避免会存在陈旧过时或已成为糟粕性的东西。这就要求人们在学习、研究、应用传统文化时坚持古为今用、推陈出新，结合新的实践和时代要求进行正确取舍，而不能一股脑儿都拿到今天来照套照用。”他强调，要坚持古为今用、以古鉴今，坚持有鉴别的对待、有扬弃的继承，而不能搞厚古薄今、以古非今，努力实现传统文化的创造性转化、创新性发展，使之与现实文化相融相通，共同服务以文化人的时代

任务，“为更好建设中华民族现代文明提供借鉴”。他要求：“各级党委和政府要增强对历史文物的敬畏之心，树立保护文物也是政绩的科学理念，统筹好文物保护与经济社会发展，全面贯彻‘保护为主、抢救第一、合理利用、加强管理’的工作方针，切实加大文物保护力度，推进文物合理适度利用，使文物保护成果更多惠及人民群众。各级文物部门要不辱使命，守土尽责，提高素质能力和依法管理水平，广泛动员社会力量参与，努力走出一条符合国情的文物保护利用之路，为实现‘两个一百年’奋斗目标、实现中华民族伟大复兴的中国梦作出更大贡献。”习近平总书记的这些重要论述，体现了马克思主义历史观，宣示了我们党对待民族历史文化的基本态度。

十、深入学习领会关于构建中国话语和中国叙事体系的重要论述

构建中国话语和中国叙事体系体现了我们党提高国家文化软实力、占据国际道义制高点的战略谋划。习近平总书记提出增强我国国际话语权的重要任务并摆上突出位置，体现了宽广的世界眼光和高超的战略思维。习近平总书记指出，要“增强中华文明传播力影响力。坚守中华文化立场，提炼展示中华文明的精神标识和文化精髓，加快构建中国话语和中国叙事体系，讲好中国故事、传播好中国声音，展现可信、可爱、可敬的中国形象”“要讲清楚中国是什么样的文明和什么样的国家，讲清楚中国人的宇宙观、天下观、社会观、道德观，展现中华文明的悠久历史和人文底蕴，促使世界读懂中国、读懂中国人民、读懂中国共产党、读懂中华民族”。他认为，讲故事，是国际传播的最佳方式。要讲好中国特色社会主义的故事，讲好中国梦的故事，讲好中国人的故事，讲好中华优秀文化的故事，讲好中国和平发展的故事。讲故事就是讲事实、讲形象、讲情感、讲道理，讲事实才能说服人，讲形象才能打动人，讲情感才能感染人，讲道理才能影响人。他要求，要组织各种精彩、精炼的故事载体，把中国道路、中国理论、中国制度、中国精神、中国力量寓于其中，使人想听爱听，听有所思，听有所得。要创新对外话语表达方式，研究国外不同受众的习惯和特点，采用融通中外的概念、范畴、表述，把我们想讲的和国外受众想听的结合起来，把“陈情”和“说理”结合起来，把“自己讲”和“别人讲”结合起来，使故事更多为国际社会和海外受众所认同。要加强国际传播能力建设，全面提升国际传播效能，形成同我国综合国力和国际地位相匹配的国际话语权。深化文明交流互鉴，推动中华文化更好走向世界。要完善人文交流机制，创新人文交流方式，发挥各地区各部门各方面作用，综合运用大众传播、群体传播、人际传播等多种方式展示中华文化魅力。习近平总书记的这些重要论述，既是思想理念又是工作方法，指明了提升国家文化软实力的关键点和着力点。

十一、深入学习领会关于促进文明交流互鉴的重要论述

促进文明交流互鉴彰显了中国共产党人开放包容的胸襟格局。习近平总书记提出弘扬全人类共同价值、落实全球文明倡议等重要理念、重大主张，着眼的就是开放包容，

为推动人类文明进步、应对全球共同挑战提供了战略指引。习近平总书记指出："文明没有高下、优劣之分，只有特色、地域之别。""每一种文明都扎根于自己的生存土壤，凝聚着一个国家、一个民族的非凡智慧和精神追求，都有自己存在的价值。""历史告诉我们，只有交流互鉴，一种文明才能充满生命力。""文明因交流而多彩，文明因互鉴而丰富。文明交流互鉴，是推动人类文明进步和世界和平发展的重要动力。"推动文明交流互鉴，可以丰富人类文明的色彩，让各国人民享受更富内涵的精神生活、开创更有选择的未来。他强调："我们应该推动不同文明相互尊重、和谐共处，让文明交流互鉴成为增进各国人民友谊的桥梁、推动人类社会进步的动力、维护世界和平的纽带。我们应该从不同文明中寻求智慧、汲取营养，为人们提供精神支撑和心灵慰藉，携手解决人类共同面临的各种挑战。"坚持美人之美、美美与共。担负起凝聚共识的责任，坚守和弘扬全人类共同价值。本着对人类前途命运高度负责的态度，做全人类共同价值的倡导者，以宽广胸怀理解不同文明对价值内涵的认识，尊重不同国家人民对价值实现路径的探索，把全人类共同价值具体地、现实地体现到实现本国人民利益的实践中去。他特别指出："在各国前途命运紧密相连的今天，不同文明包容共存、交流互鉴，在推动人类社会现代化进程、繁荣世界文明百花园中具有不可替代的作用。"为此，习近平总书记提出了全球文明倡议："共同倡导尊重世界文明多样性""共同倡导弘扬全人类共同价值""共同倡导重视文明传承和创新""共同倡导加强国际人文交流合作"。习近平总书记的这些重要论述，深刻揭示了人类文明发展的基本规律，体现了我们大党大国的天下情怀和责任担当。

习近平文化思想是一个不断展开的、开放式的思想体系，必将随着实践深入不断丰富发展。我们必须及时跟进，不断深入学习领会和贯彻落实①。

第三节 习近平对旅游工作作出的重要指示

一、着力完善现代旅游业体系加快建设旅游强国 推动旅游业高质量发展行稳致远

中共中央总书记、国家主席、中央军委主席习近平近日对旅游工作作出重要指示指出，改革开放特别是党的十八大以来，我国旅游发展步入快车道，形成全球最大国内旅游市场，成为国际旅游最大客源国和主要目的地，旅游业从小到大、由弱渐强，日益成为新兴的战略性支柱产业和具有显著时代特征的民生产业、幸福产业，成功走出了一条独具特色的中国旅游发展之路。

① 资料来源：曲青山．深入学习领会习近平文化思想［N］．学习时报，2023-10-23（1）．

习近平强调，新时代新征程，旅游发展面临新机遇新挑战。要以新时代中国特色社会主义思想为指导，完整准确全面贯彻新发展理念，坚持守正创新、提质增效、融合发展，统筹政府与市场、供给与需求、保护与开发、国内与国际、发展与安全，着力完善现代旅游业体系，加快建设旅游强国，让旅游业更好地服务美好生活、促进经济发展、构筑精神家园、展示中国形象、增进文明互鉴。各地区各部门要切实增强工作责任感使命感，分工协作、狠抓落实，推动旅游业高质量发展行稳致远。

全国旅游发展大会于2024年5月17日在京召开。中共中央政治局委员、中宣部部长李书磊在会上传达习近平重要指示并讲话，表示要深入学习贯彻习近平总书记重要指示和关于旅游发展的一系列重要论述，坚持以文塑旅、以旅彰文，走独具特色的中国旅游发展之路。要推动旅游业高质量发展、加快建设旅游强国，强化系统谋划和科学布局，保护文化遗产和生态资源，提升供给水平和服务质量，深化国际旅游交流合作，不断开创旅游发展新局面[①]。

二、加快建设旅游强国　总书记提出新要求

全国旅游发展大会是党中央首次以旅游发展为主题召开的重要会议，会上传达了习近平总书记对旅游工作作出的重要指示。

“新时代新征程，旅游发展面临新机遇新挑战。”在重要指示中，总书记既充分肯定改革开放特别是党的十八大以来旅游工作取得的显著成绩，又对加快建设旅游强国、推动旅游业高质量发展作出全面部署、提出明确要求。

（一）肯定一条道路

习近平总书记指出，改革开放特别是党的十八大以来，我国旅游发展步入快车道。

快车道，意味着发展速度快：2012年到2021年，国内旅游收入年均增长约10.6%；2012年到2019年，国内出游人数实现翻番。我国已形成全球最大国内旅游市场，也是国际旅游最大客源国和主要目的地。

快车道，也意味着发展方式别具一格：在中国，旅游是人民群众提升获得感、幸福感的重要方式，是传承弘扬中华文化的重要载体，是践行“绿水青山就是金山银山”理念的重要领域，还是乡村振兴的重要抓手……

对此，习近平总书记曾作出深刻阐释：

在黑龙江漠河北极村，指出“坚持林下经济和旅游业两业并举，让北国边塞风光、冰雪资源为乡亲们带来源源不断的收入”；

在山西云冈石窟，强调“让旅游成为人们感悟中华文化、增强文化自信的过程”；

在河南新县的民宿店，赞许“依托丰富的红色文化资源和绿色生态资源发展乡村旅

① 资料来源：人民日报.2024年5月18日第01版。

游，搞活了农村经济，是振兴乡村的好做法”……

从小到大、由弱渐强，特色突出、前景广阔。在重要指示中，总书记指出旅游业“日益成为新兴的战略性支柱产业和具有显著时代特征的民生产业、幸福产业”“成功走出了一条独具特色的中国旅游发展之路”。

（二）坚持三个原则

习近平总书记对旅游发展有着深刻认识和丰富实践。在《之江新语》中，他就写过一篇《重视打造旅游精品》的文章，指出：随着经济发展和人民群众生活水平不断提高，以观光为主的旅游已不能满足人们的需求。“求新、求奇、求知、求乐”的旅游愿望，要求我们不断推出更多更好的旅游产品。

如何把握新机遇、迎接新挑战？此次，习近平总书记鲜明提出了旅游发展要坚持的三个原则：

（1）守正创新。守正，守的是“基本盘”。绿水青山、历史文化、优质服务……这些都是旅游发展的基础，必须始终守护。创新，则是旅游发展的驱动力。只有开动脑筋，大胆求变，才能实现传统旅游业态、产品和服务的全面升级。

（2）提质增效。鼓励创新，也要防止“一哄而上”。旅游创新的目的应始终围绕提高质量、提高效率。如何将有限的旅游资源合理开发，创造更多旅游精品、名品？如何进一步发挥旅游的带动作用，让更多人受益？关心旅游“发展了什么”，更要注重“有什么效果”。

（3）融合发展。2020 年 9 月，习近平总书记在教育文化卫生体育领域专家代表座谈会上强调，要坚持以文塑旅、以旅彰文，推动文化和旅游融合发展。更多领域正与旅游相加相融、协同发展。科技、教育、交通、体育、工业……越多融合，越有助于延伸产业链、创造新价值、催生新业态。

（三）统筹五对关系

三个原则之外，总书记还强调统筹五对关系，体现了对旅游发展过程中若干重大关系的深刻把握。

统筹政府与市场。在旅游发展过程中，既充分发挥市场在旅游资源配置中的决定性作用，又发挥好政府在优化旅游规划布局、公共服务、营商环境等方面的重要作用。

统筹供给与需求。从“有没有”到“好不好”，人民的旅游需求呈现多样化、个性化、品质化趋势，这就要求旅游业继续推进供给侧结构性改革。

统筹保护与开发。开发是发展的客观要求，保护是开发的重要前提。只有科学合理的开发，才能促进旅游的快速发展。只有积极有效的保护，才能保证旅游的健康发展。

统筹国内与国际。做强做优做大国内旅游市场之外，提升中国旅游竞争力和影响力要求坚定不移扩大开放，发展好入出境旅游。

统筹发展与安全。安全是发展的前提，发展是安全的保障。要将安全作为检验行业可持续发展的重要标尺，守住安全生产底线、生态安全底线、意识形态安全底线。

（四）明确五项任务

有党中央高度重视，有人民群众积极支持，有老祖宗和大自然留给我们的丰厚资源，我们完全有条件、有能力建设旅游强国。

在重要指示中，总书记还提出旅游业的五项使命任务：服务美好生活、促进经济发展、构筑精神家园、展示中国形象、增进文明互鉴。

从个体层面看，旅游是人民生活水平提高的一个重要指标。发展旅游，就是要让人们在领略自然之美中感悟文化之美、陶冶心灵之美，让生活更加美好。

从社会层面看，发展旅游业是推动高质量发展的重要着力点，旅游也是文化的重要载体。这就要求我们既关注旅游的经济作用，也关注其增强人民精神力量的作用。

从国家层面看，旅游是不同国家、不同文化交流互鉴的重要渠道。只有进一步发展旅游，才能更好展示新时代的中国形象，在“双向奔赴”中交流文化、增进友谊。

这五项使命任务，是总书记对于旅游业作用的深刻总结，也是总书记对旅游业未来的殷切期许[①]。

① 资料来源：https://news.cnr.cn/native/gd/sz/20240518/t20240518_526709689.shtml.

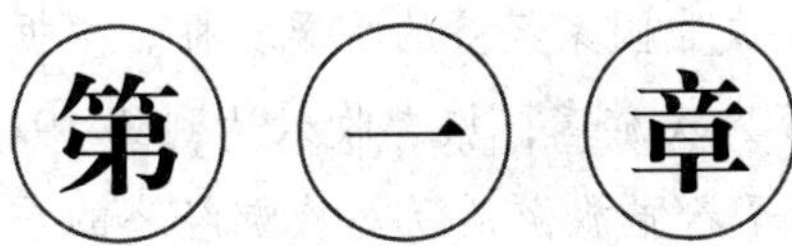

旅游经济与旅游经济学

旅游经济是旅游活动采用商品交换形式所形成的旅游需求与旅游供给的矛盾运动，以及由此引起的各种经济现象和关系运动、变化和发展的总和。旅游经济大致经历了萌芽、形成和发展三个阶段。旅游经济在每一阶段的发展特点及影响因素不尽相同。

旅游经济学是伴随旅游经济的产生及发展而逐渐形成的一门新兴学科，是对人类社会旅游经济的实践所进行的理论概括和总结。

我国旅游产业发展势头良好，旅游经济在国民经济中发挥着越来越重要的作用。这些作用表现为增加外汇、拉动内需、带动相关产业发展、缩小地区间贫富差距等方面。此外，旅游经济还会产生增加就业机会、改善社会环境、促进旅游学科建设等社会效益。旅游经济对环境、文化的影响巨大。

【学习目标】

1. 了解旅游经济的产生、发展、特征、地位、作用，以及旅游经济学的研究对象、研究内容和研究方法。

2. 理解旅游经济学与其他学科之间的关系，从总体上掌握旅游经济学的理论体系和学科结构。

【导入案例】

古希腊时期，人们开始前往奥林匹亚和雅典等地参加各种文化和体育活动。18 世纪末期，欧洲的贵族来到希腊进行文化和艺术旅行。20 世纪初期，希腊政府开始重视旅游业的发展，通过改善旅游基础设施和宣传希腊的旅游资源来吸引游客。在第二次世界大战后的几十年里，希腊的旅游业得到了快速发展，成为国家经济的重要支柱。根据希腊国家统计局的数据，2019 年希腊共接待了 3427 万人次游客，旅游收入达到约 191 亿欧元，占国内生产总值的 20% 以上。这些数据显示了希腊旅游活动对旅游经济的重要贡献。

第一节　旅游经济

一、旅游经济的形成及其发展

旅游经济大致经历了萌芽、形成和发展三个阶段。

（一）旅游经济的萌芽阶段

旅游经济是在旅游活动有了一定的发展，并具备了一定物质条件的前提下才产生的一种社会经济活动。原始社会时期，社会生产力水平低下，人民的生活条件极为艰苦，再加上各种自然环境变化所引起的灾害及民族部落之间的争斗，人们不得不为了生存而发生经常性的空间转移活动。尽管这种为生存而进行的空间转移并非旅游，但其事实上已蕴含着旅游活动最基本的雏形。从原始社会、奴隶社会到封建社会的长期发展过程中，人类社会经历了三次大规模的社会分工，促进了社会生产力水平的不断提高。社会生产力的提高又促进了经济发展和剩余产品的增加，产生了私有制、阶级和国家，促进了社会分工和商品经济的进一步发展，促进了市场空间的不断扩大和商品交换活动范围的拓展。于是，围绕以商品生产、商品交换及各种商业活动为中心的旅游活动就产生了。

在漫长的古代历史中，旅游的发展与当时的社会政治、经济及文化发展相适应，出现了各种形式。例如，古希腊的朝拜、祭祀，阿拉伯民族的经商往来，孔子周游列国，玄奘西域取经，鉴真东渡日本，马可·波罗的出游，郑和七下西洋，徐霞客遍游中华大地，等等。这些旅游活动为旅游经济的产生打下了基础。但是，由于古代社会生产力不发达，社会经济的发展水平还不能促使旅游活动商品化，旅游活动最终没有成为一种商品化的社会活动，而仅仅是孕育了旅游经济的萌芽。

（二）旅游经济的形成阶段

旅游经济的形成是旅游活动向商品化发展的过程。从旅游经济的发展历史看，旅游经济的形成主要发端于 18 世纪的工业革命。18 世纪的工业革命，以机器大工业代替了工场手工业，形成了以机器大工业为基础的社会化大生产，促使社会生产力得到了迅速的提高，促进了资本主义商品生产和交换的迅速发展，从而为旅游经济的形成和发展提供了物质技术基础和经济条件。

第一，交通运输工具的改善，不但使社会化大生产的规模扩大、市场空间范围扩展，而且为人们有目的的大规模、远距离旅游活动提供了便利的物质技术条件。例如，美国于 1807 年开辟汽船内河定期客运航班；紧接着欧洲许多国家相继开设了蒸汽客轮经营服务；英国于 1830 年在利物浦到曼彻斯特之间开设了火车客运服务，到 1890 年已吸引了近 20 万美国游客。

第二，工业革命使资本主义社会生产力得到了迅速的提高，商品经济繁荣、兴旺，人们生活水平迅速提高和改善，为旅游经济的产生和发展创造了大量的社会需求。于是，伴随人们可支配收入的增加，交通运输条件的改善，以及工厂化制度的建立，旅游活动逐渐成为人们物质文化生活的组成部分，为旅游经济的形成提供了需求前提和经济条件。

第三，资本主义商品经济发展在为旅游经济形成创造大量需求的同时，各种专门从事旅游服务机构的建立标志着旅游经济的产生和形成。特别是 1845 年，英国的托马斯·库克成立了第一家包括食、住、行、游等旅游活动在内的旅行社，开了有组织地提供旅游活动的各种专门性服务的先河，从而促进了旅游活动的商品化进程。此后，各种以经营旅游业务为主的企业纷纷建立，各种旅游住宿、餐饮接待设施不断建设和完善，从而使旅游活动发展成为一种商品化的经济活动，逐渐成为社会经济活动的重要组成部分。于是，具有现代意义的旅游经济正式形成了。

（三）旅游经济的发展阶段

旅游经济虽然形成于 19 世纪中叶，但一直到 20 世纪 50 年代才进入一个快速发展时期。如今，旅游业已成为世界经济中发展势头最为强劲的产业之一。旅游经济的发展突出表现在以下几个方面：

从世界旅游业的发展规模和速度看，增长速度已远远超过了世界经济的平均增长速度。

从世界旅游业对国民经济的贡献看，旅游业对国民经济的贡献远远高于那些被认为发展势头较好的产业。

从世界旅游业吸收就业人员及创汇水平看，旅游业吸收的就业人数已远远超过农业、纺织业、汽车工业、金属工业等。此外，在一些发达国家旅游业创汇占出口总收入的比重达到 20% 以上，成为国民经济中重要的创汇产业。

从世界旅游业的地位看，其在国民经济中是一个综合带动效应较强的产业，不仅可以直接创汇，吸收大量的劳动力，而且可以带动相关产业的发展，吸收更多的劳动力就业，增加更多间接收入，并带动旅游目的国的对外开放和经济发展。

综上所述，旅游经济已发展成为一个高增值、高就业、高创汇、高效益的新兴产业，在世界经济及各国经济发展中占有越来越重要的地位。许多国家，特别是发展中国家不仅积极推进旅游经济的产业化进程，而且都把旅游业作为经济发展的重点产业，积极扶持和发展。

二、旅游经济的特征、地位与作用

（一）旅游经济的特征

1. 大众性

自 20 世纪 50 年代以来，旅游经济不再是以少数富有者为主而进行的活动，而是一种面向人民群众的社会经济活动。特别是随着社会生产力的迅速提高，人们可支配收入的不断增加，以及工作时间的缩短，许多人不仅具备了旅游消费能力，也具备了外出旅游的时间和交通运输条件，从而推动了旅游活动的大众化。

2. 全球性

旅游经济已经不再局限于国内旅游或近距离旅游，而是打破了地域，发展成为一种全球性的社会经济活动。特别是 20 世纪 50 年代以来，科学技术的进步促进了通信技术和手段的现代化，促进了交通运输条件的极大改善，人们可以在较短的时间内，以较少的经济支出周游世界各地，获得更多的旅游需求的满足。同时，旅游经济活动的全球化发展，又增进了世界各国政府、企业及人民之间的交流和联系，为推进全球化的旅游活动创造了更好的条件。

3. 规范性

旅游经济在其发展过程中，还逐渐形成了一种有组织的规范化模式。无论是国际旅游还是国内旅游，通常都是由旅行社作为主要的组织者，统一组织分散的旅游者，依托各类旅游企业和旅游风景区，按照预定的旅游线路、活动内容和时间，提供综合性的旅游服务，满足旅游者多方面的需求。旅游者只需承担一定的费用就可以尽情地享受旅游的愉悦，不用再为旅游活动中的食、住、行等问题操心。

4. 持续性

自 20 世纪 50 年代以来，整个世界旅游经济始终保持了高速发展态势。旅游经济在国民经济中的地位和作用有了显著的提高。旅游活动成为人们生活中的一个重要组成部分，成为人们的一种经常性活动。此外，随着旅游经济的广泛开展，人们更加重视生态环境的保护和环境污染的治理，努力谋求旅游与自然、文化和人类生存环境的协调发展，以促进社会经济的持续发展。

（二）旅游经济的地位及作用

1. 旅游经济在国民经济中的地位及作用

旅游经济不仅在国民经济中占有重要地位，而且其对国民经济的发展及促进，对相关产业的带动，对经济结构的改善等都具有十分重要的作用。具体表现在以下几个方面：

（1）增加外汇收入。任何国家要扩大对外经济合作就必须扩大外汇收入。而扩大外汇收入，一是通过对外贸易获得贸易外汇，二是通过非贸易途径获得非贸易外汇。在当今世界贸易竞争激烈，关税壁垒林立的背景下，旅游业作为非贸易外汇收入的来源渠道，作用是非常突出的。旅游业是一个开放性的国际产业，通过旅游经济的发展，能吸引国际闲置资金的投入，参与国际市场竞争，改善对外经济关系。旅游业还能吸引国外大量旅游者，增加外汇收入。旅游业创汇能力强、换汇成本低，又不受各国税制限制，已成为各国创汇的重要手段。

（2）加快货币回笼。积极发展国内旅游业，不仅能够满足广大国内消费者对旅游的需求，而且能够大量回笼货币，确保市场的稳定和繁荣。特别是随着收入增加、生活水平提高，人们的消费结构得以改善，有更多的可支配收入用于旅游活动。因此，大力发展旅游经济，激发人们对旅游产品的购买动机，促进各种旅游活动的进行，就能扩大旅游消费，加快货币回笼；同时还能减少人们持币待购而造成的市场压力和风险，确保市场的稳定和繁荣。

（3）扩大就业机会。旅游业是一个综合性服务行业，能为社会提供大量的就业机会。旅游业本身就是包含多种服务内容的产业，并且许多服务项目不是用现代手段就能取代人力的，因而旅游业所需的就业人数相对于其他产业要高得多。再加上旅游业的带动力较强，除了自身迅速发展外，还能带动相关产业的发展，能为社会提供较多的就业机会。

（4）带动相关产业。旅游业虽然是一个非物质生产部门，但它的关联带动功能很强，不仅能带动物质生产部门的发展，而且能带动第三产业的迅速发展。一方面，旅游业的发展必须建立在物质资料生产部门的发展基础之上，没有一定水平的物质生产条件，就不可能为旅游业的发展提供基础，因此要发展旅游业，必然要促进各种物质生产部门的发展。另一方面，旅游业作为国民经济中的一个独立综合性的行业，其生存和发展与其他行业密切相关，能够直接或间接地带动交通运输、商业服务、建筑、邮电、金融、房地产、外贸、轻纺等相关产业的发展。

（5）积累建设资金。任何经济产业的发展都离不开资金的投入，但相对于传统产业，旅游业的发展主要依靠自身的经济效益，并且还能为其他产业发展积累资金。从中国旅游业看，旅游业是一个高投入、高产出、高创汇的产业。其经济效益的增长，不仅为自身发展创造了良好的条件，同时也为整个国民经济及社会发展积累了资金。

（6）带动贫困地区脱贫致富。贫困问题是全人类面临的巨大难题，世界许多国家都十分关注并提出许多解决问题的对策及措施。实际上，贫困地区虽然经济不发达，但是旅游资源丰富。因此，贫困地区通过开发旅游资源，大力发展旅游产业，不仅有利于充分发挥贫困地区旅游资源富集的特点，开发特色鲜明、品质较高的旅游产品，而且能够通过旅游开发及旅游业发展，带动贫困地区及其周边地区的人民群众脱贫致富，加快贫困地区的开发和社会经济的发展。

综上所述，旅游业在国民经济中的重要地位，决定了其在促进经济发展中具有显著的作用。因此，大力发展旅游经济，以旅游带动地区经济发展，进而促进整个社会经济的发展已成为广泛共识。许多国家和地区采取了许多措施来加快旅游经济的发展。例如，把旅游经济纳入国家的发展计划，增加旅游投资和设施，广泛开展旅游宣传，大力培养旅游人才，制定旅游法规，减免税收，简化出入境手续，等等。

2. 旅游经济对政治的影响及作用

旅游经济的发展，不仅对经济具有影响作用，而且对国际政治及国内政治均产生相应的影响及作用。

（1）从国内情况看，追求生活质量的提高是每一个国家的任务，而旅游经济的发展就在于创造了一种高质量的生活方式及内容，是物质文明和精神文明的结合。因此，大力发展国内旅游，使人民通过旅游活动而开阔眼界、敞开胸怀，更多地了解国家和民族状况，不仅有利于激发人们的爱国心和民族自豪感，而且使人们的身心健康得到发展，从而提高整个民族的素质，促进政治的开放和民主。

（2）从国际上看，通过国际旅游活动，一方面可以增进旅游者对旅游接待国的认识和了解，认清一些不正确的信息传播，提高旅游接待国在国际上的地位、知名度及影响。另一方面，旅游接待国也可借此机会增进对世界各国的了解，宣传自己的政治立场及观点，从而加深国家之间、人民之间的友谊。从对国际政治影响看，旅游经济的发展一般是以比较成熟的外交条件为基础的。

3. 旅游经济对社会的影响及作用

旅游经济对社会的影响，主要是指其对旅游接待国社会的影响。当旅游经济活动发生时，旅游者和旅游接待国的人民之间就发生接触并产生一种特殊的社会关系。正是由于这种特殊的社会关系，旅游经济对社会形成不同的影响及作用。

（1）从其对国际社会的影响看，大规模的旅游经济活动，使社会信息得到充分的交流，从而传播了现代文明，促进了各种社会关系的协调及进步。

（2）从其对国内社会的影响看，外国旅游者进入旅游接待国的影响表现在：一是旅游者的“示范效应”，引起旅游接待国价值观念和道德准则的变化，如对生活方式的看法、对人生价值标准的转变等；二是引起旅游接待国社会结构的变化，特别是由于旅游业收入较高，女性就业率较高等特点，使旅游接待国的就业结构发生相应变化；三是引起旅游接待国生活方式的变化，特别是青年人受到国外旅游者的“示范”，有些人可能从中受到鼓励，而努力向上，成为社会中富有朝气的人，也有些人可能更看重外国人的衣着及日用品，从而在生活消费方式上发生改变；四是引起社会环境的改善，如在交通条件、住宿设施、餐饮特色，乃至个人安全等方面都促使旅游接待国必须加以改善，才能满足国外旅游者的需求。

但是，旅游经济的发展对旅游接待国也会产生一些消极的社会影响。例如，旅游业把过多的基础设施和良好的旅游条件提供给国外旅游者消费，国内少数人会产生不平等的社会心理；少数国外旅游者的挥霍消费，会影响人们的价值准则；国外一些不健康的思想、行为的渗入，造成一些令人不满的社会行为。

总之，旅游经济发展对旅游接待国的社会影响是多方面的，有些是可见的，有些是潜在的，有些是积极的，有些是消极的。因此，要注意分析和研究，正确对待，以促使旅游业健康发展。

4. 旅游经济对文化的影响及作用

旅游经济对文化的影响及作用，主要表现在以下方面：

（1）旅游经济的发展促使民族优秀的传统文化得到发掘、振兴和光大。在旅游活动中，旅游者神往的是各民族独特的文化，它是各国发展旅游业必须珍重并充分利用的旅游资源。许多趋向于衰退和消失的优秀传统文化，只有在旅游的发展中才能重新复活并振兴和光大。

（2）旅游经济的发展促使民族文化的个性更加突出。现代文明的发展，促进世界各民族的文化交流，在文化交流中必然有选择和淘汰。旅游活动是推动世界各民族文化交流中最广泛、最深刻的方式。在旅游中，通过各种物质文化、非物质文化及语言的广泛交流，民族文化的精髓得到锤炼、保留及发扬，落后的东西则被逐步淘汰，各民族文化的个性更加突出，同时增强对旅游者的吸引力。

（3）旅游经济的发展有利于世界文化的共同发展，有利于整个人类精神文明的进步。因为，旅游经济活动促使各国人民具有了国际观念和开放意识，增强了人们对经济改革与发展的紧迫感，加深了各国人民之间的相互了解及友谊，促进了国家之间科技、文化的交流等，这些都从不同角度促进了整个世界文明的进步。

但是，旅游经济发展对文化也有一定的消极影响。一方面，外来文化的冲击，可能造成民族自卑心理的滋生和发展，使优秀珍贵的民族文化发生蜕变，甚至消退。一些腐朽的生活方式也会对民族文化的健康发展产生不利影响。另一方面，为适应旅游经济发展的要求，许多优秀的传统文化可能变成商业性的娱乐内容，从而失去其原有文化蕴含的特色及内容，并促使一些优秀传统文化的实质发生改变。

总之，旅游经济与文化是相辅相成的。从文化角度看，旅游经济也是一种文化现象。因此，在发展旅游经济的同时，必须对民族文化进行分析，以促使民族文化的特色及精华能随旅游经济的发展而发展。

5. 旅游经济对环境的影响及作用

旅游经济的发展促进了国民经济的发展，使世界上许多国家竞相大力发展旅游业，并促使各国重视对旅游资源及生态环境的保护，以实现旅游可持续发展。例如，国际、国内进行的各种世界遗产保护、自然保护区、风景名胜区、历史文物的评级和保护，既保护了人类社会的生存环境和优秀的文化遗产，又为旅游经济的发展提供了丰富的内容。

但是，旅游经济的发展也会对环境产生不良影响，主要表现在：一是旅游产品生产过程所造成的不良影响，如自然景观的破坏、原始森林的砍伐、各种污染物的排放等；二是旅游活动过程中的破坏，如旅游者制造的各种垃圾，运输工具产生的废气、噪声，游客过多造成的人为破坏、交通拥塞等。因此，发展旅游经济必须同保护旅游资源、旅游环境有机统一起来，达到既发展旅游经济，又保护环境的目的。

【同步思考】

举办大型节会赛事对城市环境的影响有哪些？

第二节　旅游经济学

一、旅游经济学的研究对象和内容

（一）旅游经济学的研究对象

旅游经济活动过程中总是存在着旅游需求与旅游供给的主要矛盾及由此产生的各种矛盾，旅游经济学就是要揭示旅游经济活动过程中的内在规律及其运行机制，以便能有效地指导旅游工作实践，促进旅游业持续、协调发展。具体来讲，旅游经济学的研究对象和任务主要有以下几个方面：

1. 研究旅游经济的形成过程及规律

旅游活动是人类社会发展到一定阶段的产物，是商品生产和交换发展的必然结果。旅游经济是伴随旅游活动的发展而形成的。因此，旅游经济学研究的首要任务就是要分析旅游经济的形成条件，揭示其商品化过程的客观规律，以及其在社会经济发展中的作用和影响。

2. 研究旅游经济运行的机制及实现条件

旅游经济运行是旅游活动在经济领域的表现，而贯穿旅游经济运行的主要矛盾是旅游需求与旅游供给的矛盾，它决定了旅游经济运行中其他一切矛盾。因此，旅游经济学的研究应以分析旅游需求和旅游供给的形成、变化及矛盾运动入手，揭示旅游经济运行的内在机制，分析旅游供求平衡的实现条件，为旅游经济有效运行和顺利实现提供科学的理论指导。

3. 研究旅游经济的成果及实现状况

在旅游经济活动过程中，不同的参与者（如旅游者、旅游经营者）有不同的目标和要求，因而旅游经济活动是否有成效取决于其达到各参与者的目标的状况。简言之，就是旅游经济活动的效益。这些效益主要体现在三方面：一是旅游经济活动是否满足了旅游者的需求，从而需要对旅游者的消费进行分析和研究；二是旅游经济活动是否满足了旅游经营者的需求，从而需要对旅游经营者的收入和分配进行研究；三是旅游经济活动是否满足了旅游目的国的需求，从而需要对旅游经济活动的宏观效益和微观效益进行综合的分析研究。

4. 研究旅游经济的地位及发展条件

旅游经济是国民经济的有机组成部分，在国民经济中占有十分重要的地位，旅游经济的形成和发展必须以整个社会经济发展为基础，同时旅游经济的发展又对社会经济、文化及环境产生重要的影响。因此，必须研究旅游经济与社会经济各产业、部门间的相互联系，从整个社会的角度为旅游经济的发展创造良好的条件，以促进旅游经济健康、快速、持续发展。

（二）旅游经济学的研究内容

旅游经济学的研究目的是通过对旅游经济活动过程中各种经济现象和经济规律的研究，揭示影响和作用于旅游经济活动的基本因素和经济关系，探索支配旅游经济运行的内在机制和规律，寻求获取旅游经济效益、社会效益及环境效益的最佳途径，并为各级政府制定旅游业发展规划及各项方针、政策和法规提供理论依据。为达到上述研究目的，旅游经济学的研究内容主要有以下几个方面：

1. 旅游经济的形成及产业标志

旅游经济是社会生产力发展到一定历史阶段的产物，是国民经济的有机组成部分。因此，研究旅游经济首先应明确旅游经济的形成及发展特点，明确旅游经济产业的性质及主要标志，并从社会经济发展的角度把握旅游经济在国民经济中的重要地位，以及其对社会、文化和生态环境的作用和影响。

2. 旅游产品的开发及供求关系

旅游经济活动是以旅游产品的需求和供给为出发点的，但旅游产品具有不同于其他物质产品的属性和特点，因而必须研究旅游产品的科学含义及构成，把握旅游产品的市场寿命周期，并根据旅游产品的市场供求及影响因素，制定合理的旅游产品开发策略，实现旅游产品的供求平衡等。

3. 旅游产品的市场开拓及销售

旅游产品的供给和销售离不开旅游市场。因此，必须加强对旅游产品市场的研究，掌握不同分类市场的特点及竞争态势，采取合适的市场开拓策略，并遵循价值规律的要求，对旅游产品的价格进行合理的分类，掌握各种科学的定价方法和策略，促进旅游产品的销售。

4. 旅游产品的消费及合理化

旅游产品的消费是旅游经济活动的重要环节。由于旅游产品的特殊性，旅游消费直接表现为旅游经济活动过程之中的现实消费。因此，必须研究旅游者的消费倾向、消费行为和消费结构，探寻旅游消费的合理化途径，以实现旅游者消费需求的最大满足。

5. 旅游产品的经营成本及效益

追求旅游经济效益是旅游经营者从事旅游经营活动的主要目标，也是旅游目的地国家发展旅游业的基本目标之一。因此，要研究旅游产品的经营成本及投资，研究旅游的收入及分配，研究旅游的效益指标体系，并通过对旅游经济宏观和微观的效益分析，对旅游经济效益的实现作出合理的评价。

6. 旅游经济结构及发展

旅游经济不仅要研究旅游经济现象及其运行机制，还要研究旅游经济活动中各种经济关系以及它们对旅游经济发展产生的不同影响。因此，要研究旅游产品结构、产业结构、地区结构，以寻求旅游经济结构的合理化；要研究旅游业管理体制及制度、法规建设，以加强旅游业的行业管理；要研究旅游经济的发展格局和发展模式，以探寻促进中国旅游经济发展的最佳模式。

二、旅游经济学的研究方法

旅游经济学是一门综合性的学科，其研究的内容十分广泛，涉及多种学科的内容。因此，要使旅游经济学的研究成果具有科学性，并能对实际工作具有指导意义，就必须选用科学的研究方法。

（一）坚持理论联系实际的方法

坚持理论与实际相结合，要求一切研究都要从旅游经济活动的客观实际出发，运用现代经济理论分析旅游经济活动中的各种经济现象和经济关系，解决旅游经济发展中的实际问题，揭示其发展变化的客观规律性，并上升为科学理论，用以指导旅游经济的实际工作。

坚持理论与实际相结合，必须以“实践是检验真理的唯一标准”为准绳，把对旅游经济现象、经济关系及经济规律的科学总结和概括，拿到实践中进行反复检验，并根据实践的发展进行修改、完善和充实，才能使旅游经济理论体系不断成熟和发展。

（二）坚持系统分析的方法

建立在系统论、信息论和控制论基础之上的系统分析方法，是一种新型的、综合型的研究方法。它强调从系统、综合的角度研究事物运动的客观规律性，从而克服研究问题中的狭隘、片面、孤立、静止、封闭的观点和方法。旅游经济虽然是从属于国民经济系统的一部分，但其本身也是一个系统，只有运用系统分析的方法，才能真正掌握旅游经济的整个理论体系和方法，有效地指导实际工作。

首先，坚持全面分析的方法。旅游经济是社会经济活动的一个子系统，其本身又是由各种要素所组成的系统。因此，在研究旅游经济时，既不能局限于旅游经济活动的某个方面或环节，也不能以地理划界而孤立地研究某个区域。因此，旅游经济的研究要着眼于旅游经济活动的全局，以整个社会经济为背景，才能揭示和掌握旅游经济的客观规律性。

其次，坚持历史的观点。根据历史唯物主义的原理，历史的发展与逻辑的发展总是一致的。因此，要掌握旅游经济的理论与方法，就必须从旅游活动的起源、旅游活动的商品化过程开始研究，并把它置于社会发展的不同历史时期来分析，按照社会生产力及经济发展水平的差别，认识旅游经济在不同社会发展阶段的特点及作用，才能科学地预见旅游经济的发展趋势，有效地指导旅游经济活动的实际工作。

最后，必须对旅游经济进行动态的分析。运动是客观世界永恒的规律，旅游经济活动也是动态发展的，这就要求运用动态发展的观点和方法分析和研究旅游经济活动。尽管有时为了掌握旅游经济的本质及规律，要对大量旅游经济的资料、信息进行客观的静态分析，但把旅游经济理论和方法应用于实践时，必须根据各种因素及条件的变化，作动态的分析和运用。

（三）坚持定性分析与定量分析相结合的方法

辩证唯物主义认为，任何事物都既有质的规定性，又有量的规定性。一定的质包含着一定的量，而量变发展到一定程度必然会引起质变。旅游经济活动中的各种经济现象也都是质和量的统一。一方面，对旅游经济学中的许多范畴都具有质的规定性，才能区别各种不同的旅游经济现象。例如，旅游需求的质的规定性是由旅游者的意愿、一定的闲暇时间与一定的价格所确定的，而旅游供给的质的规定性则是由旅游经营者在一定时间、价格条件下提供旅游产品的意愿所确定的。另一方面，旅游经济的许多范畴同时又具有量的规定性，如旅游产品、旅游需求、旅游供给、旅游经济效益等。因此，在旅游经济学的研究和学习中，必须把定性分析与定量分析有机结合起来，通过定量分析揭示各种旅游现象之间的变动关系及发展趋势，为定性分析提供科学的依据，通过定性分析，准确界定事物的本质和属性，为定量分析提供指导，从而达到事物质和量的统一，促进旅游经济的持续发展。

（四）坚持运用多学科知识综合的方法

旅游经济是一项综合性的社会经济活动，其内容涉及人类生活、生产的多个方面。因此，旅游经济的研究必然涉及经济学、旅游学、社会学、心理学、统计学、会计学、计算机科学等多学科的知识。因此，在研究旅游经济学时，要拓宽思路，开阔眼界，注意学习和了解其他相关学科的理论研究及发展，并充分运用其他学科的最新研究成果，不断丰富本门学科的内容，提高旅游经济的研究水平和对实践的指导。

三、旅游经济学与其他相关学科的关系

（一）旅游经济学与经济学的关系

旅游经济学是旅游学和经济学的交叉学科，是这两门学科研究领域重合的产物，是经济学的一个分支。旅游经济学是一门经济类的应用学科，经济学理论适用于旅游经济学。

（二）旅游经济学与旅游学的关系

旅游经济学是旅游学的一部分。旅游经济学与旅游学是特殊与一般的关系，两者相互促进。旅游研究发轫于旅游经济研究，而旅游经济研究为旅游学的形成打下了良好的基础。

（三）旅游经济学与其他旅游学科的关系

旅游是一种综合性的社会经济现象，从不同侧面在理论上反映和概括这种现象的学科甚多，这些学科同旅游经济学的关系大致可分为两类。

第一类是与旅游经济学成平行关系的学科，如旅游心理学、旅游社会学、旅游地理学、旅游美学、旅游法学等。

第二类是与旅游经济学成纵向关系的学科，如旅游市场学、旅游饭店管理、旅行社管理、旅游管理学等。

【本章练习】

一、关键名词

旅游经济　旅游经济学

二、简答题

1. 旅游经济学的研究内容有哪些？

2. 旅游经济发展对环境的影响有哪些？

三、论述题

1. 论述旅游经济在国民经济中的地位及作用。

2. 论述旅游经济发展对当地文化的影响及作用。

四、案例分析

新质生产力对旅游经济的推动作用

习近平总书记指出，新质生产力是创新起主导作用，摆脱传统经济增长方式、生产

力发展路径，具有高科技、高效能、高质量特征，符合新发展理念的先进生产力质态。它由技术革命性突破、生产要素创新性配置、产业深度转型升级而催生，以劳动者、劳动资料、劳动对象及其优化组合的跃升为基本内涵，以全要素生产率大幅提升为核心标志，特点是创新，本质是先进生产力。在我国人口规模巨大的现代化背景下，要实现巨量的旅游需求和有限的旅游供给之间的平衡，离不开科技创新的助力和高质量的发展，由此，新质生产力对我国旅游经济具有促进作用。

1. 科技创新对旅游经济具有推动作用

科技创新显然是新质生产力最重要的源泉，旅游业新质生产力的科技创新包括信息技术、互联网技术等。

（1）信息技术的进步有助于提升旅游业生产力。比如，社交媒体极大地改变着人们的体验建构模式、重构目的地的发展模式。社交媒体可以在极短时间内让一个旅游目的地出圈成为“网红”，尤其是让那些原本默默无闻的目的地、产品迅速成为现象级热点，使其高效进入市场，获得发展机会和经济效益。

（2）互联网技术的进步有助于提升旅游业生产效率。借助互联网技术可以提高旅游供给与需求的匹配效率和准确度，从而更快地完成旅游产品与服务的买卖交易。借助大数据分析可以精准地了解旅游消费偏好和趋势信息，从而可以更快地对市场需求做出精确反应，更快地在供应链体系中进行精准协同，推动旅游产品和服务的精益生产，推动旅游经济的快速发展。

随着人工智能技术更广泛的应用，旅游业的生产效率得到进一步提高，使得以往靠经验判断的产品服务优化模式转向更多地依赖技术辅助的优化模式，旅游业迭代创新的针对性更强、需求适应性更高。比如，各类旅游演艺项目可以更多借助于表情捕捉技术、神经生物技术等精准了解观演者的情绪反应信息，从而更有效地改进表演。西班牙某喜剧剧院通过“笑容识别收费系统”有效观察和记录了观众对戏剧的反应，不仅增加了收入，而且对创作者提高戏剧质量形成了重要指引。

2. 先进生产力对旅游经济具有推动作用

（1）高素质创新人才队伍是旅游业新质生产力的重要基础。人是生产力中最活跃、最根本的要素。文化和旅游部先后出台了《文旅系统青年人才扶持计划》《乡村文旅带头人支持项目》《文化和旅游标准化工作管理办法》等，对提升工作规范和从业人员的创新及管理能力，促进行业高质量发展起到了积极作用。国家大力培养具备数字技术应用、创新设计、国际化视野的复合型战略人才，以适应旅游行业的快速发展和旅游业态模式的快速更新；在行业层面重点培养数据分析和政策研究型人才，能掌握行业规律，并且能准确研判发展趋势；业务层面培养具有数字化创新能力的产品研发和营销队伍，根据业务需要组建 IT 支持部门；执行层面提升一线人员的服务技能水平和职业素养，提升精细化服务水平，以满足文旅行业和企业发展的体系化劳动力需求。

（2）生产资料的转换是提升旅游经济的关键。生产力的提升需要生产资料的支持，旅游业发展需要将更多的资源开放，包括自然资源和人文资源，资源的大开放促进旅游业新质生产力的大提升。当前资源的开放力度正在设法满足社会经济发展新阶段对生态产品价值实现机制、治理体系和治理能力现代化方面提出的新要求，响应数字化、智能化、网络化“一日千里”的发展节奏。习近平总书记指出，保护生态和发展生态旅游相得益彰，这条路要扎实走下去。党中央对全面提升文物保护利用和文化遗产保护传承水平也提出了“坚持保护第一、加强管理、挖掘价值、有效利用、让文物活起来”的工作要求。因此，无论是绿水青山还是冰天雪地，要转换为金山银山才是关键。

资料来源：厉新建，宋昌耀，张安妮.旅游业新质生产力：难点与方向［J］.旅游导刊，2024，8（3）：23-33.

问题：

1. 新质生产力是如何促进旅游经济发展的？
2. 旅游业新质生产力的发展难点有哪些？

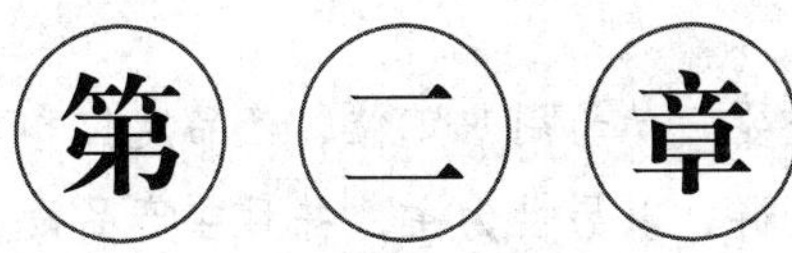

旅游产品及开发

旅游产品是一个整体概念，它既要满足旅游者的物质需求，又要满足旅游者的精神需求，是旅游活动中的食、住、行、游、购、娱六大要素的综合体。本章先从市场学、旅游需求和旅游供给的角度分别对旅游产品的概念进行讨论，接着对旅游产品的特征、构成和开发等问题进行分析。旅游产品和其他商品一样，具有一般商品的基本属性，即使用价值与价值。旅游产品与一般产品相比，具有综合性、无形性、不可转移性、生产和消费同一性、易损性等特点。旅游产品的开发要遵循独特性、效益性、市场导向和可持续发展的原则。为了最有效地利用资源，最大限度地满足旅游者的旅游需求，必须制定正确、合理的旅游产品升发策略。同时，要止确地对旅游产品进行定位，根据旅游产品的实际情况，对旅游产品进行科学、合理的组合，以求实现旅游企业最大的经济效益。通过本章学习，学生应该掌握旅游产品的一些基础理论知识，这是学习旅游经济学的基础。

【学习目标】

1. 正确认识和理解旅游产品的概念，掌握旅游产品的特性和特点。
2. 熟悉旅游产品的构成。
3. 熟悉旅游产品开发的原则、定位和组合。

【导入案例】

近年来，博物馆、景区文创热度不断攀升，各种文创爆款、“显眼包”、博物馆 IP

联名都纷纷出圈。像来自“故宫的礼物”或创意、或趣味、或雅致、或恶搞，迅速走红互联网。这类旅游文创产品，如何出圈又出彩？

（1）定位比卖萌重要。故宫文创的率先崛起，首先要归功于用户定位、产品定位和价格定位。一开始，故宫将用户定位在35岁到50岁人群，以男性为主，并且在产品设计上，偏向传统。直到几款年轻化产品的爆红，才促使故宫调整步伐，而现在，故宫将产品用户定位在35岁以下人群，以女性为主。这样的定位也符合大多数景区的商品消费客群和用户特征。

（2）合作比单一强大。近年来联名之风在传统商业的发展中也越来越受到追捧，跨界联名也成为文创“破圈”的另一新形式。跨界的联名不仅能最大程度发挥IP的影响力，形成一加一大于二的效果，恰当而具有创意的联名，还会成为带动话题营销与产品销量的巨大动力。

（3）科技比守旧精彩。数字技术的注入，为文创产品开拓了新的展现空间、开创出新的表现形式，使传统文化的发展逐步跃升为文创新经济产业，如3D打印的故宫吉祥物，敦煌研究院推出的敦煌动画剧、“敦煌诗巾”小程序、博物馆数字藏品等数字产品广受欢迎。

（4）创意比跟风高级。文创产品虽然发展势头良好，但不否认当前文创市场存在开发层次低、同质化严重的现象，文创产品的魅力和核心竞争力，恰恰在于其自身独一无二的创意，一时跟风只会扼杀文创产品的生命力，拉低游客对景区或博物馆的整体印象。

资料来源：旅游文创产品，如何出圈又出彩？［EB/OL］. 旅道文创微信公众号. 2023-11-03.

第一节　旅游产品的概念与特征

一、旅游产品的概念

旅游产品是整个旅游开发活动的核心，是旅游业一切经营活动的主体。人们从不同的角度出发，对旅游产品的概念有不同的认识。

（一）从旅游市场角度的定义

从旅游市场角度看，旅游产品是指旅游者和旅游经营者在市场上交换的，主要用于旅游活动中所消费的各种物质产品和服务的总和。根据旅游市场中旅游者和经营者所交换的情况，旅游产品有单项旅游产品、组合旅游产品和整体旅游产品之分。

单项旅游产品主要指旅游者在旅游活动中，所购买和消费的有关住宿、餐饮、交通、游览、娱乐等内容的物质产品或服务。单项旅游产品通常只能满足旅游者某一方面的旅游需求。

组合旅游产品主要指旅游经营者根据旅游者需求，把食、住、行、游、购、娱等多种要素组合而成的产品，又称为旅游线路产品。在旅游活动中，单项旅游产品只是组合旅游产品的一个部分，只有通过旅行社将各种单项旅游产品组合起来或形成旅游线路产品，才能更好地满足旅游者的综合性旅游需求。

整体旅游产品主要指旅游经济活动中，某一旅游目的地能够提供并满足旅游者需求的全部物质产品和服务，又称为旅游目的地产品。其包括若干个单项旅游产品和若干条旅游线路产品，能够有效地满足旅游者的多样性旅游需求。

（二）从旅游需求角度的定义

从旅游需求角度看，即从旅游者的角度来看，旅游产品是指旅游者花费一定的时间、精力和费用所获得的一段旅游经历和感受。这个经历和感受包括旅游者从离开居住地开始，到达旅游目的地旅游，直到旅游结束又回到居住地的全部过程中，所接触的各种事物和所接受的各种服务的整个经历、体验和感受。由于人们的旅游需求是不断变化的，因此旅游产品不同于一般物质产品具有稳定的形态，而是随着旅游者需求变化而相应动态变化的。旅游产品的动态性，一方面体现了旅游产品满足旅游者需求的适应性，即在旅游产品的内容、组合结构、服务质量上存在着一定的差异性，才能满足旅游者不断变化的旅游需求；另一方面，也增加了旅游产品质量管理的难度，从而要求构成组合旅游产品或整体旅游产品的各种单项旅游产品和服务，在质量上应当是均一的，结构上应该是配套的。这样才能保证整个旅游活动过程中各个环节的衔接和配合，使旅游者获得愉快的旅游经历、体验和良好的游后感受。

（三）从旅游供给角度的定义

从旅游供给角度看，即从旅游经营者角度来看，旅游产品是指旅游经营者凭借一定的旅游资源、旅游设施和其他媒体，向旅游者提供的，以满足旅游者需求的各种物质产品和劳务的总和。通过旅游产品的生产与销售，旅游经营者达到盈利的目的。旅游产品最终表现为劳动的消耗，即旅游服务的提供。旅游服务是指旅游业的员工凭借旅游资源、旅游设施以及其他必要的劳动资料，在旅游活动过程中，为旅游者提供各式各样的劳务以满足旅游者的需求。

【知识链接】

沉浸式旅游产品开发的四个策略

沉浸式旅游产品是一种创新的旅游体验形式，它通过高度还原的场景、虚拟现实（VR）、增强现实（AR）、多媒体互动以及其他高科技手段，让游客能够深入其境地融入特定的历史、文化或主题故事中，获得超越传统观光的深度参与感和感官体验。在旅游市场同质化严重的背景下，沉浸式旅游产品以其独特性和创新性，为旅游目的地提供了差异化的竞争优势，帮助其在众多旅游选项中脱颖而出。这类旅游产品能够显著增加游客的停留时间和消费，带动餐饮、住宿、购物等相关产业的发展，为地区经济创造新增长点。沉浸式旅游产品应如何发展？

第一，因地制宜。由于沉浸式旅游的不均衡发展，各地的市场现状和目标群体不尽相同，应当做到因地制宜，对于发展成熟的城市来说，市场教育、消费习惯培养等都已经完成。第二，丰富产品形式。沉浸式旅游的一大吸引点就在于“新”，满足人们的猎奇心理，已有的旅游产品要不断更新，新项目的开发更要拥有自己独有的吸引点、内容、形式、科技手段等。第三，做好IP的挖掘转化。要做到IP的深入开发，除了要找准定位，与资源本身的优势相结合进行开发，还要实现IP的商业转化和长期发展，内容的支撑尤为重要，不能只有一个简单的符号或空壳，IP内容的形式非常多，有影视作品、直播、小视频、表情包、文创产品等。第四，加大营销力度。沉浸式旅游虽然已有很高的热度，但是其普及度依然不够，企业需要加大对项目的宣传力度，线上充分利用网络平台，通过短视频讲解项目的内容、参与的基本方式和规则，展示项目的体验过程。

资料来源：二大 . 沉浸式旅游产品开发的四个策略［EB/OL］. 民宿学苑微信公众号 . 2024-05-31.

二、旅游产品的特性

旅游产品是专门为了满足旅游者的需求而生产或开发出来的，其与其他的劳动产品一样，都可以在市场上进行交换，因此旅游产品也是一种商品。和其他商品一样，旅游产品也具有一般商品的基本属性。

（一）旅游产品的使用价值

旅游产品的使用价值，除了具有满足人们物质或精神需求方面的效用外，还具有区别于物质产品的特殊性质。这种特殊性质具体表现在以下几方面。

1. 多效用性

通常，一般的物质产品或其他服务产品的使用价值只能满足人们某一方面的需要，而旅游产品是综合性的劳务产品，它的使用价值是综合性的，能满足旅游者物质生活和精神生活的多种需要。旅游产品能满足旅游者旅游过程中的食、住、行等基本物质生活的需要，同时又能满足人们更高层次的观光、游览、娱乐等精神生活的需要。因此，旅游产品与物质产品或其他服务产品相比较，具有使用价值的多效用性。

2. 多层次性

旅游需求具有多样性的特点，因此在开发旅游产品时，要根据旅游者的不同需求、旅游产品成本及旅游市场的供求状况等，开发出若干不同规格档次的旅游产品。无论是哪一种规格档次的旅游产品，其使用价值都能满足相应不同层次旅游者的旅游需求，并同时提供各种不同功能的旅游服务，这也决定了旅游产品具有使用价值的多层次性。

3. 多样性

旅游产品的使用价值包括基本部分和附属部分。基本部分是指旅游产品可以满足旅游者最根本需求的那部分效用，它是旅游产品使用价值构成中必不可少的部分。如一次旅行过程中，旅游产品能够提供的“游”的部分、“行”的部分。附属部分是旅游产品价值构成中可有可无的部分，并不是对每一位游客在每一次旅行中都一定要体现出来。如医疗服务、通信服务、汇兑服务等，这些服务属于附属部分，一旦旅游者需要，旅游经营者也要义不容辞地提供，从而决定了旅游产品使用价值具有多样性的特征。

4. 暂时性

旅游产品的使用价值对游客来说具有暂时性。一般商品发生交换时，购买者通过支付货币给售卖者，获得商品的所有权和使用权，售卖者就失去了商品的使用价值而取得货币，商品的所有权和使用权就发生了转移。而旅游产品发生交换时，旅游者通过支付货币给旅游产品的销售者，获得的是旅游产品的暂时使用权。例如，当旅游者支付一定的货币从酒店购得一个床位后，旅游者可以暂时地、一次性地使用它。旅游者不能拥有床位的所有权，旅游者在离开酒店时，也不能将其带走。同时，旅游产品的交换不涉及所有权的转移，同一旅游产品既不能由任何人随意携带，也不能专门为某一旅游者个人独占和享受。因此旅游产品的使用价值可以供许多旅游者同时使用，旅游产品的使用价值具有暂时性。

（二）旅游产品的价值

价值是商品的社会属性，是凝结在商品中的一般人类劳动。旅游产品的价值和其他任何产品的价值一样，都是无差别的人类的一般劳动，是旅游产品凭借实物劳动产品的转移价值和提供旅游服务新创造价值的总和。

1. 旅游产品的价值

旅游产品的价值由以下几部分构成：

（1）旅游服务所凭借的基础设施、接待设施的折旧，向游客提供饮食和一切用品的原材料成本，旅游企业因自身经营管理和服务需要而消耗的各种物资和用品。

（2）支付旅游从业人员用以维持劳动力再生产所需消耗资料的价值。

（3）旅游从业人员创造的新价值。

2. 旅游产品价值量的确定

旅游产品的价值和其他任何产品的价值一样，都是无差别的人类的一般劳动，从价值决定和价格形成的角度来看，旅游产品价值量的大小取决于生产旅游产品的社会必要劳动时间。但由于旅游产品的特殊性，其价值量的确定具有以下特定的性质。

（1）旅游服务价值量的确定。旅游服务是旅游产品价值的核心，旅游服务质量的好坏直接影响旅游产品价值的实现。在旅游设施条件相同的情况下，高水平的旅游服务反映旅游产品的质量好，价值大；而低水平的旅游服务则反映旅游产品的质量差，价值小。因而，旅游服务质量的优劣直接影响到旅游产品价值量的确定。通常，旅游服务质量的优劣，往往与旅游从业人员的文化素质、业务技能、职业道德水平密切相关，而与劳动量投入的多少无直接关系。因此，只有提供高水平、高质量的旅游服务，才能不断提高旅游产品的价值量，并保证旅游产品价值的有效实现。

（2）旅游资源价值量的确定。旅游资源是旅游产品构成的重要内容，旅游资源的种类和特色，决定了在旅游产品价值量的计算上存在较大差异。例如，人文景观中的历史文物古迹，除了是前人劳动的结晶外，历代人们的维修保养也付出了大量劳动，从而使这些旅游资源具有无法替代的历史价值，这种价值无法以消耗多少劳动量去衡量。此外，某些自然旅游资源由于其特殊的价值和唯一性，其价值量也不能以劳动量消耗来估量。因此，某些旅游产品的价值量具有一定的垄断性，由此形成了某些旅游产品的垄断价格。

（3）旅游设施价值量的确定。旅游设施同其他物质产品一样，其价值量也是由凝结于其中的社会必要劳动时间来决定的。例如，就餐时的一个座位，是旅游产品中的有形部分，同一般商品一样，有其确定的投资成本，其所包含的价值也有一定的估算依据。但是，在旅游要素组合过程中，其价值量会随着组合变化而产生新的附加价值，从而使旅游产品价值量随着旅游要素配置和组合形式的变化而变化。例如，高垄断性旅游资源往往会提升其相关旅游设施的价值量，使所组合的旅游产品价值量也相应提高。

三、旅游产品的特点

（一）综合性

综合性是旅游产品最基本的特点，从构成要素来看，旅游产品是由旅游吸引物、旅游设施、旅游服务等诸多要素组合而成的。其中既有有形要素，也有无形要素；既有物质要素，也有精神要素。从生产部门来看，旅游产品的生产和提供涉及诸多部门和行业。其中既有直接面向旅游者的旅行社、饭店、景区和交通运输等部门和行业，也有间接面向旅游者的工业、农业、建筑业、金融保险业等行业；既有以物质生产为主的行业，也有以非物质生产为主的行业；既涉及经营性部门，也涉及非经营性部门。从旅游消费来看，旅游者的旅游消费几乎都包含了食、住、行、游、购、娱等要素，而且要求在质量上均等，在构成上配套，在内容上丰富。旅游产品的综合性特点决定了旅游业各部门协调发展和开展联合营销的必要性和重要性，也要求旅游目的地在开发旅游产品时必须全面规划、统筹安排。

（二）无形性

旅游产品的无形性主要表现在以下两个方面：

一方面，旅游产品服务内容的无形性。只有当旅游者到达旅游目的地享受到旅游服务时，才能感受到旅游产品的使用价值。而当旅游者在做旅游目的地的选择时，一般见不到旅游产品的形体，在旅游者心目中只有一个通过媒介宣传和相关渠道介绍所得到的印象。

另一方面，旅游产品的价值和使用价值不是凝结在具体的物上，而是凝结在无形的服务中。只有当旅游者在旅游活动中享受旅游服务时，才能认识到旅游产品使用价值的大小。也只有当旅游者消费旅游服务时，旅游产品的价值才真正得以实现。因此，旅游产品质量的评价取决于旅游者个人主观感受的满意程度。

旅游产品的这一特性表明，在大体相同的旅游基础设施条件下，旅游产品的生产及供应可以具有很大差异，因此旅游产品的策划应较多地依赖于无形产品的开发，即提高旅游服务的质量和水平。

（三）不可转移性

旅游产品的不可转移性具体表现在以下两个方面：

一方面，旅游产品的所有权不可转移。旅游产品同一般产品一样必须通过市场交换才能实现其价值和使用价值。一般产品一旦被消费者购买，其所有权就随之转移到消费者手中。然而，旅游产品被旅游者购买后，其价值和使用价值得以实现，但不发生所有权的转移，只是使用权的转移。旅游者购买了旅游产品后，只是在规定的时间里获得了旅游产品的使用权，但无权将旅游产品据为己有。

另一方面旅游产品具有空间上的不可转移性。旅游产品中的旅游资源、旅游设施等产品在空间上是相对固定的，旅游者只能前往旅游产品的生产地进行消费，不是把旅游产品运送给旅游者消费，即发生位移的是旅游者而不是旅游产品。正因为如此，交通运输成为旅游活动得以完成的重要技术手段。

（四）生产和消费的同一性

旅游产品的生产与消费基本上是同时进行的。旅游产品的生产过程同时是旅游者对旅游产品的消费过程，两者在时空上不可分隔。旅游产品的生产必须由旅游者直接加入其中，才能有效完成对旅游者的服务。也就是说，在旅游产品的生产过程中，生产者与消费者必须直接产生联系，两者之间是一种互动的行为。旅游产品生产与消费同一性的特征，使旅游产品无法像其他有形产品那样暂时销售不出去可以储存起来。旅游产品的时间性很强，无论是一条旅游线路还是一间客房，只要有一天无人购买，这一天的价值就损失了，并且永远不复存在。这就要求从事旅游业者切实树立“顾客第一”的经营宗旨，努力开发适合旅游市场需求的旅游产品，完善旅游设施、充实服务内容、提高服务质量，通过各种措施与途径平衡游客的时空分布，从而提高旅游对象资源和设施的利用率，实现更多的旅游产品价值的转移，获得尽可能多的经济收益。

（五）易损性

易损性是指产品的使用价值和价值的实现受多种因素的影响和制约而易于被折损的现象。旅游产品受外部环境中不可控制因素的制约比较大，具有易损性的特点。

首先，旅游产品是满足人们在旅游过程中食、住、行、游、娱、购多方面需要的综合性产品。在旅游产品的多方面构成中存在一定的比例关系，如接待一定量旅游者需要多少不同规模、档次的饭店、餐饮设施，多少交通运载能力，什么样的运输方式，需要多大的游览娱乐空间，什么类型的吸引物，不同层次旅游服务人员的数量和比例，等等。这些都要有一个合理的数量结构，任何一部分的超前或滞后都会影响旅游经济活动的运转。而旅游产品构成中提供产品和服务的各行业和部门之间的比例失调或经营不力，都会影响旅游产品的整体效能，从而影响旅游产品的使用价值和价值的实现。

其次，旅游产品往往受制于季节和假日等外部因素的制约，如四季温差造成旅游市场需求的淡旺季，传统节假日和休假时间的增多也引起旅游周期性的波动，影响旅游产品价值的实现。

最后，旅游产品的易损性还表现在旅游活动必然会涉及人与自然、人与社会和人与人之间的诸多关系。诸如战争、政治、国际关系、政府政策、经济状况、汇率以及血缘文化等的变化都会引起旅游需求的变化，从而影响旅游产品价值的实现。

第二节　旅游产品的构成

一、旅游产品的一般构成

（一）旅游产品的核心部分

旅游产品的核心部分一般是指旅游吸引物和旅游服务，是旅游产品提供给旅游者的基本效用和利益，这也是旅游产品最基本的部分。旅游吸引物是旅游业发展的基础和条件。旅游吸引物按其成因分为四大类，即自然性吸引物、历史性吸引物、社会性吸引物和现代人工吸引物。旅游服务是依托旅游吸引物和一定的接待设施向旅游者提供的优质服务。

（二）旅游产品的外形部分

旅游产品的外形部分是指旅游产品在市场上出售时的实物或劳务的外观。旅游产品的外形部分主要与旅游产品的物质载体、质量、特色、品牌、包装、声誉及组合方式等有关。旅游产品的物质载体是以物化劳动表现出来的实体部分，如各类旅游景区景点、各种旅游接待设施、服务设施、娱乐设施等。旅游产品的质量、特色、品牌、包装、声誉是依托各种旅游吸引物和旅游设施而反映出来的外在价值，也反映了旅游产品在旅游市场和旅游消费者心目中的整体形象，是激发旅游者旅游动机，吸引其前来观光游览的具体外观。旅游产品的组合方式也是旅游产品的外形部分之一。旅游产品的各种构成要素组合成不同种类的旅游产品，能满足旅游者多样化和个性化的需求。

（三）旅游产品的延伸部分

旅游产品的延伸部分是指旅游者购买旅游产品时所得到的全部附加服务和利益，是旅游经营者提供的核心产品的延伸和进一步完善。例如，为旅游者提供旅游决策的咨询服务和旅游活动结束后的跟踪服务，在购买旅游产品时给予的各种优惠条件，额外赠送的有形产品（如旅游地图及旅游手册、纪念品）或劳务服务（如加床服务、叫醒服务，等等），这些都会带给旅游者意料之外的利益和惊喜。旅游产品的延伸部分尽管不是旅游产品的主要构成部分，但它在旅游产品生产和经营中却起着举足轻重的作用，是旅游企业的竞争手段之一。

二、旅游产品的需求构成

（一）按旅游者消费需求的内容来分

从旅游者消费需求的内容来分析，旅游产品需求构成主要包括旅游饮食、旅游住宿、旅游交通、旅游游览、旅游娱乐和旅游购物六个方面。

1. 旅游饮食

餐饮是旅游活动过程中不可或缺的基本要素之一。旅游者通过餐饮，满足基本的生理需要。同时，旅游者在用餐过程中特别是享用具有浓郁地方特色的风味餐饮时，品味感受异域文化、体验风土人情，并享受与之相对应的富有特色的饮食服务，可以获得精神文化上的愉悦和享受。

2. 旅游住宿

旅游住宿主要是指酒店为旅游者提供的住宿床位和相应的服务，是旅游产品构成中又一重要的基本要素。酒店的档次、产品的结构、设施设备的完善性、服务水平的高低、价格的合理性等都将影响旅游产品的质量。

3. 旅游交通

旅游交通是旅游产品构成中一个必不可少的基本要素。它帮助旅游者在居住地和旅游目的地、各旅游城市、景区景点之间实现空间位置的移动，达到旅游的目的。交通运输设施和交通工具的多样化、现代化有利于旅游活动的顺利进行，也为旅游业的发展创造了有利的条件。

4. 旅游游览

游览观光是旅游者的主要目的，也是旅游活动的核心内容。游览观光的对象是旅游目的地的各类旅游资源。它们是对游客具有核心吸引力，能吸引人们前来游览观光的各种事物和因素的总和。

5. 旅游娱乐

旅游娱乐是指旅游者在紧张劳累的旅途中进行的各种娱乐活动。娱乐项目是旅游产品的基本构成要素之一，也是现代旅游中综合型非观光旅游的重要内容。娱乐产品应当融知识性、趣味性、文化性、参与性、健康性于一体。娱乐项目应当品种多样、内容丰富，并可充分利用现代高科技成果。

6. 旅游购物

旅游购物是指旅游者在旅游途中购买商品的消费活动。这类商品以实物形态存在，主要包括各种工艺美术品、文物古玩及其仿制品、土特产品、旅游食品、旅游纪念品和旅游日用品等。这些商品除一小部分作为生活必需品被消耗外，大部分在旅游结束后被旅游者带回家中。这些商品具有纪念性、实用性、艺术性、欣赏性、收藏性等特点。同时旅游者可将其作为馈赠亲友之佳品。旅游购物消费潜力巨大，较之食、住、行基本旅游需求具有更大的弹性，在旅游收入中占有很大比例。

（二）按游客消费需求的程度来分

根据游客对上述消费内容的需求程度的差异，旅游产品可分为基本旅游产品和非基本旅游产品两类。

1. 基本旅游产品

基本旅游产品是指对任何旅游活动都是必需的旅游产品，是保证旅游活动顺利进行的基础条件。如饮食、住宿、旅游交通、游览是旅游活动中必不可少的，饮食和住宿提供旅游者所需的生活和环境条件，交通是实现旅游者空间位置移动的手段，游览是旅游者旅游活动的主要目标。旅游者在基本旅游产品上的消费具有相对稳定性，其消费支出额也很有限。

2. 非基本旅游产品

非基本旅游产品是指并非每次旅游活动都需要，旅游者也不一定购买，且需求弹性相对较大的旅游产品，如旅游购物、商务秘书服务、医疗保健服务、邮电通信服务、修理服务、代看小孩宠物服务等。对非基本旅游产品，旅游者消费需求差异很大。因此，旅游者在非基本旅游产品部分的消费具有很大的潜力，特别是在购物方面。

三、旅游产品的供给构成

（一）旅游吸引物

旅游吸引物是指在自然界和人类社会中能对旅游者产生吸引力，可以为旅游所开发利用，并可产生经济效益、社会效益和环境效益的各种事物和因素。旅游吸引物是旅游者选择目的地的决定因素，它既可以是物质的，也可以是非物质的，代表着各旅游目的地的特色和不同民族的文化传统。旅游吸引物是旅游产业的关键。旅游产业是为旅游者服务的，而旅游吸引物才是吸引游客前来的动力源泉，没有旅游吸引物，就没有旅游者，也就没有服务的对象，旅游产业将无从发展。

旅游吸引物根据其性质分为自然吸引物和人文吸引物。

自然吸引物分为四类：一是地方景观类，如名山、洞穴、沙滩、火山熔岩景观等；二是水域风光类，如海洋、湖泊、瀑布、温泉、漂流河段等；三是生物景观类，如森林、草原、古树名木、奇花异草、野生动物栖息地等；四是气候气象类，如雾凇、佛光、海市蜃楼等。

人文吸引物分为三类：一是古迹和建筑类，如古城墙、宫殿、楼阁、塔、桥、人类文化遗址等；二是休闲求知健身类，如民俗风情、节日庆典、博物馆、动物园、植物园、主题公园、运动游乐场馆等；三是购物类，如地方土特产品、庙会、购物中心等。

（二）旅游设施

旅游设施是直接或间接向旅游者提供服务所凭借的物质条件，是旅游者完成旅游活动所必须具备的各种设施、设备和相关物质条件的总和，一般分为旅游服务设施和旅游基础设施两大类。

旅游服务设施是指旅游经营者用来直接服务于旅游者的凭借物，主要包括住宿、餐饮、交通、娱乐等设施。

旅游基础设施是指旅游活动有效开展必不可少的各种公共设施，包括道路、桥梁、供电、供水、供热、通信、排污、消防等。这些设施虽然不是直接为旅游者建设的，但在旅游经营中它是直接向旅游者提供服务的旅游企业和部门必不可少的物质保证，是旅游业赖以生存的基础。

（三）旅游服务

旅游服务是旅游产品的核心，它是旅游经营者向旅游者提供服务的过程。在整个旅游过程中，旅游者购买的旅游产品除了餐饮和旅游纪念品外，大量的是享受旅游过程中的各种服务。

旅游服务按旅游活动的过程分，包括售前服务、售中服务和售后服务三部分。售前服务是指为旅游者在出行前提供的准备性服务，如旅游咨询、签证、办理出入境手续、进行货币兑换、保险等业务。售中服务是指在旅游过程中向旅游者提供的各种服务，包括食、住、行、游、购、娱及其他服务。售后服务是指在旅游者的旅游活动结束后提供的离开旅游目的地的服务，包括办理出境手续、托运及委托代办服务等。

旅游服务按其内容分，包括服务观念、服务态度、服务项目、服务价格、服务技术等。服务观念是旅游服务从业人员搞好服务工作的前提。服务态度则是服务观念的具体化，只有牢固树立为旅游者服务的观念，才能有良好的服务态度。服务项目是向旅游者提供的各种服务，服务项目的多少和质量是旅游企业竞争的关键要素。服务价格是旅游服务内容和质量的货币表现形式，它与服务的内容和质量密切联系：质价相符，则旅游者满意；质低价高，则旅游者不满意；质高价低，则旅游产品竞争力强。服务技术是搞好服务工作的基础，是满足旅游者需求，提高旅游企业形象、信誉和竞争力的关键所在。

（四）可进入性

可进入性是指旅游者进入目的地的难易程度。具体表现为进入游览点、服务设施和参与旅游活动所付出的时间和费用。旅游可进入性是连接旅游者需求与各种具体旅游产品的纽带，是旅游产品成功组合的前提条件。可进入性主要受到交通条件、通信条件、手续的繁简程度、旅游地的社会条件等因素的影响。

交通条件是旅游产品组合中必备的条件，一个没有良好交通条件的旅游目的地是不可能吸引大量旅游者的。交通条件包括对外交通工具的种类，如车辆、飞机、船舶等，也包括区内地方交通的种类、数量、能力、布局以及国际与国内交通的联结与方便程度等。各种现代化的交通工具，不仅可以大大缩短旅途距离，而且可以使旅客得到舒适、快捷、安全、方便的享受。

便捷的通信条件是旅游者能否顺利进出旅游地的重要条件。现代旅游者都是有计划有目的地前往旅游地。没有便捷的通信条件，难以使旅游者、旅游经营者和旅游目的地之间及时准确地沟通，会给旅游者的旅游活动的顺利实现带来很大的盲目性或不确定性。因此，旅游产品中通信设备的规模、能力及配套状况等，也会对旅游地的可进入性产生影响。

各类手续的繁简程度，主要指出入境签证手续的难易、出入境验点程序、服务效率、咨询信息等，不仅影响旅游地的客流量大小，而且对旅游产品的成本质量、吸引力等都有相当的影响作用。

旅游地的社会条件对旅游者进入的难易程度也有很大影响。旅游地的社会条件包括政府政策、社会治安、社会公众对旅游的态度、管理水平等，这些条件都是影响旅游可进入性的重要因素。

第三节　旅游产品的开发

旅游产品开发是指根据市场需求，对旅游资源、旅游设施和旅游服务等进行规划、设计、开发和组合的活动，包括对旅游地的开发和旅游线路的开发两个方面。旅游产品的开发涉及一个地区的经济、文化、社会环境诸多领域，是一个系统工程。

一、旅游产品开发的原则

旅游产品开发必须以旅游市场的需求状况、宏观政策、目的地基础设施建设状况、目的地人力资源基本状况等因素的正确分析和评价作为基础，通过对旅游业的开发，取得较好的经济效益、社会效益和环境效益。为了实现这一目的，旅游产品的开发应遵循以下原则。

（一）独特性原则

旅游市场的竞争主要围绕客源而展开，要想在竞争中站稳脚跟，就必须开发出具有独特性的旅游产品投放到市场中，以提高和保持市场占有率。富有独特性的旅游产品可以较好地满足旅游者求新、求奇和求异的消费需要，容易对旅游者或潜在旅游者产生强烈的吸引力，增强旅游产品的竞争力，形成广阔的市场。

（二）效益性原则

旅游产品的开发需要大量的投资，追求最大的经济效益是旅游企业开发旅游产品的主要目标。但是，追求经济效益并不是旅游产品开发的唯一目标，因为旅游产品并非一般的单一物质产品，它还具有文化性。因此，在保证旅游企业能够获得较好的经济效益的同时，还要强调社会效益和环境效益，努力提高生态效益，提高旅游目的地的综合效益。

（三）市场导向原则

旅游产品开发要将旅游市场需求放在第一位，开发出适销对路的旅游产品，以便最大限度满足旅游者的需求。由于旅游者的旅游动机和需求会发生变化，因而在进行旅游产品开发之前，要做好周密而细致的旅游市场调研工作，了解现实的旅游市场需求及其分布状况，应用科学的方法和手段预测旅游市场需求的发展趋势，开发出符合旅游者需求的旅游产品。

（四）可持续发展原则

在旅游产品开发的过程中，要坚持可持续发展的原则，加强对旅游目的地的环境保护，放弃传统的以目的地环境质量下降和旅游资源遭损为代价来换取经济效益的发展模式。具体说来，旅游产品的开发要充分考虑旅游资源和目的地环境的承载能力，确定合理的资源和环境容量，把旅游产品的开发对目的地环境和旅游资源本身的消极影响降到最低，确保旅游资源能够被永续利用。

【知识链接】

旅游产品的"意象"

什么是好的旅游产品？用现代服务经济的理论来解释，旅游业是典型的注意力经济和体验经济，形神兼备。既能吸引广大旅游者的注意力，又能满足旅游者深层次的体验需求，无疑是好的旅游产品。这是旅游景区开发建设中必须高度重视的两个方面。

所谓"意"，就是旅游产品所具有的能够让游客感知和品味的内涵，是吸引游客的内核。在物质产品越来越丰富的今天，人们的消费正在从消费产品本身转向消费产品的过程，追求一种身临其境的体验。旅游作为一种以精神消费为核心的产品，更应注重旅游者的体验需求。而能够激起旅游者体验需求，并使之得到满足的旅游产品，必须具备很强的文化内涵和独特魅力，也就是通常所说的"意"或"神"。有形无"意"的旅游产品，就如同用精美的酒瓶装着的白开水，淡而无味。不管投入多么巨大、表现形式多么新颖，都不会长久地吸引旅游者。因此，在旅游产品开发、包装与组合过程中，一定要避免盲目地模仿和抄袭，注重隐性资源的开发与利用，深度发掘资源本身所承载的历史、文化等方面的底蕴，并通过精心的设计来使其物化、活化和显化，成为旅游者能够参与、体验的产品。

所谓"象"，就是旅游产品的表现形式。旅游市场竞争日趋激烈，消费者的注意力是一种非常宝贵的稀缺资源。可以说，在浩如烟海的旅游信息中，谁抓住了旅游者的注意力，谁就抓住了市场。这就要求在旅游产品的开发、包装与组合过程中，必须追求旅游产品的"象"。有些地方在开发旅游产品时急于求成，虽然资源品位很高，但产品的表现形式却简陋、粗糙，甚至低俗，开发投入不到位，使产品档次与资源品位极不相称。再好的旅游资源，再深厚的文化底蕴，如果不进行深入细致的包装与组合，缺乏新颖的表现形式、良好的旅游环境、完善的基础设施、便捷而周到的旅游服务，也很难吸引人们的目光。实践表明，只有形式与内涵和谐的产品，才是有生命力的旅游产品。

资料来源：杨军．旅游产品的"意象"[N]．中国旅游报，2006-09-04.

二、旅游产品的定位

旅游产品的定位是指对旅游产品的特色与市场定向进行定位。旅游产品定位一般需要考虑旅游产品的特征、旅游产品的档次、旅游产品的使用目的和范围、旅游产品的使用者等因素。旅游企业为了扩大旅游产品的市场占有率，吸引更多游客，就必须进行有效的旅游产品定位，这是旅游市场营销中极为关键的策略。旅游产品的定位方法大致有以下几种。

（一）领先定位法

这是最容易的一种定位方法，适宜于那些独一无二、不可替代的旅游产品。例如，埃及的金字塔与狮身人面像、中国的长城、法国的凯旋门等。它们在世界上绝无仅有，可长期保持不衰。但这类旅游产品为数不多。

（二）比附定位法

比附定位法即避开第一位，抢占第二位。由于第一的位置仅一个，少数定位在第二的产品反而会在旅游者心目中留下较深印象。例如，牙买加将其主旅游产品形象定为“加勒比海的夏威夷”，从而使牙买加在加勒比地区众多海滨旅游地中脱颖而出。

（三）逆向定位法

逆向定位法即以游客心中固定形象的对立面作为旅游产品营销中的市场卖点。例如，野生动物园与人们心目中传统的动物园形象相反，是开放式的，游客与动物的活动方式做了对换。

（四）空隙定位法

空隙定位法即独辟蹊径，创造与众不同的定位方法。例如，深圳的“中华民俗文化村”“锦绣中华”，就以中国前所未有的形象出现在公众面前，很快打开了旅游市场。

（五）重新定位法

重新定位法即依据旅游产品的生命周期，重新定位。当旅游产品进入衰退期时，为延长其生命，应根据游客新的需求来重新定位。

【同步案例】

陆川温泉旅游业的可持续发展

温泉旅游是一种集休闲、娱乐、健康、文化等多种功能于一体的综合性旅游形式，具有巨大的市场潜力和社会效益。广西有着丰富的温泉资源，在健康旅游方面潜力巨大，陆川温泉作为全国著名的温泉旅游资源，拥有得天独厚的区位优势和丰富多样的旅游内涵，具有很高的开发价值和较强的旅游吸引力。近年来，陆川温泉资源开发取得了一定的进展，建设了一批温泉旅游项目，促进了当地经济社会发展和旅游业增长。然而，与其资源潜力和市场需求相比，陆川温泉资源开发还存在一些问题。目前陆川温泉资源保护和利用水平不高，限制了温泉旅游的发展；旅游产品开发缺乏市场导向、缺乏特色化和差异化，没有形成有效的产品体系和组合；旅游市场开拓营销缺乏有效的营销策略和手段，缺乏合作伙伴和平台。由于陆川温泉旅游业存在以上不足，已经制约了陆川温泉旅游业的可持续发展。

资料来源：蓝珊珊.基于广西温泉资源的健康旅游产品开发研究——以陆川温泉为例［J］.旅游与摄影，2023（18）：40-42.

问题：根据以上材料，思考广西陆川温泉资源的健康旅游产品开发对策。

三、旅游产品的组合

（一）旅游产品组合的概念

旅游产品组合是指旅游企业通过对不同规格、不同档次和不同类型的旅游产品进行科学的整合，使旅游产品的结构更趋合理、更能适应市场的需求，以最小的投入，最大限度地占领市场，以求实现旅游企业最大的经济效益。旅游产品组合具有一定的宽度、深度和关联性。

1. 旅游产品组合的宽度

旅游产品组合的宽度是指旅游企业拥有不同产品线的数量，如果一家企业拥有饭店、旅行社、汽车公司、旅游景区 4 条产品线，则其产品组合的宽度是 4 条产品线。拓展产品组合的宽度，即增加产品线、扩大业务范围、实行一体化或多元化经营，可以充分利用企业各项资源，发挥企业优势，开拓新的市场，提高经济效益。

2. 旅游产品组合的深度

旅游产品组合的深度是指每一条旅游产品线上平均拥有的产品品种数或活动项目数。延长产品线，即增加产品品种，使各产品线具有更多规格、花色丰富的产品，可以适应更加广泛的顾客需求，吸引顾客，扩大总的销售量，提高市场占有率。例如，旅行社经营的历史文化旅游中包括博物馆之旅、城堡和要塞之旅、工程遗址之旅、歌剧院之旅、剧场之旅等单项旅游产品。每种产品线无论其深度是多少，其核心价值都是为了满足顾客的同一类需求。产品线较深，能在旅游市场细分化的基础上扩大旅游市场，在深层次上满足不同旅游消费者需求，提高市场占有率，有利于企业经济效益的提高。而较浅的产品线，便于企业集中力量专攻某些细分市场，创名牌产品，将产品做精做细，更好地满足特定类型市场的需求。

3. 旅游产品组合的关联度

旅游产品组合的关联度是指各条旅游产品线在最终用途、生产条件、分销渠道等方面相互关联的程度。一致性高则产品组合的关联度较大。例如，某旅游企业同时经营房地产和旅游饭店，则这两条产品线的关联度较大。提高产品组合的关联度，可以增强企业的市场地位，充分发挥企业的技术专长、生产和销售能力，创立名牌产品。

（二）旅游产品组合的原则

旅游产品在组合时，应以最有效地利用旅游资源、最大限度地满足旅游市场需要和最有利于竞争为标准。具体讲，旅游产品组合要遵循以下原则。

1. 完整性原则

旅游产品在组合中，不论采用何种策略，组合出来的旅游产品都应该具有相对完整性，这样才有利于旅游产品的销售与购买。旅游产品的完整性要求：旅游活动的内容丰富，形成一次完整的旅游经历；在旅游过程中，有始有终；在旅游服务上，要做到全程热情周到。

2. 针对性原则

针对目标客源市场旅游者相同或比较接近的需求特征来组合旅游产品，突出同质性，求大同存小异。

3. 多样性原则

旅游者年龄、职业、旅游偏好、消费水平等方面的差异，导致组合产品的种类与数量也应该尽量丰富，尽量做到可以按旅游者的要求随时随地组合成多种类型的旅游产品。

4. 优惠性原则

旅游组合产品大多数属于批量购买，减少了游客旅游购买交换的次数，所以产品的价格相对较低廉，也正是因为这样才吸引了大量的旅游者。组合产品价格的优惠可以体现在总体组合产品优惠、旅游人数的优惠、支付方式上的优惠、特殊情况下的优惠等方面。

（三）旅游产品组合的形式

旅游活动是一项综合性的活动，它涵盖了食、住、行、游、购、娱六大旅游要素。一个旅游产品如果活动太少，就不能激发旅游者的游兴，会让旅游者感到没有意思；在时间上，旅游活动节奏如果安排不合理，会让旅游者的体验质量大大地降低。因此，旅游企业在推出旅游产品时，要充分考虑旅游者的需求，组合出多种内容丰富的旅游产品，使游客得到最大的享受。旅游产品的组合有以下几种类型。

1. 市场全面型

市场全面型是指旅游企业经营多种产品线，推向多个不同的市场。例如，某旅游企业经营观光旅游、度假旅游、会议旅游、生态旅游、商务旅游等多种产品，并以欧美市场、韩国市场、东南亚市场等多个旅游市场作为目标市场。这种旅游产品组合可以满足不同市场的不同需要，但是经营成本高，需要企业具备较强的实力。

2. 市场专业型

市场专业型的旅游产品组合是指向某一特定的市场提供其所需的产品。例如，某旅游企业可以专为美国市场提供观光度假、商务、购物等多种旅游产品；或者以青年市场作为企业的目标市场，开发探险旅游、修学旅游、新婚旅游等适合青年人口味的产品。这种策略便于企业集中力量对特定的目标市场进行调研，充分了解其各种需求，有针对性地开发多种产品满足其需求。但是，由于其市场单一，市场规模有限，企业的销售量也会受到限制。此外，单一市场需求的变化也容易使企业承担较大的风险。

3. 产品专业型

产品专业型是指旅游企业只经营某一类型的旅游产品，面向多个不同目标市场的同类需要。例如，某旅游企业生产度假旅游，面向欧美、日本、东南亚等市场。由于产品线单一，旅游企业便于管理，经营成本少，可以不断完善改进这一产品，树立良好的产品形象和企业形象。但是，产品类型单一，旅游企业经营风险随之加大。因此，旅游企业应加强产品的改良和升级换代。

4. 市场产品专业型

市场产品专业型是指旅游企业针对特定目标市场提供特定的旅游产品。例如，针对欧美市场提供观光度假旅游产品，针对日本市场提供商务旅游产品，针对中国港澳台市场提供探亲访友旅游产品。这种产品组合能使企业有针对性地满足不同的目标市场，产品适销对路，有利于旅游企业占领市场、扩大销售、减少风险。但是，企业因此投资较多，成本较高。

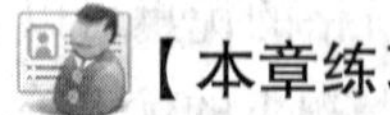

【本章练习】

一、关键名词

旅游产品　旅游设施　旅游产品开发　旅游产品的定位　旅游产品的组合

二、选择题

1. 旅游产品的价值量可以从旅游服务、旅游资源和（　　）进行确定。

A. 旅游交通　　B. 旅游人数　　C. 旅游线路　　D. 旅游设施

2. 下列属于旅游产品的供给构成的是（　　）。

A. 旅游吸引物　　B. 旅游设施　　C. 旅游服务　　D. 旅游可进入性

3. 基本旅游产品是由（　　）构成的。

A. 旅游交通　　B. 旅游住宿　　C. 游览　　D. 旅游餐饮

三、简答题

1. 如何理解旅游产品的概念及特征？

2. 旅游产品的构成要素包括哪些方面？

3. 什么是旅游产品的价值与使用价值，怎样认识它们与一般产品的不同？

4. 联系实际，谈谈怎样进行旅游产品的组合。

四、论述题

结合实际，分组讨论如何进行旅游产品的开发。

五、案例分析

沉浸式交通，助推旅游进入全面沉浸时代

作为旅游业发展的基础条件，交通网络功能整合能促进旅游资源优化配置与旅游经济高质量发展。交通既是单独的旅游形式，也是整体旅游的重要一环。交通运输领域衍生出以铁路旅游、旅游公路、旅游风景道、自驾车房车营地、低空飞行旅游、特色服务区等为代表的交通旅游产品，通过打造交通出行的新消费场景，提高服务质量，为游客带来旅游“沉浸式”体验，让全程沉浸成为可能。

1. 江苏苏州：沉浸式美食巴士游

在苏州，有这样一辆巴士，游客可以坐在巴士上，一边品尝苏式美食，一日打卡多个苏州经典地标。其中热门的“流动的博物馆”线路，可以带游客游览苏州各大博物馆。与传统巴士不同，每辆美食观光巴士车内设有 4 张四人桌、2 张双人桌，最多能容纳 20 名乘客。乘客区与驾驶区、备餐区分别用帘子隔开。车厢中设有博物馆主题文创展示区，陈列了宋锦流苏书签、秘色瓷莲花碗曲奇礼盒、工行苏博主题存单等文创产品，屏幕上交替播放着苏州特色博物馆的宣传视频，这些元素让游客们在巴士上就能“沉浸式”体验服务带来的趣味。还有下午茶环节，菜单汇聚了许多苏式特色美食，如清炒虾仁、桂花糯米藕、小甘栗、脆青梅、银鱼春卷、蟹粉拌面、桂花松糕等，游客可以品尝到原汁原味的苏氏精粹。游客不仅能在巴士上享用美食和观赏风景，还能进入博物馆参观，将巴士旅游的文化主题特性打造得更加鲜明。美食巴士游实现了一种创新的博物馆游学方式，展现了探究和学习蕴藏文化精华的文化旅游概念，对于游客来说能更好地体验“人间天堂”苏州深厚的文化底蕴，而从城市旅游上也开拓了一种全新的设计思路。

2. 上海：沉浸式景观慢行游

上海青浦区金泽镇又添新晋“网红桥”——元荡慢行桥。凌空望去，元荡慢行桥宛若一条随风飘动的彩缎，横跨沪苏两地，静卧于元荡湖上。总长 585.7 米，呈弧形设计的元荡慢行桥，作为示范区内首座大型景观步行桥，不仅连接着上海青浦和江苏吴江，还将元荡湖两岸的湿地景观和环湖绿道对接，串联起周边丰富的生态旅游资源和人

文资源，俨然成为两地百姓的“网红打卡点”。空中俯瞰元荡慢行桥，宛若凌空飞舞的绸带，将元荡湿地景观与环湖绿道串联起来，绿植随风摇曳、碧水微波粼粼，令人心旷神怡，与三五好友一起，静静地漫步桥上，任由时间随湖水流淌。桥面双向标注的“WELCOME TO 上海·青浦”和“WELCOME TO 江苏·吴江”，如今也是“网红打卡点”之一。站在 TO 中的“O”字里，你便一脚踏在了上海青浦，一脚踏在了江苏吴江。这个“O”在长三角一体化背景下也真正连接了青浦和吴江，拉近了两地之间的距离。

3. 四川成都：沉浸式话剧巴士游

成都话剧巴士以开心麻花话剧《捞金晚宴》为背景，外观和内饰都有强烈的年代感。这辆巴士内部被打造为民国复古调性，上层是演出空间，下层为演出后台，整体是一个半封闭式的沉浸式艺术装置空间。表演观看区在巴士上层，演员的舞台不只是座位之间窄窄的走廊。坐到特定座位的观众还会随机成为话剧中的角色，融入演出中。这是继火锅巴士之后，成都再次推出的“车 +X”新消费场景。话剧巴士从春熙路出发，途经大慈寺、城市音乐厅、九眼桥、东风大桥等地标景点。演出约 60 分钟，其间，演员会巧妙地把城市故事融入表演中。路过九眼桥、太古里，工作人员会给初到成都的游客介绍相关的历史文化故事，话剧巴士通过“美食 + 交通 + 话剧 + 旅游”跨界融合的夜间消费新场景，充分展现“天府之国”魅力。

“交旅融合”不是交通和旅游简单的要素叠加，而是一种互动的资源整合，通过二者之间的相互促进与相互赋能，从而达到“1+1>2”的集聚效果，通过更多的“出行即服务”的“交旅精品”给大众带来更多、更优质的旅游出行体验，真正把“以人为本”作为交旅高质量融合的本质要求，让人民群众享有更加美好的交通运输服务和高品质的旅游生活。

资料来源：沉浸式交通，助推旅游进入全面沉浸时代［EB/OL］. 洛阳文化产业微信公众号 . 2024-04-13.

问题：

1. 交通与旅游怎样融合发展，打造出沉浸式“交旅融合”旅游产品？

2. 旅游业与其他产业协同创新发展，对旅游业高质量发展具有哪些意义？

第三章

旅游需求与供给

旅游需求与供给是旅游经济运行中的两个核心因素，二者既对立又统一，旅游供求的均衡情况从根本上决定了旅游经济能否正常发展。本章从旅游需求和旅游供给的概念入手，分析了旅游需求和旅游供给的特点、影响因素，并揭示了旅游需求与供给的规律：旅游需求与旅游产品价格呈反方向变动，与个人支付能力、闲暇时间呈正方向变动；旅游供给与旅游价格呈正方向变动，旅游供给在一定条件下具有相对稳定性。同时，也探讨旅游需求与旅游供给的矛盾运动与均衡机制。

【学习目标】

1. 掌握旅游需求与旅游供给的概念，能对旅游需求与旅游供给的影响因素进行分析。

2. 掌握旅游需求与供给的规律和弹性，能对旅游需求与供给的相互关系进行分析。

3. 针对旅游市场上的供求矛盾，利用旅游需求与供给的相互关系提出相应的解决方案。

【导入案例】

2023 年 12 月 16 日，湖南衡阳南岳衡山发生大量游客滞留事件。由于连日的雨雪天气，当天南岳衡山的雪景雾凇景观吸引了众多游客前往。景区管理人员表示，16 日下午客流量过大，游客又集中下山，由于人车未分流，导致景区车辆堵在路上，造成大量游客排队乘车时间延长，不少游客只能退票选择步行下山。

每逢“黄金周”，著名景点总是出现人满为患的现象，游客戏称“我去景点看头顶，看风景的人在看我，我们相顾无言，唯有泪千行”，笑谈“到著名景点看人山人海”。

第一节　旅游需求分析

一、旅游需求的概念

在经济学中，需求是指在一定时期内，消费者以某种可能的价格愿意并且能够购买的某种产品或服务的数量。而当消费者的消费对象是旅游产品时，这种需求就是旅游需求。因此，旅游需求是指在一定时期内，消费者以某种可能的价格愿意并且能够购买的某种旅游产品或服务的数量。简单来说，旅游需求就是旅游者对旅游产品的需求。

对旅游需求概念的正确理解，需要注意以下几点。

（一）旅游需求表现为旅游者的购买欲望

旅游需求是旅游者对旅游产品的一种需要，是一种主观的购买欲望，是激发旅游者产生旅游活动的内在动机。但旅游需求并不是旅游者实际购买旅游产品的数量，它只表现为对旅游产品的购买欲望，至于是否实现，则与旅游者的收入水平和旅游产品的供给有关。

（二）旅游需求表现为旅游者的购买能力

旅游者的购买能力是指人们收入中可用于旅游产品消费支出的能力，其通常可以通过消费者的个人可支配收入来衡量。个人可支配收入越多，其购买能力越强。旅游者的购买能力体现了消费者把旅游愿望转化为现实需求的能力，是有旅游愿望的消费者实现其愿望的前提条件。

（三）旅游需求是一种有效的需求

有效的旅游需求是指既有购买欲望又有购买能力的旅游需求。只有消费者同时具有购买欲望和购买能力，这种需求才可以实现，才可以成为有效的需求。当这两个条件只满足其一时，我们可以称其为潜在的需求，当这两个条件最终都实现的时候，潜在的需求就转变为有效需求。例如，李明准备去马尔代夫旅游，向旅行社咨询后，发现马尔代夫 6 天游大约需要 16300 元，而他只有 15000 元。旅行社向他推荐了港澳 5 天游，只要 5280 元，但李明却并不喜欢这条线路。那么，根据旅游需求的概念，以上两种情况都不是旅游需求。

二、旅游需求形成的条件

从旅游需求的概念可以看出，要形成现实的旅游需求，必须具备相应的主客观条件：主观上要具有旅游动机，客观上要具有支付能力；同时，由于旅游具有异地性和时间性，所以具备闲暇时间和相应的交通运输条件也是旅游需求形成必不可少的客观条件。当然，其他因素也会对旅游需求的形成产生影响，如旺盛的精力和体力等，但这不属于旅游经济学探讨的范畴。

（一）旅游需求形成的主观条件

旅游需求形成的主观条件是指人们需要具有出游的动机。从心理学的角度来讲，动机是引发人们为了满足自身的需要而决定采取某种行为的内在力量。旅游动机是驱使人们产生旅游行为的内在驱动力。而旅游动机的产生来自个人的需要，如为了健康到异地进行疗养，为了避开紧张的工作或生活去别的地方度假等，都是为了满足自身某方面的需要。

（二）旅游需求形成的客观条件

人们的支付能力、闲暇时间、交通运输条件是旅游需求形成的三个重要的客观条件。

1. 支付能力

市场经济条件下，人们必须通过商品交换的形式来实现各自的旅游需求，因此，旅游需求的实现很大程度上依赖于个人支付能力的大小。旅游的个人支付能力是指在人们的全部收入中扣除必须缴纳的税金和必需的生活及社会消费支出后的余额中可用于消费的货币量。但一般用个人可支配收入来作为个人支付能力的衡量指标。个人可支配收入，是指人们从事社会经济活动而得到的个人收入扣除所得税的余额，是人们可以任意决定其用途的收入。随着社会经济的发展，人们的收入增加、生活水平不断提高，消费层次和消费结构也发生很大的变化，导致旅游需求也日益增加。一般来说，在可支配收入一定的条件下，人们用于衣、食、住、行及其他方面的支出比例基本不变。但是，随着可支配收入的增加，人们用于衣、食、住、行等方面的支出比例就会相对减少，而用于其他方面的支出比例则相对增加。因此，人们可支配收入的提高不仅是产生旅游需求的前提，而且对旅游的出行距离及内容等也具有决定性的作用。

2. 闲暇时间

旅游活动由于其异地性的特点，必须花费一定的时间，因而闲暇时间是构成旅游活动的必要条件。闲暇时间是指人们在进行日常工作、学习、生活和参加必要的社会活动所需时间之外的可以自由支配的时间。随着社会生产力发展和劳动生产率的提高，人们用于工作的时间相对减少，而闲暇时间则不断增多。特别是许多国家和企业推行“每周五天工作制”和“带薪假日”，人们的闲暇时间越来越多。有的国家和地区年休假日高达 140 天。于是，人们不仅产生短期休闲旅游，以度过美好的周末，而且逐渐增加远程旅游及国际旅游，到世界各地游览、观光，到风景名胜区休闲度假。因此，闲暇时间的增加是产生旅游需求必不可少的条件。闲暇时间对旅游需求的实现有着重要的意义。它不仅影响着居民旅游地域的选择，也影响着居民旅游方式和消费时间，进而影响旅游产业结构的转型和产业素质的提高。

3. 交通运输条件

旅游活动是一种离开常住地到异地的活动，时间和空间是旅游的本质属性，可以说旅游是时空的统一体。因此，任何旅游活动都离不开一定的交通运输条件，特别是远程旅游及国际旅游，更讲求交通运输条件的舒适和方便。现代科学技术的进步，为人类提供了便利的交通运输条件，从而促进了旅游需求的产生和旅游业的发展。现代运输业的发展，极大地缩短了旅游的空间距离；大型民航飞机、高速公路、空调客车、高速列车等交通运输的现代化，促使旅游者在旅游活动过程中的空间移动更加舒适、方便和安全。这些不仅有效地刺激了人们的旅游需求，“催化”人们的旅游行为，而且进一步加快了国际旅游业的发展，使旅游业呈现一种全球化发展的趋势。

三、旅游需求的特征

旅游需求是人类众多需求中的一种，具有人类需求的一般特性，但又有其与众不同的一些特殊性。这些特殊性表现在以下几个方面：

（一）旅游需求是一种高层次的需求

旅游需求是一种高层次的需求，表现为人们追求更好的物质和精神享受方面的满足。美国心理学家马斯洛将人类的需求从低到高分为五个层次，即生理需求、安全需求、社交需求、自尊需求和自我实现需求。随着低层次需求得到一定满足，人们就会追求高层次的需求，而为满足高层次自尊及自我实现的需求，就会激发人们的旅游需求，如探亲访友、考察学习、疗养度假、旅行观光、览胜探奇等。

（二）旅游需求是一种多样性的需求

旅游需求的多样性是指人们在旅游地选择、出游方式、旅游等级、旅游时间和旅游类型等方面存在差异性。例如，有些人选择风光秀美的地方进行自驾游，而有些人则选择购物天堂如香港进行购物游，等等。旅游的目的也不尽相同，有些人旅游是为了好奇、学习，有些人旅游是为了公务、业务，有些人则是为了身体健康，等等。由于人们的个性差异、生活条件的不同、经济收入的差别和人们所处社会环境的影响，人们的需求是多样的，因而旅游需求也表现为多样性的需求。

（三）旅游需求是一种主导性的需求

旅游需求的产生虽然受旅游产品的吸引力作用，受经济、社会、政治、文化及环境等各种因素的影响，但这些毕竟只是外因。它最终决定于人的心理因素。人们的价值观、生活方式、生活习惯、消费特点等都会直接决定或影响旅游需求的产生，因而旅游需求是一种主导性的需求。

（四）旅游需求是一种复杂性的需求

旅游需求的多样性构成了旅游需求的复杂性。旅游需求的复杂性，一方面受人的心理活动的复杂性决定，即人们购买和消费旅游产品的认知、态度、情绪、偏好的过程是复杂的，如有人喜欢风景秀丽的地方，有人喜欢人文气氛浓郁的地方，有人喜欢登山、攀岩等刺激冒险活动，有人则喜欢平淡、安全如参观博物馆这类的项目。另一方面受旅游环境的复杂性影响，旅游者在旅游活动的过程中，其所处的旅游环境一直在变化，如旅游景观、文化、当地居民的态度等都会有所不同，这些会对旅游的需求产生影响，使其也处于动态变化之中，旅游需求因此呈现出复杂性的特征。

四、旅游需求的影响因素

旅游需求除了受到支付能力、闲暇时间和交通运输条件的直接作用外，还受到政治、经济、文化、法律、自然、社会等各种因素的间接影响。因此，要更好地了解旅游需求状况，把握其发展趋势，还必须对影响旅游需求的各种因素进行分析和研究。通常，影响旅游需求的主要因素有人口因素、经济因素、社会文化因素、政治法律因素和旅游资源因素等。

（一）人口因素

人口是影响旅游需求的最基本因素之一。人口的数量、素质、分布和构成都对旅游需求产生有着重要的影响，从而形成不同的旅游需求规模和结构。

人口的数量、素质及其变化影响着旅游需求量的变化。随着社会生产力的发展，人们的生活水平不断改善，旅游的人数也越来越多。从国际旅游比较中可以看出，一个国家人口数量大，则参与国际旅游的人数更多，从而对旅游产品的需求量也相应增多。

人口素质也同旅游需求密切相关。一方面，旅游产品是一种综合性的产品，要求旅游者必须具备一定的文化知识，才能够对各种旅游名胜、旅游方式、旅游内容做出合理选择。另一方面，受过教育且文化素养较高的人，一般社会地位都相对较高，因而对世界各地情况了解的愿望也更强烈，从而刺激产生更多的旅游需求。

人口分布的城乡状况也对旅游需求产生影响。一般来说，城市居民要求旅游的数量要比农村多得多。这是因为城市居民收入一般比乡村居民高，具有产生旅游需求的经济基础。同时，城市人口较稠密，环境质量较差，迫使城市居民外出旅游以寻求环境的调节。此外，城市发达的交通条件、灵敏的信息及其他条件，也使城市居民的出游率较农村高得多。

人口的年龄、性别及职业构成也影响着旅游需求的产生和发展。从人口年龄构成看，不同年龄的人对旅游有不同的需求。一般青少年精力充沛，渴望外出旅游，但往往受经济收入不多的限制；中年人虽然也精力旺盛，有工资收入及带薪假日，但又受家庭拖累；老年人既有经济收入，又无家庭拖累，具有较多的旅游需求，但又常常受身体健康条件限制。从人口性别上看，一般男性旅游者人数比女性旅游者要多。但随着社会经济发展，家务劳动社会化及妇女争取“男女平等”的要求，许多经济发达国家的妇女出游率也在不断上升。从职业构成看，人们的工作性质不一样，就决定了人们的收入水平、闲暇时间及公务出访机会也不一样，从而产生不同的旅游需求。通常，公务员、企业家、商务人员和自由职业者出差的旅游机会较多，科技人员、教师和医务人员进行学术交流机会较多。

（二）经济因素

经济条件是产生一切需求的基础，没有丰富的物质基础和良好的经济条件，旅游需求便不可能产生。因此，国民经济发展水平、人们收入分配、旅游产品价格、外汇汇率等都直接或间接地影响着旅游需求的规模及结构。

国民生产总值（GNP），是指一个国家（或地区）在一定时期内所生产的最终产品和提供的劳务总量的货币表现，它反映了一个国家（或地区）在一定时期内整个社会物质财富的增加状况，是衡量经济发展水平的重要指标。从旅游经济角度看，一般来说，如果旅游客源国的国民生产总值高，则旅游需求就会增加，旅游的规模和结构就相应扩大和优化；如果旅游接待国的国民生产总值高，则旅游设施及接待条件就相应较好，从而吸引旅游者及刺激旅游需求的能力就强。因此，不论是旅游客源国还是旅游接待国的国民生产总值的提高，都会刺激旅游需求不断增加。

在现实社会经济中，人们的收入水平及可支配收入状况也影响着旅游需求的变化。一方面，旅游需求随着人们的收入变化而呈正相关变化。人们收入越多，则旅游需求越多；当人们收入减少，则旅游需求也会下降。因而，收入水平是影响旅游需求的数量因素。另一方面，在总收入不变的前提下，人们可支配收入的多少不仅影响旅游需求的数量，而且会影响旅游需求的结构，即随着旅游者用于旅游消费支出的增加，对某些旅游产品内容的需求会增加，而对另一些旅游产品的需求会减少。

从价格和汇率方面看，旅游需求与价格具有负相关关系：当旅游产品价格上升，旅游需求量就下降；当旅游产品价格下跌，旅游需求量就会上升。另外，在国际旅游中，汇率变化对旅游需求的影响表现在：当旅游接待国的货币升值，则前往该国的旅游者或旅游停留时间就减少；反之，当旅游接待国的货币贬值，则前往该国的旅游需求增加。

可见，汇率变化不一定会引起国际旅游总量增加或减少，但是会引起对货币升值的接待国家的旅游需求减少，而对货币贬值的接待国家的旅游需求增加。

（三）社会文化因素

世界上不同国家具有不同的文化背景，从而在价值观念、风俗习惯、语言文字、宗教信仰、美学和艺术等方面存在着差异，进而影响到人们对旅游产品的需求，旅游活动的感受也有较大的差异。因此，在研究旅游需求时，就必须注意分析旅游者所在国家或地区的社会文化，以及由社会文化因素影响所形成的消费习惯和需求心理，尽可能适应旅游者的消费习惯和爱好，避其所忌，才能促使旅游需求不断增加。

（四）政治法律因素

政治稳定性是激发旅游需求，促使旅游需求不断增加的重要因素。不稳定的政治环境，往往使旅游者承担各种风险，造成旅游者的心理压力而使旅游需求下降。因此，旅游接待国的政局稳定，则旅游者对该国旅游产品的需求量就多；反之，则对该国旅游产品的需求量就少。有时，在一个旅游区域内某一国家的政局不稳定，还会使周围国家及整个旅游圈的旅游需求普遍下降。此外，旅游接待国的有关法律法规及执行情况，也对旅游需求产生着直接和间接的影响。

（五）旅游资源因素

旅游资源是吸引旅游者的旅游对象物，是一个国家或地区的自然风貌和社会发展的象征，体现着该国家或地区自然、社会、历史、文化及民族的特色，从而对生活在其他国家或地区的人们产生着吸引力。因此，根据现代人类多样化需求而发掘形成的旅游资源，正成为影响世界经济社会发展的新型战略性资源。一方面，随着人们对资源认识和利用向深度及广度发展，各种各样的旅游资源正被认识和发掘，并刺激人们旅游需求的产生；另一方面，各种自然旅游资源及人文旅游资源则是在旅游进入现代生活之后才直接或间接地转化为经济优势，并带来经济收入。可见，旅游资源与旅游需求相辅相成，旅游资源刺激旅游需求产生，旅游需求则促使旅游资源转换成经济优势。二者相互影响、相互作用并相互促进。

五、旅游需求规律

旅游需求的产生和变化受多种因素的制约和影响，但对旅游需求具有决定性影响的因素主要是旅游产品的价格、人们的收入状况及闲暇时间。因此，旅游需求量变化的规律性主要反映为旅游需求与价格、收入和闲暇时间的相关性及变动关系。

（一）旅游需求量与旅游产品的价格呈反向变化

旅游产品价格是决定和影响旅游需求的基本因素。在影响旅游需求的其他因素不变的情况下，旅游需求量总是随旅游产品价格的涨跌而发生相应的变化。当旅游产品价格上涨时，旅游需求量就会下降；当旅游产品价格下跌时，旅游需求量就会上升。根据旅游需求量与价格的关系，可以在坐标图上绘出旅游需求价格曲线（见图 3-1）。

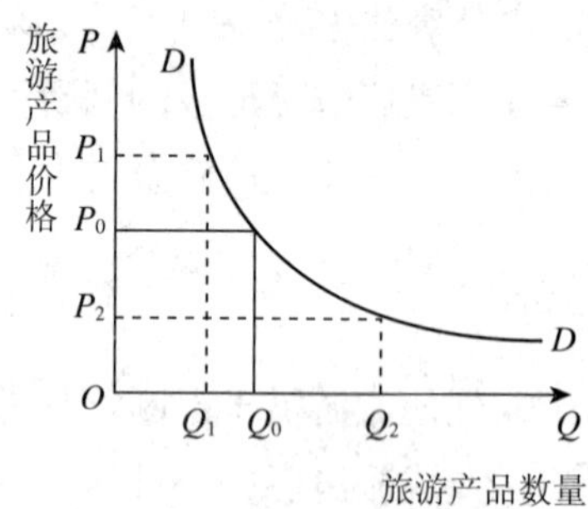

图 3-1　旅游需求价格曲线

在图 3-1 中，纵坐标代表旅游产品的价格，横坐标代表旅游产品的数量。于是，在坐标图中旅游产品价格的任一变动，都有一个与之相对应的旅游需求量，从而形成了旅游需求价格曲线（*D*—*D*）。该曲线表示：旅游需求量与旅游产品价格呈负相关变化的关系。即当旅游产品价格从 P_0 下降到 P_2 时，旅游需求量从 Q_0 上升到 Q_2；当旅游产品价格从 P_0 上涨到 P_1 时，旅游需求量从 Q_0 下降到 Q_1，因而旅游需求价格曲线是一条自左上向右下倾斜的曲线。

（二）旅游需求量与人们的收入成同方向变化

人们的可支配收入与旅游需求也有着密切的联系。旅游需求是一种有效需求，而有效需求必须是具有支付能力的需求。如果人们仅有旅游欲望而无支付能力，是不可能形成有效需求的。通常，人们可支配收入越多，对旅游产品的需求就越大。因而人们的可支配收入同旅游产品之间存在着正相关变化的关系。图 3-2 就是旅游需求收入曲线。

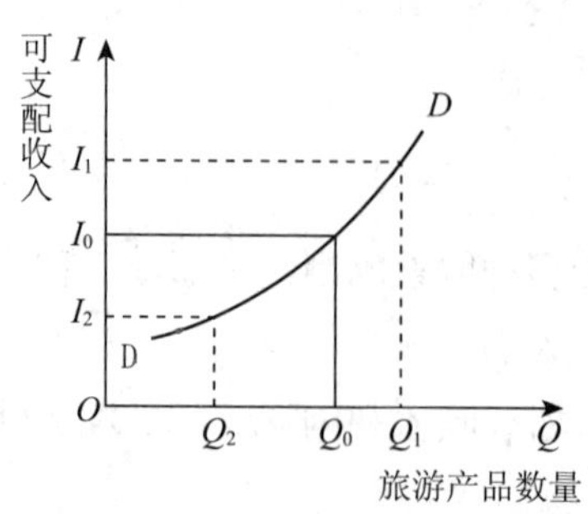

图 3-2　旅游需求收入曲线

在图 3-2 中，纵坐标代表人们的可支配收入，横坐标代表旅游产品的数量。于是人们可支配收入的每一任意变化，都有一个与之相对应的旅游需求量，从而形成了旅游需求收入曲线（D—D）。该曲线表示：旅游需求量与人们可支配收入呈同方向变化。当可支配收入由 I_0 上升到 I_1 时，旅游需求由 Q_0 上升到 Q_1；反之，当 I_0 下降到 I_2 时，旅游需求由 Q_0 下降到 Q_2。因而，旅游需求收入曲线是一条自左下方向右上方倾斜的曲线。

（三）旅游需求量与人们的闲暇时间呈同方向变化

旅游产品的消费是一种特殊的消费，必须占用一定的时间。尽管人们的闲暇时间并不属于经济的范畴，但它同旅游需求也具有密切的联系。闲暇时间不仅对旅游需求的产生具有决定性作用，而且直接影响着旅游需求量的变化。当人们的闲暇时间增多时，旅游需求量就相应增加；当人们的闲暇时间减少时，旅游需求量就相应减少。因而旅游需求同闲暇时间的关系就像旅游需求同可支配收入的关系一样，也呈同方向变化。我国近年来国内旅游尤其是假日旅游的发展的现实也充分证明了这一点。如果在坐标图中绘出旅游需求闲暇时间曲线，则是同旅游需求收入曲线相类似的曲线。

（四）旅游需求水平受其他影响因素而变动

旅游需求除了与旅游产品价格呈反向变化外，还受其他各种因素影响而变化。在旅游产品价格既定的条件下，由于其他因素的变动而引起的旅游需求变化，称为旅游需求水平的变化。可用图 3-3 表示。

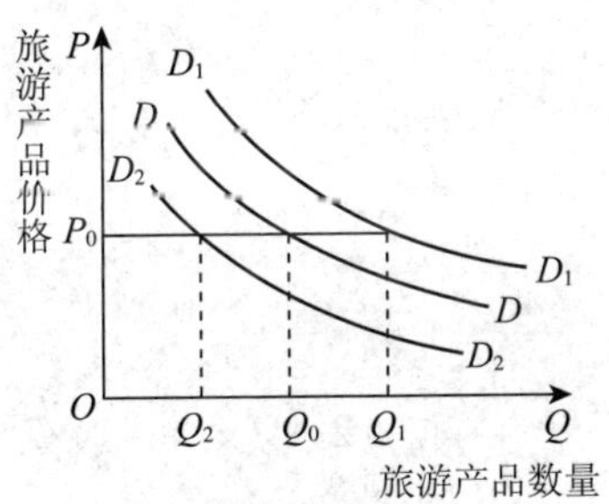

图 3-3 旅游需求曲线的变动

在图 3-3 中，当人们可支配收入增加时，在旅游产品价格 P_0 不变的情况下，就会增加旅游需求，从而引起旅游需求曲线 D—D 右移到 D_1—D_1，并使旅游需求量由 Q_0 增加到 Q_1；反之，当人们可支配收入减少时，在旅游产品价格 P_0 不变的情况下，就会减少旅游需求，从而引起旅游需求曲线 D—D 左移到 D_2—D_2，并使旅游需求量由 Q_0 下降到 Q_2，这种变化就表现为旅游需求水平的变化。

六、旅游需求弹性

（一）弹性的一般概念

在经济学中，弹性主要用来表明两个经济变量变化的关系。具体讲，当两个经济变量之间存在函数关系时，作为自变量的经济变量 x 的任何变化，都必然引起作为因变量的经济变量 y 的变化。因此，所谓弹性就是指作为因变量的经济变量 y 的相对变化对于作为自变量的经济变量 x 的相对变化的反应程度。用公式表示如下：

设：E——弹性；

x——自变量；

y——因变量；

Δx——自变量增量；

Δy——因变量增量。

则有：

$$E=\frac{\Delta y/y}{\Delta x/x} \tag{3-1}$$

弹性一般可分为点弹性和弧弹性。点弹性是指当自变量变化很小时（即在某一点上）而引起的因变量的相对变化。如公式（3-1）实际上就是点弹性的计算公式。而弧弹性是指自变量变化较大时，取其平均数对因变量的相对变化量。其计算公式如下：

设：E_a——弧弹性；

x_0，x_1——变化前后的自变量；

y_0，y_1——变化前后的因变量。

则有：

$$E_a=\frac{y_1-y_0}{(y_1+y_0)/2}\div\frac{x_1-x_0}{(x_1+x_0)/2} \tag{3-2}$$

点弹性与弧弹性的重要区别就在于：点弹性是指因变量相对于自变量某一点上的变化程度，弧弹性则是指因变量相对于自变量某一区间上的变化程度。

（二）旅游需求弹性

旅游需求弹性是指旅游需求对影响因素变化的敏感性，即旅游需求量随其影响因素的变化而相应变化的状况。由于旅游产品的价格和人们可支配收入是影响旅游需求的最基本因素，因此旅游需求弹性可具体划分为旅游需求价格弹性和旅游需求收入弹性。前者反映旅游需求量对价格变动的敏感程度，后者反映旅游需求量变动对收入变动的敏感程度。

1. 旅游需求价格弹性

旅游需求价格弹性是指旅游需求量对旅游产品价格的反应及变化关系。根据旅游需求规律，在其他条件不变的情况下，不论旅游产品的价格是上涨还是下跌，旅游需求量都会出现相应的减少或增加。为了测量旅游需求量随旅游产品价格的变化而相应变化的程度，就必须正确计算旅游需求价格弹性系数。所谓旅游需求价格弹性系数，主要是指旅游产品价格变化的百分数与旅游需求量变化的百分数的比值。其计算公式如下：

设：ED_p——旅游需求价格弹性系数；

P_0，P_1——变化前后的旅游产品价格；

Q_0，Q_1——变化前后的旅游需求量。

则有：

点弹性：

$$ED_p = \frac{(Q_1 - Q_0)/Q_0}{(P_1 - P_0)/P_0} \tag{3-3}$$

弧弹性：

$$ED_p = \frac{Q_1 - Q_0}{(Q_1 + Q_0)/2} \div \frac{P_1 - P_0}{(P_1 + P_0)/2} \tag{3-4}$$

由于价格与需求量呈反向关系，因而旅游需求价格弹性系数为负值，于是根据旅游需求价格弹性系数 ED_p 的大小，通常可分为三种情况：

（1）当 $|ED_p| > 1$ 时，表明旅游需求量变动的百分比大于旅游产品价格变动的百分比，这时称旅游需求富于弹性。如果旅游需求是富于弹性的，其需求曲线上的斜率较大。在实际中则表明旅游产品价格提高，旅游产品需求量将减少，但减少的百分比大于价格提高的百分比，从而使旅游总收益减少；相反，如果价格下降，则需求量增加，但增加的百分比大于价格下降的百分比，从而使旅游总收益增加。

（2）当 $|ED_p| < 1$ 时，表明旅游需求量变动的百分比小于旅游产品价格变动的百分比，因此称旅游需求弹性不足。如果旅游需求是弹性不足的，则其需求曲线上的斜率就较小。在实际中则表明旅游产品价格提高，需求量将减少，但减少的百分比小于价格提高的百分比，从而使旅游总收益增加；相反，如果价格下降，需求量将增加，但增加的百分比小于价格下降的百分比，从而使旅游总收益减少。

（3）当 $|ED_p|=1$ 时，表明旅游需求变动的百分比与旅游产品价格变动的百分比相等，因此称这种旅游需求价格弹性为单位弹性。如果旅游产品的需求价格弹性属于单位弹性，则旅游需求价格的变化对旅游经营者的收益影响不大。

2. 旅游需求收入弹性

旅游需求不仅对旅游价格的变化具有敏感性，而且对人们的可支配收入变化也有灵敏反应。旅游需求收入弹性，就是指旅游需求量与人们可支配收入之间的反应及变化关系。而旅游需求收入弹性系数，则是指人们可支配收入变化的百分比与旅游需求量变化百分比的比值。用计算公式表示如下：

设：ED_I——旅游需求收入弹性系数；

Q_0，Q_1——变化前后的旅游需求量；

I_0，I_1——为变化前后的可支配收入量。

则有：

$$ED_I=\frac{(Q_1-Q_0)/Q_0}{(I_1-I_0)/I_0} \tag{3-5}$$

由于旅游需求量随人们可支配收入的增减而相应增减，因而旅游需求收入弹性系数始终为正值。这一正值表明：当收入上升 1% 时引起需求量所增加的百分比或者当收入下降 1% 时引起需求量下降的百分比也可以区分为以下三种情况：

（1）当 $ED_I>1$ 时，表示旅游需求量变动的百分比大于可支配收入变动的百分比，说明旅游需求对收入变化的敏感性大，因此可支配收入发生一定的增减变化，会引起旅游需求量发生较大程度的增减变化。

（2）当 $ED_I<1$ 时，表示旅游需求量变动的百分比小于可支配收入变动的百分比，说明旅游需求对收入变化的敏感性小，因而可支配收入发生一定的增减变化，只能引起旅游需求量发生较小程度的增减变化。

（3）当 $ED_I=1$ 时，表示旅游需求量变动的百分比与可支配收入变动的百分比相等，因此旅游需求收入弹性为单位弹性，即旅游需求量与可支配收入按相同比例变化。

通常，高级消费品的需求收入弹性都较大。因为，随着社会生产力和人们收入水平的提高，人们用于低级的生活必需品的支出比重将逐渐下降，而用于高级生活消费品的支出比重将逐渐上升。旅游活动正是满足人们高层次生活的需求并逐渐成为人们必不可少的生活消费品，所以旅游需求收入弹性一般都比较大。国际有关组织的研究表明：旅游需求收入弹性系数一般都在 1.3~2.5，有的国家甚至高达 3.0。

3. 旅游需求的交叉弹性

旅游产品是一种由食、住、行、游、购、娱所组成的综合性产品。它既表现为一个整体的产品，又表现为由若干产品组成的系列，即每一种要素都能构成独立的旅游产品。因此，从旅游需求的角度看，旅游产品既有替代性，又有互补性。

所谓旅游产品的替代性，就是指相同性质而不同类型的旅游产品在满足旅游消费需求之间具有相互替代的关系。例如，宾馆、度假村、招待所、公寓、临时帐篷等都向旅游者提供住宿需求的满足，而各种不同类型的住宿设施随着价格变化可以互相替代。

所谓旅游产品的互补性，就是指旅游产品各部分的构成是互相补充和互相促进的，即某一部分的存在和发展必须以其他部分的存在和发展为前提，或者某一部分旅游产品作用的有效发挥，必须以其他部分的存在及配合为条件。例如，航运公司的旅客增加，必然使旅游饭店和旅游餐饮的人数也相应增加；但如果旅游饭店仅有住宿而没有餐饮，则旅游饭店的服务功能就不能有效地发挥。

正是由于旅游产品具有替代性和互补性的特点，因而某种旅游产品的需求量不仅对其自身的价格变化有反应，而且对其他旅游产品的价格变化也有反应。所以，旅游需求的交叉弹性就是指某一种旅游产品的需求量对其他旅游产品价格变化反应的敏感性。其计算公式是：

设：ED_c——旅游需求交叉弹性系数；

Q_{x0}，Q_{x1}——变化前后 x 旅游产品的需求量；

P_{y0}，P_{y1}——变化前后 y 旅游产品的价格。

则有：

$$\frac{(Q_{x1}-Q_{x0})/Q_{x0}}{(P_{y1}-P_{y0})/P_{y0}} \tag{3-6}$$

根据旅游产品的替代性和互补性特点，计算出来的旅游需求交叉弹性系数有两种情况：

（1）如果旅游产品 y 对旅游产品 x 具有替代性，那么旅游产品 y 价格下降必将引起对旅游产品 x 的需求量减少；反之，旅游产品 y 价格上涨则引起对旅游产品 x 的需求量增加。因此，对于具有替代性的旅游产品而言，其旅游需求的交叉弹性系数 ED_c 必然是正值。

（2）如果旅游产品 y 对旅游产品 x 具有互补性，那么旅游产品 y 价格下降必然引起对旅游产品 x 的需求量增加；反之，旅游产品 y 价格上涨则引起对旅游产品 x 的需求量减少。因此，对于具有互补性的旅游产品而言，其旅游需求的交叉弹性系数 ED_c 必然是负值。

从实际看，旅游产品的替代性与互补性并不是绝对的。在一定条件下，两者之间可能出现互相转化，即原来是相互替代的旅游产品转化为互补，原来是相互补足的旅游产品转化为替代。例如，航空、铁路、公路运输本是替代的，但为了开拓国内外旅游市场而把几者有机配套起来，于是它们就从替代关系转化为互补关系；同理，旅游汽车公司与宾馆原来提供的服务是互补的，但如果宾馆建立附属车队以扩大服务内容，则旅游汽车公司与宾馆车队就由互补关系转化为替代关系。因此，旅游产品的替代性及互补性，不仅对旅游需求产生一定的影响，同时是旅游经营者拓宽经营范围，实行资源优化配置，提高经济效益的重要途径。

第二节　旅游供给分析

一、旅游供给的概念

供给，是指厂商在一定条件下愿意并且能够提供某种产品的数量。从旅游经济的角度看，旅游供给是指在一定时期和一定价格水平下，旅游经营者愿意并且能够向旅游市场提供的旅游产品数量。正确认识和理解旅游供给的概念，必须掌握好以下几点：

（一）旅游供给以旅游需求为前提条件

旅游需求是旅游供给的基本前提条件。旅游生产经营单位和部门，必须以旅游者的需求层次和需求内容为客观要求，建立起一整套适应旅游活动需要的旅游供给体系，努力保证提供旅游活动需要的全部内容。在提供旅游产品的时候，要对旅游需求的动向、内容和层次进行必要的调研和预测，结合制约旅游供给的其他条件制订计划，组织旅游产品生产，达到实现旅游供给的目的。

【知识链接】

生产与生产函数

供给是与生产密切联系的。所谓生产，是指企业将其投入的生产要素转化为企业产出的过程。企业投入的生产要素包括原材料、生产工具、机器设备、土地、厂房、劳动力和企业家才能等；产出主要包括产品（或服务）、利润和税收等。因此，企业的投入和产出之间的关系可以用生产函数来描述。

生产函数，是指在生产技术给定的条件下，在一定时期内企业生产产品的最大产出量与生产要素投入量之间的数量关系。如果以 Q 代表企业生产产品的数量，以 x，y，z，…代表各种生产要素的投入量，则生产函数的一般表达式如下：

$$Q=f(x,\ y,\ z,\ \cdots)$$

在实际经济分析中，为了分析的方便，通常假定只有两种投入要素：劳动力（L）和资本（K），于是生产函数就可以写成：

$$Q=f(L,\ K)$$

（二）旅游供给必须是经营者愿意并有可供出售的旅游产品

虽然旅游需求决定了旅游供给的方向、数量和质量，但这仅仅是一种前提条件，要真正体现旅游供给，必须同时具备旅游经营者愿意出售并有可供出售的旅游产品这两个条件。这种旅游供给同旅游需求一样，是相对于旅游产品的价格而言的，即在特定的价格下，总有特定的旅游产品供给量与之相对应，并随着价格的变动而变动。同时，旅游产品的供给还不仅仅是单个旅游产品数量的累加，而是综合地反映了旅游产品的数量多少、质量高低。因此，要提高旅游供给，不能只抓旅游产品的数量，更重要的是提高旅游产品的质量，要在独特的自然与人文旅游资源的基础上，注重提高服务质量和旅游设施水平，才能增加有效供给，更好地满足市场的需求。

（三）旅游供给包括基本旅游供给与辅助旅游供给

基本旅游供给，是指一切直接与旅游者发生联系，使旅游者在旅游过程中亲身接触和感受的旅游产品。它包括旅游资源、旅游设施、旅游服务和旅游购物等，是旅游供给的主要内容，也是旅游业的基本内容。

辅助旅游供给，是指为基本旅游供给体系服务的其他设施，也称旅游基础设施，包括供水、供电、供气、污水处理、供热、电信和医疗系统，以及旅游区地上和地下建筑，如机场、码头、道路、桥梁、铁路、航线等各种配套工程。其特点是，它除了为旅游者提供服务外，还为非旅游者提供服务。

基本旅游供给与辅助旅游供给的划分具有约定俗成的相对性。例如，旅游区内的交通常常划入基本旅游供给范围，而旅游区以外，且到达旅游区必须经过的交通则划归于辅助旅游供给。

二、旅游供给的特点

旅游供给是一种特殊的产品供给，具有其自身的特殊性。这种特殊性是由旅游产品的特性所决定的，主要表现在以下几个方面：

（一）不可累加性

旅游产品的综合性特点表明，旅游供给是由多种资源、设施与服务要素构成的，且这多种构成要素具有异质性的特点，因而旅游供给不能用旅游产品数量的累加来测度，只能用旅游者数来表征，并反映旅游供给的数量及生产能力水平（容量）。至于怎样通过旅游产品的构成来测度旅游供给，则是一个需要进一步研究的课题。

（二）产地消费性

一般物质商品的生产通过流通环节流出生产地，而旅游产品则通过流通环节将旅游者请到生产地进行消费。因此，在深山老林兴建钢厂规划交通运输时，需要考虑工厂的运进物资与运出钢材的平衡。而在一般情况下，进出旅游景点的人数是相等的，无须考虑运输的平衡。而重点是考虑旅游景点、景区的环境容量及接待能力，其直接影响旅游供给的数量和水平。

（三）持续性

通常，一般物质产品的供给可通过再生产而持续不断地供给；再生产停止，则物质产品的生产与供给也就停止。旅游产品的生产供给则不一样，无论是景点、景区建设，还是宾馆、饭店，一旦建成就能在较长一段时间内持续供给，有的甚至可以永续利用；但是旅游产品一旦遭受破坏，则较一般物质产品要严重得多。因为，一般物质产品生产工厂的破坏可通过另建新厂来恢复供给，而旅游景点的破坏可以使该种旅游供给能力永久丧失。

（四）非储存性

旅游供给的非储存性是由旅游产品生产与消费的同一性决定的。一般物质产品可把产品储存作为调节供需矛盾的手段。对旅游产品来讲，由于旅游产品生产、交换与消费的同一性，旅游产品不能储存，因而产品储存对调节旅游供需矛盾已失去意义。实际操作中有意义的只是旅游供给能力的储备，而并非旅游产品供给的储备。

（五）个体性

旅游产品的使用价值在于满足人的心理和精神的需要，这种需要千差万别，所以旅游供给具有个别供给的特点，即使采用组团旅游的方式来提高规模效益，也要注意满足团队中个别旅游者的特殊需求。因此，旅游供给的多样性较之于物质产品供给更为重要。

三、旅游供给的影响因素

在旅游经济中，凡是使旅游供给增加或减少的因素都视为旅游供给的影响因素。在一定时间内，旅游供给可以不发生变化，但并不能说明影响因素没起作用，而常常是影响旅游供给增加和减少的因素作用刚好抵消。影响因素表现的形式十分广泛，要全面分析众多的影响因素是不可能的。在实际工作中，旅游供给的影响因素主要有以下几个方面：

（一）旅游资源及环境容量

旅游供给的基本要素是旅游资源，而旅游资源是在特定的自然和社会条件下所形成的，是旅游经营者不能任意改变的。旅游经营者只能把旅游资源优势作为旅游供给和旅游经济增长的依托点，以市场为导向，通过对旅游资源的合理开发，向旅游市场提供具有特色的旅游对象物，实现旅游资源优势向经济优势转换。因此，旅游资源不仅决定旅游产品的开发方向和特色，而且影响旅游供给的数量和质量。

旅游目的地的环境容量也在很大程度上决定和影响着旅游供给的规模和数量。任何旅游目的地容纳的旅游者数量总是有限度的，如果旅游者超过了旅游目的地的容量，不仅会造成对自然环境的破坏和污染，而且会引起当地居民的不满，甚至产生一系列社会问题，这样又会直接影响到旅游产品对旅游市场的吸引力。因此，旅游资源状况及环境容量是直接影响旅游供给的重要因素。

（二）旅游产品和相关产品价格

旅游供给直接受旅游产品价格的影响。一般来说，当旅游产品价格提高，则旅游经营者在同样的成本投入中可获得更多的利润，会刺激旅游经营者增加旅游供给量；反之，当旅游产品价格下降，则会导致旅游经营者的利润减少，从而会减少旅游产品的供给量。因此，旅游供给的规模和数量直接受到旅游产品价格变化的影响，并与旅游产品价格呈相同方向变化。

旅游产品的供给量除了受自身价格变化的影响外，还会间接地受其他相关产品价格变化的影响。例如，如果飞机票涨价，而旅游目的地的旅游价格不变，则意味着旅游产品的相对价格降低了，相对利润也随之减少，于是必然引起社会要素资源的重新配置，进而影响到旅游产品供给量的变化。

（三）旅游生产要素价格

生产要素价格的高低直接关系旅游产品的成本高低。旅游产品是一个包含食、住、行、游、购、娱多种要素在内的综合性产品，各种要素价格的变化必然影响到旅游产品供给的变化。在旅游产品价格不变的情况下，若各种要素价格提高，则必然使旅游产品的成本增加而利润减少，引起旅游产品供给量也减少。反之，若各种要素价格降低，则使旅游产品成本降低而利润增加，于是刺激旅游产品供给量随之增加。因此，旅游生产要素价格也直接对旅游供给产生着重要的影响作用。

（四）社会经济发展水平

旅游业不仅是一项综合性经济产业，也是一项依赖性很强的产业。因为旅游业的健康发展离不开社会生产力的发展。如果社会经济发展水平低，就不能保证旅游供给所需的各种物质条件。因此，社会经济发展的状况和水平不仅为旅游供给提供各种物质基础的保证，而且在一定程度上决定着旅游产品的供给数量和质量。

（五）科学技术发展水平

科学技术是第一生产力，是推动社会经济发展的强大动力，也是影响旅游供给的重要因素之一。科学技术进步为旅游资源的有效开发提供科学手段，为形成具有特色的旅游产品提供科学方法，为保护旅游资源、实现旅游资源的永续利用提供科学依据，并为旅游者提供具有现代化水平的完善的接待服务设施，为旅游经济发展提供科学的管理工具和手段，从而增加有效的旅游供给，加速旅游资金的周转，降低旅游产品成本，提高旅游经济效益。

（六）旅游经济发展的方针和政策

旅游目的地国家或地区有关旅游经济发展的方针和政策，也是影响旅游供给的重要因素之一。特别是有关旅游经济发展的战略与规划，扶持和鼓励旅游经济发展的各种税收政策、投资政策、信贷政策、价格政策、社会文化政策等，不仅对旅游经济发展具有重要的影响作用，而且直接影响旅游供给的规模、数量、品种和质量。因此，旅游方针、政策是决定旅游供给的重要因素，是不断提高旅游综合接待能力的生命线，也是促进旅游经济发展的重要力量。

四、旅游供给规律

从以上分析可以看出，旅游供给的变化受多种因素的影响和制约，不同的因素对旅游供给的变化具有不同的影响，并形成一定的规律性，概括起来主要有以下几个方面：

（一）旅游供给量与旅游产品价格呈同方向变化

旅游产品价格不仅是决定旅游需求的基本因素，也是决定旅游供给的基本因素。在其他因素不变的情况下，旅游产品价格上涨，必然引起旅游供给量增加；旅游产品价格下跌，必然引起旅游供给量减少。根据这种规律，可在坐标图上绘出旅游供给价格曲线（见图 3-4）。

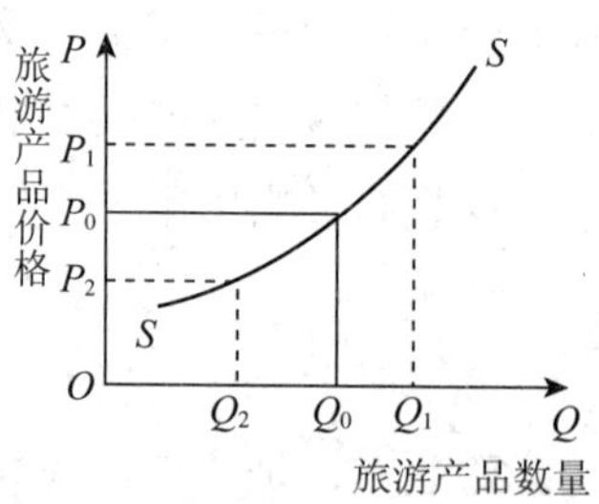

图 3-4　旅游供给价格曲线

在图 3-4 中，纵坐标代表旅游产品价格，横坐标代表旅游产品数量，$S—S$ 代表旅游供给曲线。则在坐标图中旅游产品价格的任一变动，都有一个与之相对应的旅游供给量，并形成旅游供给曲线 $S—S$。该曲线反映了旅游供给量与旅游产品价格同方向变化的客观规律性，即当旅游产品价格为 P_0 时，有相对应的旅游供给量 Q_0；当旅游产品价格从 P_0 上涨到 P_1 时，旅游供给量由 Q_0 上升到 Q_1；当旅游价格从 P_0 下跌到 P_2 时，旅游供给量由 Q_0 下降到 Q_2。因此，旅游供给曲线是一条自左下向右上倾斜的曲线。

（二）旅游供给能力在一定条件下的相对稳定性

旅游供给量与旅游产品价格的同方向变化并不是无限制的。事实上，由于旅游供给的特点及有关影响因素的作用，旅游供给能力在一定条件下是既定的，从而决定了旅游供给量的变动是有限的。所谓旅游供给能力，就是在一定条件下（包括时间和空间等），旅游经营者能提供旅游产品的最大数量。旅游供给的不可累加性及环境容量的限制，决定了旅游供给在一定时间、一定空间条件下，其供给量必然受到旅游供给能力的制约。一旦达到一定的旅游供给能力，即使旅游产品价格再高，旅游供给量也是既定不变的（见图 3–5）。

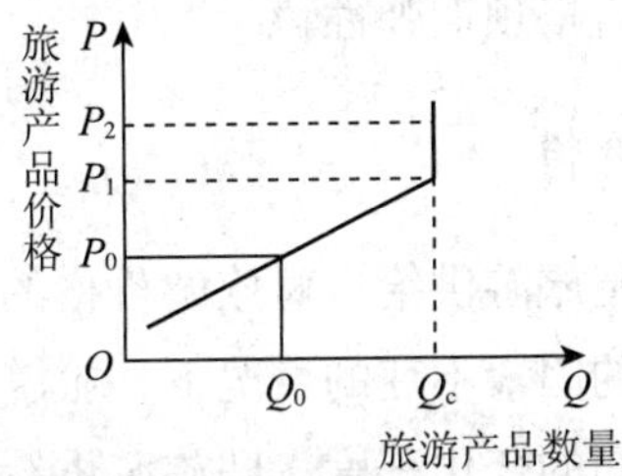

图 3–5　受旅游供给能力限定的旅游供给价格曲线

在图 3–5 中，当旅游供给小于 Q_c 时，旅游供给量将随旅游产品价格变化而同方向变化；当旅游供给达到 Q_c，即达到旅游供给能力时，无论价格如何变化，即使价格从 P_1 提高到 P_2，旅游供给量都不会发生变化。

（三）旅游供给水平受其他因素影响而变动

旅游供给变化不仅受旅游产品价格变动影响，也受其他各种因素的影响。在旅游产品价格既定的条件下，由于其他因素的变动而引起的旅游供给变动，称为旅游供给水平的变动。图 3–6 就是这种变动的一个体现。

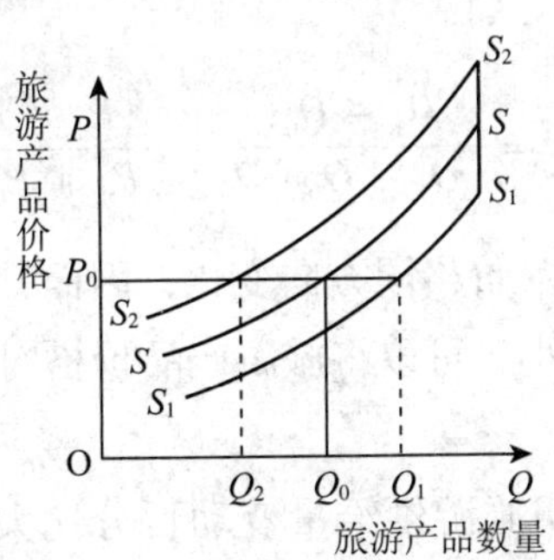

图 3–6　旅游供给曲线的变动

在图 3–6 中，当生产要素价格下降，必然引起旅游产品成本下降，从而在既定生产条件下会增加旅游供给，并引起旅游供给曲线由 S—S 右移到 S_1—S_1；反之，当生产要素价格上升，必然引起旅游产品成本提高，而导致旅游供给下降，使供给曲线由 S—S 左移到 S_2—S_2。这时，尽管旅游产品价格保持不变为 P_0，但旅游供给量已发生变化，分别由 Q_0 上升到 Q_1 或下降到 Q_2。

五、旅游供给弹性

旅游供给弹性是指旅游供给对各种影响因素变化作出的反应。由于旅游供给不仅受旅游产品价格的直接影响，还受到生产规模变化、生产成本和旅游环境容量等多种因素的影响，因而旅游供给弹性包括供给的价格弹性、交叉弹性、价格预期弹性等，下面着重分析旅游供给的价格弹性和价格预期弹性。

（一）旅游供给的价格弹性

旅游供给的价格弹性，是指旅游供给量对旅游价格的反应及变化关系。根据旅游供给规律，在其他影响旅游供给的因素不变的情况下，旅游供给随旅游产品价格的变化而同方向变化。为了测定两者之间的变化程度，即旅游供给对价格的敏感性，就必须计算旅游供给的价格弹性系数。所谓旅游供给的价格弹性系数，是指旅游供给量变化的百分数与旅游产品价格变化的百分数之比。其计算公式如下：

设：ES_p——旅游供给价格弹性系数；

P_0，P_1——变化前后的旅游产品价格；

Q_0，Q_1——变化前后的旅游供给量。

则有：

点弹性：

$$ES_p = \frac{(Q_1 - Q_0)/Q_0}{(P_1 - P_0)/P_0} \tag{3-7}$$

弧弹性：

$$ES_p = \frac{Q_1 - Q_0}{(Q_1 + Q_0)/2} \div \frac{P_1 - P_0}{(P_1 + P_0)/2} \tag{3-8}$$

由于旅游供给量与旅游产品价格同方向变化，因而其弹性系数为正值。根据旅游供给的价格弹性系数 ES_p 值的大小，可以将旅游产品价格对旅游供给量的影响区分为以下几种情况：

（1）当 $ES_p>1$ 时，则表明旅游供给量变动百分比大于旅游产品价格变动百分比，即旅游供给是富有价格弹性的，如图 3-7 中 AB 弧上即表明这一特点。若旅游供给是富于弹性的，则说明旅游产品价格的微小变化将引起旅游供给量的大幅度变化。

（2）当 $ES_p=1$ 时，则表明旅游供给量变动百分比同旅游产品价格变动百分比是相等的，即旅游供给具有单位弹性，图 3-7 中 B 点的供给价格弹性系数就是单位弹性。

（3）当 $ES_p<1$ 时，则表明旅游供给量变动百分比小于旅游产品价格变动的百分比，因而旅游供给弹性不足，图 3-7 中 BC 弧上的旅游供给弹性就表现为不足，其实质上说明旅游产品价格的大幅度上涨或下跌，对旅游供给量变化的作用不强。

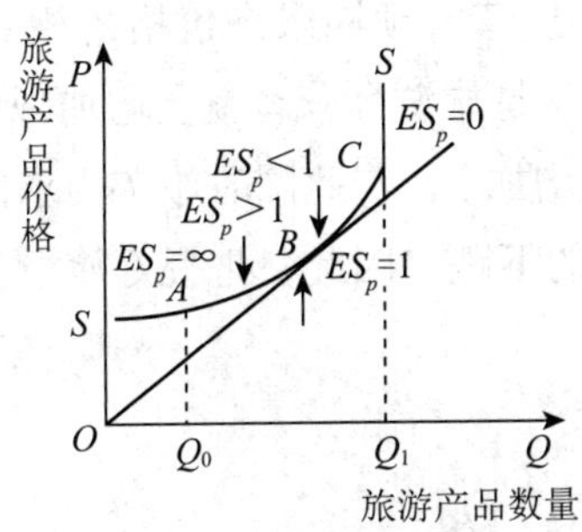

图 3-7　旅游供给价格弹性

除了以上三种情况外，尚有两种特殊情况，即当 $ES_p=0$ 时，称旅游供给完全缺乏价格弹性。因而在图 3-7 中的旅游供给曲线是一条垂直于横轴的直线，表明无论旅游产品价格怎样变动，旅游供给基本保持不变。当 $ES_p=\infty$ 时，则称旅游供给是完全富有弹性的，或称旅游供给具有无限价格弹性，因而在图 3-7 中的旅游供给曲线是一条平行于横轴的直线，表明在既定的旅游产品条件下旅游供给量可任意变化。

（二）旅游价格的预期弹性

价格预期弹性，是指未来价格的相对变动与当前价格相对变动之比。价格预期弹性无论对于旅游者还是旅游经营者来讲，都是一个重要的影响系数。

设：E_F——价格预期弹性系数；

F——未来价格；

P——现行价格。

则有：

弧弹性：

$$E_F=\frac{\Delta F/F}{\Delta P/P} \tag{3-9}$$

对于旅游者而言，当 $E_F>1$，则表明旅游者预期未来价格的相对变动将大于现行价格的相对变动，于是现期旅游需求增加；反之，当 $E_F<1$，则表明旅游者预期未来价格的相对变动将小于现行价格的相对变动，于是旅游者会持币待购从而引起现期旅游需求减少。但由于旅游需求同时受闲暇时间因素的影响，因而价格预期对于旅游需求的影响相对较小，即旅游需求价格预期弹性系数一般较小。

但是，对于旅游经营者来讲，旅游供给价格预期弹性的作用则相对较大。当 $E_F>1$

时，表明旅游经营者预期未来价格的相对变动将大于现行价格的相对变动，于是为了保持经营的稳定性，旅游经营者就会减少现期的旅游供给，从而引起旅游供给曲线从 S_0 向 S_1 移动（即旅游供给减少），而与此同时旅游需求曲线会从 D_0 向 D_1 移动（即旅游需求增加），于是会造成旅游产品价格的暴涨（见图 3-8），即均衡价格从 P_0 上升到 P_1。反之，当 $E_F<1$ 时，表明旅游经营者预期未来价格的相对变动将小于现行价格的相对变动，即旅游市场价格稳定，于是旅游经营者就会增加现期的旅游供给，从而引起旅游供给曲线的右移（即旅游供给增加）；与此同时旅游需求曲线将会左移（即旅游需求减少），从而引起旅游产品价格的下跌。因此，把握好旅游价格的预期弹性变化，对于旅游经营者来讲是至关重要的。

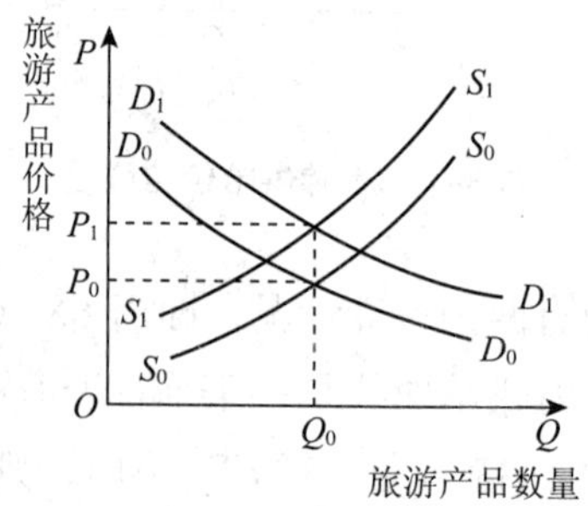

图 3-8　旅游供给的价格预期弹性

第三节　旅游供求矛盾及其平衡

一、旅游供给与需求的矛盾运动

旅游供给与旅游需求既互相依存，又互相矛盾，它们通过旅游产品价格这一中介，有机地结合起来，从而形成了旅游供给与旅游需求相互依存和相互矛盾的运动规律。

从旅游供给与旅游需求的相互依存关系看，一方面旅游供给虽然受许多影响因素制约，但归根结底最基本的影响来自旅游需求。旅游供给的规划和发展都要以旅游需求为前提，离开旅游需求所制定的供给发展必然是盲目的。此外，自然和社会等各种因素对旅游供给的影响，往往也就是对需求的影响，或者是通过抑制旅游需求来限制旅游供给的发展。另一方面，旅游供给又是旅游需求实现的保证，它提供旅游需求以具体的活动内容。如果没有旅游供给的不断发展，旅游需求将永远停留在旅游的自然风光观赏水平上。从总体上看，旅游供给源于旅游需求，但在旅游业发展到一定程度之后，旅游供给又能激发旅游需求，产生旅游需求，促使人的旅游需求内容不断扩大，水平不断提高，从而改善人们的生活质量。

从旅游供给与旅游需求的矛盾关系看，其主要表现在质量、数量、时间、空间和结构等方面的矛盾冲突。

（一）质量方面的矛盾

由于旅游供给的发展以旅游需求为前提，所以供给的发展滞后于需求。在一定历史发展阶段的生产力水平上，与旅游资源相关联的设施、服务形成之后，它们的水平也就确定了，而人的需求内容、水平却在不断变化。旅游供给要跟上旅游需求内容、水平的变化，就需要一定的资金投入和建设时间。此外，受社会价值准则和道德规范的限制，有的旅游需求不能提供相应的供给。加之旅游供给也有自己的生命周期，随着设施的磨损和老化，即使不断进行局部更新，也难以阻止设施在整体上的老化，这就使旅游供给的质量下降；反之，旅游供给的规划与建设不以旅游需求为前提，超需求水平发展，会使旅游供给在近期内的效益降低，而远期因设施陈旧老化也达不到预期的效益目标。这些都是旅游供给与需求在质量方面的冲突表现。

（二）数量方面的矛盾

旅游供给与需求在数量方面的矛盾主要表现为供给能力与实际旅游者人数之间的矛盾。旅游目的地国家或地区，根据自己的社会经济条件，适应国内外旅游者的旅游需求，通过有计划有步骤地建设而形成的旅游供给能力，在一定的时间内是有限的，并具有相对的稳定性。旅游需求则随着人们收入水平的提高，以及消费水平与消费结构的变化而不断上升。同时，受社会政治经济状况和社会环境的制约，以及气候季节交替的影响，旅游需求也会相应地改变。简言之，旅游需求量具有不稳定性和随机性的特点。因此，在一定时间内，必然出现旅游供给总量与旅游需求总量之间的不平衡，形成供不应求或供过于求的状况。

（三）时间方面的矛盾

有些时间因素直接影响旅游供给能力的发挥，有些时间因素则不影响旅游供给能力，而是抑制旅游需求，造成旅游供给与需求的冲突。例如，春意盎然、秋高气爽的季节，能引发人们到各风景区旅游观光；而隆冬季节，冰灯冰雕、滑雪冬泳则成为人们旅游需求的项目；至于炎热夏天，避暑胜地又供不应求了。又如节假日旅游区比其他时间迎来更多的游客。而构成旅游产品的旅游设施和旅游服务，一旦相互配套，形成一定的供给能力，就会具有常年同一性。因此，旅游供给的常年同一性与服务的季节性是旅游供给与需求在时间方面冲突的表现。

（四）空间方面的矛盾

旅游供给与需求在空间方面的冲突表现为旅游资源在位置上的固定性和场地的有限

性与旅游需求变动性的矛盾。特别是那些在国内、国际久负盛名的旅游点，在旅游旺季，游客如云、摩肩接踵，景观因之而减色；而有的风景区因客运能力不配套，进得去、出不来，旅游者望而却步，游人寥寥无几。因此，积极开发各种自然景观，建设高品位的景区、景点，是缓解旅游供给与需求空间方面矛盾的重要途径和手段。

（五）结构方面的矛盾

由于旅游者的组成不同，旅游活动中的兴趣爱好各异，民族习惯、宗教信仰、支付能力的消费水准千差万别，这就形成了旅游需求复杂多样、灵活多变的特点。而一个地区，甚至一个国家的旅游供给，不管怎样周全规划和配备，总不可能做到面面俱到、一应俱全。旅游供给的稳定性、固定性与旅游需求的复杂性、多样性之间的鲜明反差，就形成了旅游供给与需求在结构上的冲突。

以上五个方面的冲突是相互联系和相互影响的。它们共同反映了旅游供给与旅游需求矛盾不同于其他物质产品的供需矛盾的特殊性。

二、旅游供给与需求的均衡

旅游供给与需求的矛盾是绝对的，均衡则是相对的、有条件的。下面着重讨论在价格条件下旅游供给与需求的均衡。

以 Q 表示旅游供给量或需求量，并作为横坐标，以价格 P 作为纵坐标，在平面直角坐标系中描绘出需求曲线 D 和供给曲线 S（见图 3-9）。设需求曲线 D 与供给曲线 S 相交于均衡点 E。在 E 点，供给量与需求量相等，称为供求均衡，这时的价格 P_0 称为均衡价格，Q_0 称为均衡产量。

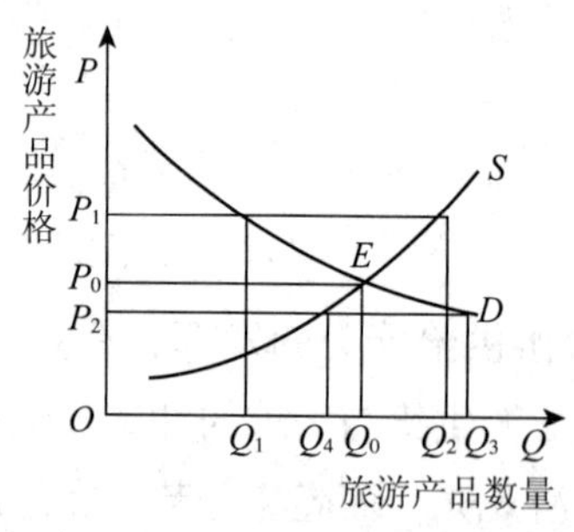

图 3-9　旅游供给和旅游需求的均衡

如果旅游产品价格高于 P_0 而为 P_1，这时需求量减少到 Q_1，而供给量增加至 Q_2，旅游市场上出现超供给量 Q_2-Q_1，即供过于求。如果市场价格降到 P_2 而低于 P_0，则需求量增加至 Q_3，而供给量减少至 Q_4，这时的旅游市场上出现欠供给量 $Q_4-Q_3=-(Q_3-Q_4)$，即供不应求。在实际中，总是希望通过采取措施，使 Q_2-Q_1 或 Q_4-Q_3 尽可能接近于零。

旅游供给与需求的均衡是动态的均衡。由于旅游供给一旦形成之后，使用周期较长，因为价格变动使供给下降，除了劳务部分比较容易转产外，物质设施在短期内很难拆除，因此适宜采用供给曲线与需求曲线的移动来研究供给与需求的动态均衡。为简单起见，我们假定供给曲线与需求曲线在移动时形态不变，但在实际中，曲线移动时往往伴随形态的改变。如图 3-10 所示：

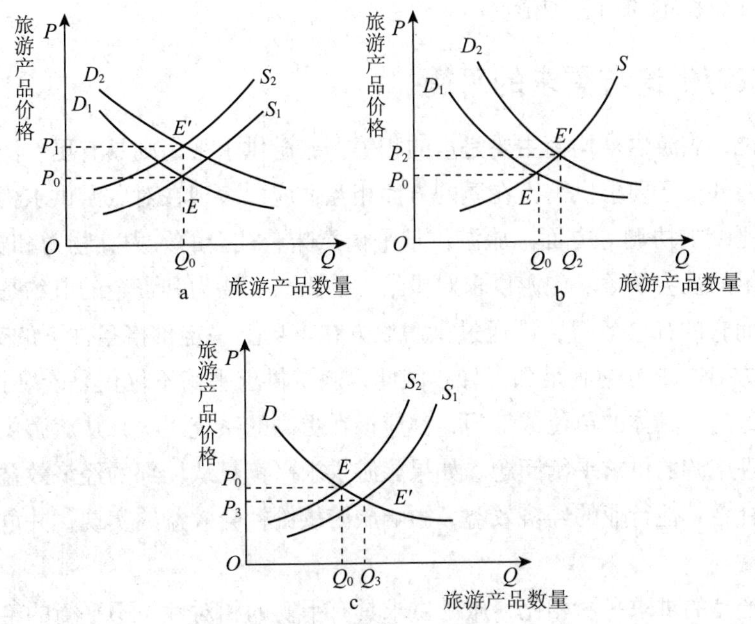

图 3-10　供给曲线与需求曲线的移动

社会性物价上扬，而引起供给曲线与需求曲线均上移，则均衡点由 E 上升到 E'，在均衡供给量 Q_0 不变的条件下，均衡价格 P_0 上升到 P_1（见图 3-10*a*）。

社会生活结构调整，工作日数减少，休假日增加，引起需求曲线右移，均衡点右移到 E'，则带动供给量增加，均衡价格也相应由 P_0 上升到 P_2，均衡产量由 Q_0 增加到 Q_2（见图 3-10*b*）。

社会生产结构调整，如第一、第二产业因生产率的提高，冗余人员转入第三产业，这时出现价格不变的条件下社会能提供更多的旅游供给；或者地区性的旅游业迅速发展，使供给曲线右移，均衡点右移到 E'，并引起均衡量由 Q_0 增加到 Q_3，而均衡价格由 P_0 下降到 P_3（见图 3-10*c*）。

根据上述分析，可知市场经济条件下旅游供求规律如下：

第一，旅游需求和旅游供给共同决定旅游产品价格及旅游均衡价格，与旅游均衡价格相对应的为旅游均衡产量。

第二，旅游产品价格影响和决定旅游需求和供给的数量。

第三，旅游均衡价格和均衡产量与旅游需求呈同方向变动。

第四，旅游均衡价格与旅游供求呈反方向变动，而旅游均衡产量与旅游供给呈同方向变动。

第五，旅游需求和旅游供给同增或同减，会引起旅游均衡产量同方向变动，而旅游均衡价格有提高、降低、不变三种可能。

第六，从长期看，旅游供求会因旅游供给弹性和旅游需求弹性的不一致而出现稳定的动态均衡和非稳定的动态均衡。

三、旅游供给与需求的平衡

一般来说，旅游供求均衡主要是量的相等，旅游供求平衡则具有更广泛的含义，它除了量的均衡外，还要求供需方在质的方面相互适应，表现在对旅游供求构成、供求季节和地区不平衡的协调等方面。旅游供求平衡意味着社会的人力、物力和资金的节约，以及旅游供给的社会效益。旅游供求对供给方的人力、物力和资金的节约是直接的、显而易见的，而它的社会效益，则通过供需双方在市场上一定价格条件下的交换来实现，表现为供给方对需求方的满足和引导。因此，旅游供求平衡不仅仅是宏观控制的问题，而且供给方每一个具体的单位或部门，都应该在更高的系统层次，从旅游供给发展的长远目标来处理旅游的供求平衡问题。如果旅游供求平衡只从局部的经济效益出发，那就可能会损害社会其他行业的经济效益，影响旅游供给社会效益的实现，并危及旅游供给方的远期利益。

与一般产品的供求平衡相比，旅游供求具有平衡的相对性、不平衡的绝对性、供需交换的随机性等特点。但是，基于旅游供给与需求矛盾的特殊性，旅游供求平衡还具有复杂性的特点。因此，旅游供求平衡是一个相当复杂的问题，需要在一个更大的系统空间中来认识、分析和解决。这给旅游供求平衡的调控增加了难度。所谓调控，总是相对于一定的目标而言的。旅游供求平衡调控的目标包括量的均衡与质的适应两部分。从实践看，旅游供求平衡调控有多种方式，概括起来主要有规划控制和过程控制两种方式。

（一）规划控制

用控制论的语言说，旅游供给规划是一种前馈控制。它对旅游供给的发展给出目标限定和范围。其内容包括：旅游资源调研和开发、旅游需求预测、供给规模确定、旅游区规划和建设、基本旅游供给与相关旅游基础设施的发展计划、人员培训和行业规范等。在制订旅游供给规划的时候，要遵循社会主义市场经济规律、国家的方针政策，从社会主义现代化建设的总目标出发，使旅游供给的发展规模和发展速度既适应社会主义经济发展的需要，又符合国家或本地区的经济实力。

（二）过程控制

过程控制包括宏观和微观的调控两个方面。在宏观层次，国家可以根据旅游经济发展的目标和旅游供求平衡的现实状况，通过政策对旅游供求运动进行引导或限制，促成旅游供求的平衡。在微观层次，对旅游供求平衡的调控，主要通过市场机制来进行。当旅游市场上出现供过于求的情况时，旅游产品的价值就难以实现，价格不得不下降，生产旅游产品的资金就可能发生转移，从而使旅游供给减少；而当市场上供不应求时，旅游产品就走俏，价格上扬，资金就可能由其他行业流入旅游业中，从而使旅游供给扩大。为了提高旅游供给随旅游需求而动态平衡的主动性，就要增加旅游供给能力的储备，根据旅游需求发展的趋势，适时扩大旅游供给。

【本章练习】

一、关键名词

旅游需求　旅游需求规律　旅游供给　旅游供给规律　旅游供求均衡

二、简答题

1. 旅游需求产生的条件有哪些？
2. 简述旅游需求与旅游供给的特征。
3. 影响旅游需求与旅游供的因素有哪些？
4. 什么是旅游需求弹性？其研究意义何在？
5. 旅游供求之间存在哪些矛盾？

三、论述题

联系实际，谈谈如何实现旅游供求平衡？

四、案例分析

集中休假与旅游供需

在过去的几个小长假，由于节日调休问题，引发了网民热议。

一、集中休假导致假期全社会人潮涌动，严重影响旅游体验

但是近年来，假日期间游客们对服务质量的诟病和吐槽越来越多。网友经常戏称“哪儿哪儿都有一亿人”，长假期间很多景区人满为患，摩肩接踵，到处熙熙攘攘，前拥后堵，高速公路缓行，景区一票难求，长时间排队：景区排队，观光车排队，厕所排队，游乐场所排队，餐厅排队，酒店满房……如果赶上恶劣天气，各种状况更是雪上加霜，人在囧途的各种状况频出，拖家带口的狼狈随时上演，全民集中休假导致的旅游体验极差，有些甚至称得上苦不堪言。

二、集中休假导致的人潮聚集潜伏着极大的安全隐患

长假导致客流瞬时聚集，对社会运转和管理造成严峻考验，公共服务与安全形势经常处于紧绷状态，持续高位运行，甚至接近极限，形成诸多安全隐患。景区、道路等人流和车辆聚集的地方随时都可能发生事故。尽管文旅、交通、公安等相关部门全力以赴、加班加点，但事故仍会时有发生。发生的伤亡事故总让人扼腕叹息，人们也对人潮集中可能带来的各种安全隐患充满了担忧。

三、集中休假导致的超负荷运转影响服务企业可持续发展

每临长假，相关服务企业不得不全员在岗，日夜值班，有的企业不得不大量雇用临时人员上岗服务，但仍然不能避免游客怨声载道，投诉层出不穷；管理部门日夜绷紧一根弦，疲于奔命；一些公共场所垃圾堆积，厕所卫生惨不忍睹，清扫人员夜以继日，讲解员从早到晚，保安人员 24 小时在岗，夜晚还要在景区巡查游客滞留情况……凡此种种，给服务企业正常经营造成不少困难。长假期间不少企业服务人员跟不上，服务难以保障，而在平日里，却可能是游客稀疏，不需要很多服务人员，这种大起大落的客流量的变化，严重影响服务企业正常经营和可持续发展，造成企业资源的极大浪费。

四、集中休假导致供应难以为继，人为造成物价上涨

客流聚集导致供应紧缺，有时候是预约不到参观票，有时候是酒店餐馆价格上涨，有时候是火车出票秒空，加价抢票，飞机票价飙升，各种黄牛趁机大赚一笔，“来时好好的，回不去家了”一度成为网络调侃语。总之，假日制度在历史上发挥了重要作用，但是，在文旅高质量发展的新阶段，在游客对服务质量要求不断提高的当下，面对巨大的出游人口基数和便捷交通带来的人群瞬时聚集，集中休息的小长假制度给旅游服务和旅游安全带来极大压力，对旅游的供给方和需求方都存在负面影响。在降低游客体验的同时，一定程度也造成了旅游资源的破坏，甚至在一定程度上加剧了社会焦虑，影响社会和谐发展。节假日制度是社会综合治理的重要方面，也是社会治理水平的重要体现，重新思考假日制度设计，让假日运转更为有序，成为人们的共同期待。

资料来源：刘建明 . 从旅游服务角度探讨假日制度改革方向［N/OL］. 澎湃新闻，https://www.thepaper.cn/newsDetail_forward_27996795.2024-07-08.

问题：

1. 结合案例分析节日调休为何会引发网民热议？

2. 为了让假日运作更为有序，可以沿哪些方向重新设计假日制度？

第四章

旅游市场及开拓

旅游市场是实现旅游交易的场所，在现实旅游经济活动研究和旅游教学中，研究旅游市场具有十分重要的意义。旅游市场作为旅游经济运行的基础，与一般商品市场、服务市场和生产要素市场相比，既有一定的共性，又有不同于其他市场的多样性、季节性、波动性和世界性等特点。旅游市场依据不同的标准可以划分为不同的类型。旅游市场是社会经济高度发展的产物，是旅游业赖以生存和发展的条件，对旅游经济活动的有效进行起着十分重要的作用。旅游市场细分和目标市场精准定位是旅游行业发展的大趋势，在细分旅游市场过程中要遵循可进入性、可衡量性、可营利性和稳定性的原则。竞争是旅游市场经济的内在运行机制。旅游市场中常见的市场结构是垄断竞争市场和寡头垄断市场。为了争夺更多的游客，旅游企业采用各种竞争手段，其中有价格与非价格竞争手段。旅游市场的开拓是旅游目的地和国家经常性的工作。通过对旅游市场的调查与预测，为旅游企业开拓市场奠定基础。旅游市场的开拓是每个旅游企业生存和发展的必经之路，旅游产品策略、旅游价格策略、旅游促销策略和旅游渠道策略是四种最常用的旅游市场开拓策略。

【学习目标】

1. 学习和了解旅游市场的含义、特点和类型。

2. 学习和掌握旅游市场细分的相关知识和理论，包括旅游市场细分的概念和作用，旅游市场细分的原则和方法，以及旅游目标市场的营销策略等。

3. 学习和掌握旅游市场竞争的结构，旅游市场竞争的内容和竞争存在的必然性。

4. 学习和掌握旅游市场开拓的方法、旅游市场开拓策略等。

5. 结合本章相关实际案例的学习和理解，能运用相关理论对具体问题进行分析研究，并通过实践教学培养和形成一定的市场调查和研究能力。

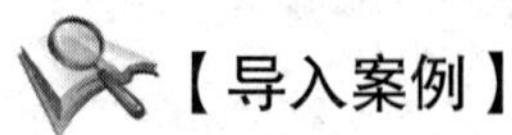

【导入案例】

希尔顿集团细分目标市场

“一个尺码难以适合所有的人。”希尔顿集团在对顾客做细致分类的基础上，利用各种不同的酒店提供不同档次的服务以满足不同的顾客需求。希尔顿集团的酒店主要分以下七类：

机场酒店：自从1959年旧金山希尔顿机场酒店建立以来，公司已经在美国主要空港建立了40余家机场酒店，它们普遍坐落在离机场跑道只有几分钟车程的地方。

商务酒店：位于理想的地理位置，拥有高质量服务以及特设娱乐消遣项目的商务酒店是希尔顿旗下的主要产品。

会议酒店：希尔顿的会议酒店承办各种规格的会议、展览、论坛等。

全套间酒店：适合长住型客人，每一套间有两间房，并有大屏幕电视、收音机、微波炉、冰箱等。起居室有沙发床，卧室附带宽敞的卫生间，每天早上供应早餐，晚上供应饮料，还为商务客人免费提供商务中心。全套间酒店的一个套间有两间房，然而收费却相当于一间房的价格。

度假区酒店：希尔顿度假区酒店拥有顶尖的住宿条件、出色的会议设施及具有当地风味特色的饮食。人们在这里放松、休养、调整，也可以享用这里的各种娱乐设施。

希尔顿假日俱乐部：为其会员提供多种便利及服务；商务及会议等服务也同样令人满意。

希尔顿花园酒店：希尔顿花园酒店是希尔顿公司近年来大力推行的项目。其目标市场是中产阶级游客，市场定位是“四星级的酒店，三星级的价格”。希尔顿花园酒店价位适中、环境优美，深得全家旅游或长住商务客人的喜欢。

第一节　旅游市场概述

一、旅游市场的概念

旅游市场的概念有广义和狭义之分。广义的旅游市场是指旅游产品交换过程中所反映的各种经济现象和经济关系，它不仅指旅游产品交换场所，而且涉及一定范围内旅游产品交换中供求之间各种关系的总和。狭义的旅游市场是指旅游产品交换的场所，即一定时期内，某一地区中存在的对旅游产品具有支付能力的现实的和潜在的购买者。从狭义上看，旅游市场就是指需求市场，即旅游客源市场。例如，日本是中国的旅游客源市场，也就是说，日本旅游市场就是指到中国来旅游的现实和潜在的日本旅游者。

理解和掌握广义的旅游市场的概念，必须注意以下几点：

首先，市场的形成必须有市场交换的主体，旅游市场的交换主体就是旅游者和旅游经营者。在市场经济条件下，旅游者和旅游经营者有各自不同的需求和交换目的，他们之间相互依存、相互对立，并通过旅游市场的纽带而紧密地联系在一起。

其次，市场的形成还必须有市场交换的客体，即提供市场交换的对象物，其可能是物质产品，也可能是服务产品，还可能是技术、信息等无形产品。旅游市场的客体或交换对象，就是为了旅游市场交换而提供的，能够满足旅游者需求的旅游产品或服务。

再次，旅游市场的交换条件，是指有助于旅游产品交换的各种手段和媒介，如货币、广告、信息媒体、场所等，这是旅游产品交换和旅游市场存在的重要条件。

最后，旅游者和旅游经营者之间，通过旅游市场的交换活动而连接起来，于是旅游市场上的各种交换行为和现象，就反映着交换双方之间的经济行为和经济关系。随着现代旅游经济的发展，现代旅游市场规模的不断扩大，旅游者和旅游经营者之间交换行为和交换关系也日益密切和复杂，从而共同构成了广义的旅游市场概念。

狭义的旅游市场主要由旅游者、旅游购买力、旅游购买欲望和旅游购买权利所构成。

（一）旅游者

旅游者是构成旅游市场主体的基本要素，旅游者数量的多少决定了旅游市场规模的大小。通常，如果一个国家或地区总人口多，则可能产生的旅游者就多，旅游市场规模就大，其对旅游产品的需求基数也大；反之，如果一个国家或地区总人口少，则可能产生的旅游者就少，旅游市场规模就小，对旅游产品的需求基数就小。因此，一个国家或地区的总人口数量决定了旅游者的数量，而旅游者数量多少又反映了旅游市场规模的大小。

（二）旅游购买力

旅游购买力，是指人们在其可支配收入中用于购买旅游产品的能力。通常，旅游购买力由人们的收入水平和可支付能力所决定，随着人们收入水平和可支付能力的提高，用于购买旅游产品的支出也会相应提高。如果没有较高的收入水平和足够多的支付能力，旅游者的旅游活动便无法进行，旅游市场也只是一种潜在市场。

（三）旅游购买欲望

旅游购买欲望，是反映旅游者购买旅游产品的主观愿望或需要，是把旅游者潜在购买力变成现实购买力的重要条件。如果人们没有旅游购买欲望，即使有较高的收入和可支付能力，也不可能形成现实的旅游市场，旅游者也不会主动地选购各种旅游产品。因此，只有当旅游者既有旅游购买力，又有旅游购买欲望时，才能形成现实的旅游需求，才可能形成现实的旅游市场。

（四）旅游购买权利

旅游购买权利，是指允许消费者购买某种旅游产品的权利。在旅游市场上，尤其是在国际旅游中，旅游目的地或旅游客源地国家任何一方的政策限制等，都会导致人们即使有钱、有闲和有旅游愿望，也无法获得旅游购买权利，因而不能到某些地区去旅游，这就不能形成旅游市场。因此，旅游购买权利也是形成旅游市场的基本要素之一。

二、旅游市场的特点

旅游市场作为旅游经济运行的基础，其与一般商品市场、服务市场和生产要素市场相比，既有一定的共性，又有不同于其他市场的多样性、季节性、波动性和世界性等特点。

（一）多样性

旅游市场的主体是旅游者和旅游经营者，而旅游者的需求和旅游经营者所提供的产品是多种多样的，从而形成的现代旅游市场也是多样性的，这种多样性主要表现在三方面。

1. 旅游产品类型的多样性

旅游产品类型的多样性，是指不同国家、不同地区的自然风光和人文景观的不同，必然形成不同类型的旅游产品，旅游者从中获得的经历与感受也不同。旅游产品的多样性是由旅游资源和旅游需求的多样性所决定的。

2. 旅游购买形式的多样性

旅游购买形式的多样性，是指团体包价旅游、散客包价旅游、散客自助旅游、包价旅游与自助旅游相结合的各种旅游购买方式。这种多样性的旅游购买方式，是随着旅游需求的多样性和旅游产品的多元化而形成的，其随着现代旅游发展而呈现出丰富多样的发展趋势。

3. 旅游交换关系的多样性

旅游交换关系的多样性，是指旅游者和旅游经营者之间购销旅游产品的状况，即双方交换的旅游产品可以是单项旅游产品，也可以通过旅行社购买组合（线路）旅游产品，还可以购买综合性旅游产品（旅游地产品）等。

总之，现代旅游市场的多样性不仅反映了旅游市场发展变化的特点，而且在很大程度上决定和影响着旅游经营的成败和旅游经济的发展。

（二）季节性

在现代旅游经济中，旅游者闲暇时间分布的不均衡和旅游目的地国家或地区自然条件、气候条件的差异，往往造成旅游市场具有突出的季节性特点。例如，某些利用带薪假日出游的旅游者，是造成旅游旺季的主要原因；某些旅游目的地则直接受气候影响而具有明显的季节差异性，如海滨旅游、漂流旅游等。

因此，旅游目的地国家或地区应根据现代旅游市场“淡旺季”的不同特点而做出合理的安排，努力开发“淡季”旅游市场的需求，把大量的潜在旅游需求转化为现实旅游需求；合理组织好“旺季”旅游市场的供给，以减少或消除季节性的影响，使旅游市场向“淡旺季”均衡化方向发展。

（三）波动性

旅游需求是人们的一种高层次需求，而影响旅游需求的因素又是多种多样的，如物价、工资、汇率、通货膨胀、节假日分布、某一社会活动，甚至旅游者自身心态的变化等，其中任何一个因素的变化都会引起旅游市场的变动，从而使现代旅游市场具有较强的波动性。

对于某个具体的旅游市场来说，任何意外事件或者重大活动都会在一段时间内改变其旅游客源的流向，从而使旅游市场呈现出较大的波动性。例如，海湾战争使中东旅游业一度下滑，而东南亚金融危机则直接影响该地区的旅游业发展。因此，从长期考察来看，尽管旅游市场在持续发展，但这种发展并不是直线型发展，而是呈现出波动型发展的总趋势。

（四）全球性

自第二次世界大战以来，随着生产力的提高、交通条件的改善和社会经济的发展，国际旅游市场经历了一个由国内向国外的发展过程，旅游活动由一个国家扩展到多个国家，区域性旅游市场发展成为世界旅游市场，促进了全球性旅游市场的形成和发展。现代旅游市场的全球性主要体现在以下方面：

1. 旅游活动的全球性

随着世界各国经济社会的发展，旅游成为人们生活的重要组成部分。尤其是在现代交通高度发达、国家之间交往日益密切以及经济全球化发展的影响下，人们可以较少的时间、较少的支出而获得更多旅游需求的满足。旅游者的足迹遍布世界各个地区和大部分国家，人们的旅游活动得到了极大的丰富。

2. 旅游范围的全球性

在现代旅游经济发展中，旅游者的活动范围遍布世界各地，不仅人类居住的五大洲早已成为旅游者的目的地，就连无人居住的南极和北极也留下了旅游者的足迹。

3. 旅游发展的全球性

随着现代旅游成为国民经济和服务贸易的重要组成部分，世界各国和各地区都积极发展旅游业，并积极向其他国家和地区的消费者提供和销售旅游产品，从而促进了世界各国和各地区旅游业的发展，又进一步促进了旅游市场的全球化。

三、旅游市场的类型

（一）按地域划分

按地域划分旅游市场，是以现有及潜在的客源发生地和旅游目的地为出发点，根据旅游者来源地或旅游目的地而划分旅游市场类型。世界旅游组织根据世界各地的地理、经济、文化、交通以及旅游者流向、流量等旅游发展情况和旅游者集中程度，将世界旅游市场划分为欧洲、美洲、东亚及太平洋、非洲、中东和南亚六大地域性旅游市场。

从世界六大地域性市场发展看，几十年来，欧美经济发达国家一直占据着国际旅游市场的主导地位，而其他地区旅游市场所占市场份额相对较小。

进入21世纪以后，各大洲旅游市场份额发生了一些变化。从发展的预测来看，欧洲旅游市场份额将会下降，而其余的旅游市场份额都将上升，其中增长最快的将是东亚及太平洋地区旅游市场。

（二）按国境划分

按国境划分旅游市场，一般分为国内旅游市场和国际旅游市场。后者又进一步可分为出境旅游市场和入境旅游市场。出境旅游市场是指组织本国居民到境外进行旅游的市场；入境旅游市场是指接待境外旅游者到本国各地旅游的市场。

国内旅游市场、出境旅游市场和入境旅游市场对于一个国家和地区的经济具有不同的意义。通常，国内旅游市场作为一个消费市场，旅游者是本国居民，主要使用本国货币支付各种旅游开支，并自由地进行旅游而不受国界的限制，因而大力发展国内旅游不仅可以满足居民物质文化生活和精神生活的需要，而且可以在促进国内商品流通、货币回笼等方面起到积极作用。

在国际旅游市场上，入境旅游的旅游者使用其他国家的货币支付旅游开支。这会增加旅游目的地国家和地区的外汇收入，增强其国际支付能力。而出境旅游的旅游者往往会导致旅游客源地国家和地区外汇的流出。一般来说，国际旅游往往涉及货币兑换、旅游证件和出国护照、进入旅游目的地国家的签证许可等问题，因而国际旅游市场与国内旅游市场相比要复杂得多。

（三）按消费划分

在现实生活中，由于人们的收入水平、年龄、职业以及社会地位、经济地位的不同，其旅游需求和消费水平也不同，对旅游产品的质量要求也不一样。因此，根据旅游者的消费水平，一般可将旅游市场划分为豪华旅游市场、标准旅游市场和经济旅游市场。

通常，豪华旅游市场的市场主体是社会的富裕阶层。他们有丰厚的收入，一般不关注旅游价格的高低，而是更希望旅游活动能反映出他们的社会地位，如高尔夫旅游、商务旅游、会议旅游等。尽管豪华旅游市场的规模有限，但是其高额的旅游支出常常对旅游目的地国家或地区产生极大的吸引力，而促使它们加大对豪华旅游市场的开拓。

标准旅游市场的主体是大量的中产阶层，他们既注重旅游价格，又注重旅游活动的内容和质量。经济旅游市场的主体则是那些收入水平较低或没有固定收入者，他们更注重旅游价格的高低。虽然标准旅游市场和经济旅游市场的消费能力不及豪华旅游市场，但这两个市场的潜力是巨大的，在条件成熟时它们可以进入高消费的层次。

（四）按旅游目的划分

旅游形式多样化和旅游内容的日趋丰富是现代旅游经济发展的特色。根据旅游目的的不同，可以把旅游市场划分为各种不同的类型。在 20 世纪 50 年代以前的传统旅游市场中，一般将旅游市场划分为观光旅游市场、文化旅游市场、商务旅游市场、会议旅游市场、度假旅游市场、宗教旅游市场等。

自20世纪50年代以来，除了上述传统旅游市场外，又出现了一些新兴的旅游市场，如满足旅游者健康需求的康体旅游市场、疗养保健旅游市场和狩猎旅游市场等，满足旅游者业务发展需求的修学旅游市场、学艺旅游市场等，满足旅游者享受需求的豪华（游船、火车、汽车）旅游市场、美食旅游市场等，满足旅游者寻求心理刺激需求的探险旅游市场、秘境旅游市场、惊险游艺旅游市场等。

（五）按旅游组织形式划分

在现代旅游活动中，团体旅游和散客旅游是两种最基本的旅游组织形式。因此，根据旅游的组织形式，可将旅游市场划分为团体旅游市场和散客旅游市场。

1. 团体旅游市场

团体旅游市场，一般是指旅游者人数在 15 人以上的旅游团。其旅游形式以包价为主，包价的内容通常包括旅游产品基本部分，如食、住、行、游、购、娱，也可以是基本部分中的某几个部分。团体包价旅游是指旅游者在出发前就参加一个旅游团体，并向旅行社交付该次旅游所需的费用，然后由旅行社负责安排旅游团在整个旅游过程中的全部活动。

团体包价旅游的优点表现在：一是其活动日程已经提前安排好，旅游者可放心地随团旅游并节省时间；二是包价旅游操作简单易行，安全系数大，旅游者语言障碍少；三是旅行社往往以优惠的旅游价格分别购买各单项旅游产品，然后组合成旅游线路产品再出售给旅游者，因而旅游者参加团体包价旅游的价格一般较为便宜。

团体包价旅游也存在着一定的缺陷，主要是不能很好地满足旅游者个人的特殊兴趣和爱好。

2. 散客旅游市场

散客旅游市场，主要指个人、家庭及少数人自行结伴的旅游活动。散客旅游者可以按照自己的意向自由安排活动内容，也可以委托旅行社购买单项旅游产品或旅游线路中的部分项目，因而比较灵活方便。

散客旅游灵活方便，更能体现旅游者的个性和爱好，因而，随着现代旅游业的发展，散客旅游迅速增加，而团体旅游比重逐渐下降。散客旅游已成为国际旅游市场发展的一个新趋势。

【同步思考】

散客旅游即自由行或自助游，近年来随着互联网技术的发展和旅游信息的透明化，成为旅游业增长的重要推动力。散客旅游市场呈现出个性化、碎片化和深度化的特点，游客更加倾向于自行规划行程，追求独特的旅行体验。在线旅游平台的兴起为散客旅游提供了便利，游客可以轻松比较和预订机票、酒店、景点门票等，同时，社交媒体和旅游博客成为获取目的地信息和旅行灵感的重要渠道。

未来，散客旅游将更加注重体验式和定制化服务。随着消费者对旅行品质要求的提升，旅游服务将向着更加精细化和个性化发展，提供如私人导游、特色住宿和地方美食等深度体验。同时，科技的融合，如虚拟现实（VR）和增强现实（AR）技术，将为散客提供更丰富的游览体验和现场互动，增强旅行的乐趣和参与感。此外，可持续旅游的概念将引导散客旅游市场更加关注环保和社会责任，促进旅游业的健康发展。

资料来源：2024年版中国散客旅游市场调研与发展趋势预测报告［EB/OL］. 中国产业调研网.

请思考：

1. 散客旅游市场蓬勃发展的原因是什么？
2. 我国旅游企业应该如何应对“散客潮”的到来？

四、旅游市场的作用

旅游市场是社会经济高度发展的产物，是旅游业赖以生存和发展的条件，对旅游经济活动的有效进行起着十分重要的作用。

（一）不断满足旅游者的需要，解决供求矛盾

从供给一方看，旅游经营者通过市场了解旅游者的需要及其变化趋势，有计划地组织旅游消费活动，为旅游者提供适销对路的产品和服务。从需求一方看，市场为旅游者提供了选择产品和服务的场所，同时对旅游者需要的满足有一定的指导作用，引导旅游市场消费需求，促进旅游内容、方式、习惯的改变，形成新的旅游市场。

（二）不断优化旅游资源配置，提高社会效益和经济效益

通过旅游市场配置社会经济资源（人、财、物、信息等要素），不断优化，有效配置，促进整个旅游业中的食、住、行、游、购、娱合理发展，满足人们日益增长的物质和文化需要，提高人们的生活质量，提高旅游企业的经济效益。

（三）旅游市场是旅游主体获取旅游信息，有效决策的主要场所

旅游市场主体主要是政府、旅游经营者和旅游者。政府获取旅游信息用以制定政策和规划，促使旅游业稳定、持续、健康发展。旅游经营者获取信息用以有效决策，开发旅游产品和服务，适应旅游者的需要，适应世界旅游市场的发展变化趋势，引导旅游消费需求。旅游者获取信息用以选择适合自己需要的旅游产品和服务，实现旅游消费效益最大化。因此，旅游市场通过信息传导和反馈功能，成为旅游活动的“晴雨表”，综合反映旅游市场的供求变化和旅游经济的发展状况。

（四）旅游市场是调节旅游经济活动和旅游供求平衡的重要杠杆

在旅游市场上，当旅游供求双方出现矛盾时，就会引起旅游市场竞争加剧和价格波动，影响到旅游经济活动的顺利进行。于是就需要通过市场机制和价格机制的作用，调节旅游产品的生产和销售，使旅游供求重新趋于平衡。同时还可以通过旅游市场检验旅游企业的服务水平和经营管理状况，不断改善和提高旅游企业的服务质量和经营管理水平，提供旅游者易于接受、乐于消费的旅游产品。

第二节　旅游市场细分

企业的规模和资源是有限的，任何单个企业都不能凭借自身的资源来满足整个市场的所有需求，某一种产品或服务也很难同时满足所有消费者的需求。既然企业的产品或服务只能满足部分消费者，就有必要弄清哪些消费者对企业是最有吸引力的，他们的具体需求是怎样的，通过什么样的途径才能接近他们。所以旅游企业应该进行市场细分，分辨出能有效为之服务的细分市场。

一、旅游市场细分的概念和作用

（一）旅游市场细分的概念

市场细分是指企业根据消费者群体之间需求的差异性，把一个整体市场划分为若干个分市场，从中选择自己的目标市场的活动。细分市场就是按照企业规定的基础标准将整体市场划分成若干个分市场，其中每个分市场的消费者具有相同或相似的需求，细分后的市场之间具有不同的特点。市场细分的目的是从整个市场中分辨出本企业应该面对的一类或者几类消费者。

旅游市场细分是指根据旅游者的购买行为和购买习惯等方面的差异性，将整个旅游市场划分为若干不同特征的旅游者群体的过程，每个旅游者群体就是一个细分市场。任何一个旅游产品的供给者，都不可能面对整个旅游市场，不可能满足所有旅游者的所有需要。因此，有必要将旅游市场按旅游者不同的特点细分为不同类别的市场。同一细分市场中的个人或团体具有某种或某些共同的旅游消费特点，他们的旅游需求之间差别很细微，而不同的旅游细分市场之间，旅游者的需求则存在着比较明显的区别。

（二）旅游市场细分的作用

一方面，市场细分有助于旅游企业发现新的市场机会。市场细分可以使旅游企业了解市场的情况，掌握不同消费者群体的需求和偏好，发现尚未满足或没有完全满足的消费者需求。通常情况下，旅游者的需求满足水平越低，存在的市场机会就相对较大。旅游企业应结合自身的资源及实力，根据该市场的旅游者的特点，制订出与其相适应的营销计划，为该市场设计适宜的策略及产品，并迅速地占领细分市场，从而拓宽旅游企业原来的业务范围，并通过对目标市场消费行为的调查与分析，有针对性地实施营销计划，满足市场中潜在的旅游消费者的需求，以不断渗透的方式来提高目标市场的占有率。

另一方面，旅游市场的细分有助于旅游企业提高经济效益。由于整体市场上的需求差异性较大，全面的经营策略使企业的营销活动往往不能取得令人满意的效果。旅游企业通过旅游市场的细分了解市场的发展及变化趋势，有效地分析市场中竞争对手的细分市场和营销策略，并迅速准确地调整市场营销战略，使企业自身避重就轻，提高适应能力和应变能力。同时有利于选择最适合企业发展的目标细分市场，把有限的资源集中在某个或某几个细分市场上，以小投入、大产出来提高企业的经济效益。

对于中小型企业来说，企业的资源及信息是有限的，与大企业全面竞争，不是大企业的对手。因此中小型企业只有通过市场细分，把握住力所能及的机会，为企业选择有利的分市场，集中人、财、物及信息等一切资源投入该细分市场，以企业的全部对抗大企业的局部市场，变全局市场劣势为局部市场优势，才能使自己在市场的竞争中生存、发展、壮大。

二、旅游市场细分的原则和方法

（一）旅游市场细分的原则

1. 可衡量性

可衡量性指通过市场细分后的各细分市场均需具有明显的差异性，对每一细分市场的规模、购买力等均可以做出明确的估计，从质和量两个方面为制定营销决策提供可靠的依据，否则，所划分出来的细分市场便没有实际意义。

2. 可营利性

可营利性指细分市场的容量能够保证企业从中获得足够的经济效益。它一方面要求细分市场具有一定的规模和稳定性，有足够的潜在购买者，并且他们又有充足的货币支付能力，使企业能补偿成本，并获得利润。另一方面还要求该细分市场应具有一定的潜力，企业不仅在短期内可以盈利，而且通过努力可以扩大市场，保证长久效益。

3. 可进入性

可进入性指细分出的市场要能使旅游产品有条件进入并占有一定的市场份额。市场细分的目的是找出可进入并能够占领市场的机会。如市场的调查结果表明该市场竞争十分激烈，或虽然竞争不太激烈但本企业不具备占领该细分市场的能力和条件，则这种细分是无效的。

4. 稳定性

严格的市场细分是一项复杂而又细致的工作，因此要求细分后的市场应具有相对稳定性。如目标市场变化太快、太大，会使制定的营销组合很快失败，造成营销资源重新调整的损失，并形成企业市场营销活动的前后脱节和被动的局面。

（二）旅游市场细分的方法

旅游需求的差异性决定了旅游市场细分的依据是多重的，没有一个绝对化的方法或固定不变的模式来进行市场细分。究竟按哪些标准进行市场细分，各国、各地区、各企业可采取不同的方法、标准或变数。通常，按照市场营销学的一般原理，可从以下四个方面对旅游市场进行细分。

1. 按地理区域

指营销人员按照消费者所在的地理位置来细分市场。地理细分因素包括地区、国家、城市、乡村、气候、人口密度、空间距离等。按照地域范围可以把国际旅游市场划分为欧洲、美洲、东亚及太平洋、非洲、中东和南亚六大地域市场。按照接待国与客源国空间距离远近可划分为近程旅游市场和远程旅游市场，近程旅游市场泛指旅游接待国所在洲内或地区内的国际客源市场，远程旅游市场泛指旅游接待国所在洲或地区以外的国际客源市场。按照城乡地域差别可细分为城市旅游市场和乡村旅游市场等。总之，从地域角度细分旅游市场是一种传统的细分方法，对于企业制定宏观与微观营销策略有十分重要的作用。

2. 按旅游者的社会经济状况

影响人们进行旅游活动的社会经济因素比较多，包括年龄、家庭结构、生命周期、性别、种族、宗教、收入、国籍、职业、社会阶层、受教育程度、文化与血缘关系等，它们对旅游业来说是十分重要的细分依据。按照年龄可以把旅游市场划分为青少年旅游市场、中年人旅游市场和老年人旅游市场等；按照社会阶层可以划分为会议旅游市场、商务旅游市场、科技旅游市场和一般旅游市场等；按照旅游者的职业与收入可以划分为豪华旅游市场、标准旅游市场、经济旅游市场等。通常，按照旅游者的社会经济状况进行旅游市场细分的内容是比较常见的，可以结合实际情况而灵活选用不同的标准和细分参数。

3. 按消费者购买行为

按消费者的购买行为细分旅游市场，包括购买目的与时机、追求的利益、购买状况、使用频率、对品牌的信赖程度，以及对价格、服务和广告敏感程度等。由于购买行为体现了消费者对旅游营销活动的反应及态度等，因此按消费者购买行为细分市场被看作旅游市场细分的最佳依据。如按照旅游者购买目的与时机，可以划分观光旅游市场、度假旅游市场、娱乐旅游市场、探亲访友旅游市场、会议奖励旅游市场、商务旅游市场、康体旅游市场和生态旅游市场等；按照旅游者追求的利益细分市场，把旅游者细分为地位追求者、享乐主义者、时髦人物、理性者、保守者和不随俗者等各种类型；按照旅游者购买旅游产品数量的多少和消费水平的高低，可以将旅游市场细分为较大、中等和较小市场等。

4. 按旅游者心理因素

按旅游者心理因素细分旅游市场，主要从旅游者的生活方式和旅游者的个性特征进行细分。所谓生活方式是指一个人或集体对于消费、工作和娱乐活动的特定习惯倾向性方式，其与旅游者的社会经济地位、文化程度有十分密切的关系，因此旅游经营者应该全面了解旅游者购买本企业产品的心理动机，以便从旅游者的需求入手，更好地占领市场。同时，旅游者的性格特征是多种多样的，旅游企业可以通过旅游者的性格特征来细分旅游市场，确定旅游企业的目标市场，如一个新、奇、特的旅游目的地对于那些自信、爱好旅游、喜欢新奇和冒险、追求独特体验的旅游者有着极大的吸引力。

三、旅游目标市场的营销策略

市场细分的目的是选择准确的目标市场，进而有针对性地满足目标顾客的需求。在选择目标市场的过程中，旅游企业应采用以下三种策略，即无差异性市场策略、差异性市场策略和密集性市场策略。

（一）无差异性市场策略

无差异性市场策略又叫整体化市场营销策略，指旅游企业以旅游市场整体为服务对象，采用单一的市场营销组合满足整个市场的需求。

无差异性市场策略的优点：单一的生产线可以大批量地生产和销售，可以降低成本；企业不必细分市场，从而可以相应地减少市场调研和广告宣传费用；可以大规模销售，简化分销渠道，形成规模效益。

无差异性市场策略的缺点：不能满足不同旅游者的差异性需求，因而对大多数企业是不适用的；采用这一策略的企业，必然要设法在整个市场上占有最大份额，因而会形成对整体市场的激烈竞争；小的细分市场被忽视，旅游者的多种需求得不到满足，销售受到限制，不利于吸引旅游者。

（二）差异性市场策略

差异性市场策略又叫细分化市场策略，指旅游企业针对不同细分市场的需求，设计不同的旅游产品，采取不同的营销组合手段，分别满足各类游客需求的市场营销策略。

差异性市场策略的优点：更能适应旅游者的需要，从而增加旅游企业总销售量；企业同时在几个细分市场占有优势，就会大大提高旅游者对企业的信任感，从而扩大企业声誉，提高经济效益；有利于降低企业的经营风险。

差异性市场策略的缺点：采用差异市场策略势必增加企业的产品品种，要求同时具有多种渠道、多种销售方法并开展多种宣传，从而增加企业成本；产品品种多，数量少，使得大批量销售受到一定限制，在产品经营中难以实现规模经济效益；投资大，成本高，经营范围广，给企业管理带来困难。

（三）密集性市场策略

密集性市场策略指旅游企业在市场细分的基础上，只选择某一个或少量细分市场作为其目标市场，集中企业的人、财、物实行专业化生产和经营的策略。这一策略所追求的不是在整体市场占有较小份额，而是力图在较小的细分市场占有较大的市场份额。采用这种策略的多是资源能力有限的中小型企业，它们很难在整体市场上与大企业竞争，因而寻求在较小的细分市场上争取拥有较高的市场占有率。这样做比较容易在特定市场取得有利地位，还可以节省市场营销费用，提高产品与企业知名度，并可迅速扩大市场，获得较高的经济效益。

密集性市场策略的优点：企业的全部营销活动都集中于某类细分市场，便于企业了解细分市场需要，获得较好的信誉，并占有较大市场份额，从而增加企业营业收入和利润；经营范围针对性强，容易形成产品与经营特色；有利于提高资源利用率。

密集性市场策略的缺点：主要是企业有一定的风险，因为目标市场比较狭窄且集中，一旦市场情况发生突变，或出现较大的竞争者，整个企业就可能陷入困境。

上述三种目标市场策略各有其优缺点，一个旅游企业究竟采取哪一种策略要根据具体情况来决定。

第三节　旅游市场竞争

随着20世纪50年代以来世界旅游经济的快速发展，旅游市场已由卖方市场转向买方市场，竞争日趋激烈。进入21世纪后，旅游竞争态势随着世界旅游市场的日趋成熟而逐步升级，旅游市场的竞争更加集中地反映在对旅游客源的争夺上。市场竞争是客观存在的，只要有市场就必然有竞争，因而在旅游市场上自始至终都存在着竞争。旅游市场的竞争，既有旅游者之间选择旅游地的竞争，旅游经营者之间争夺客源的竞争，也有旅游者和旅游经营者之间对旅游产品质量、价格等方面的竞争。

首先，旅游市场竞争是价值规律实现的客观要求，只有在旅游市场竞争条件下，才能按照价值规律进行有效的旅游产品交换活动，旅游供求规律才能有效发挥作用，从而促进旅游市场供给和需求的动态平衡。其次，旅游市场竞争可以加快旅游企业应用科学技术的步伐，任何旅游企业要想经营成功都必须充分运用现代高新技术，才能在全球旅游市场竞争中占有一席之地。最后，旅游市场竞争有利于促进旅游企业提供优质的旅游产品，有利于促进旅游地不断提高旅游服务质量，有利于推动旅游企业不断改善经营管理和提高经济效益，有利于推动旅游市场上旅游企业之间的优胜劣汰，从而促进现代旅游经济健康持续发展。

一、旅游市场的竞争结构

旅游市场的竞争结构，就是指根据旅游市场竞争的程度，即根据参与竞争的旅游经营者数量多少、旅游产品之间的差异程度、旅游信息的完全程度和旅游市场进入条件的难易性等因素，将旅游市场进行划分。

（一）完全竞争旅游市场

完全竞争旅游市场，又称为纯粹竞争旅游市场，它是指不受任何阻碍和干扰的市场竞争状况，是一种由众多旅游者和旅游经营者所组成的旅游市场。完全竞争旅游市场必须具备以下条件：

第一，旅游市场上存在许多彼此竞争的旅游者和旅游经营者，他们是各自独立的，每个旅游者和旅游经营者所买卖的旅游产品数量在整个市场上占有的份额都很小，任何个人或企业都不能支配和主宰整个市场的交换。

第二，各旅游经营者生产经营的旅游产品是完全同质的、无差别的，因而每个旅游者不会对任何一个旅游经营者产生偏好，从而排除了旅游经营者的任何垄断因素。

第三，所有生产要素资源能够在各行业间完全自由流动，旅游经营者可以自由地进入和离开完全竞争的旅游市场。

第四，市场上每个旅游者和旅游经营者对不同的市场都具有充分的认识和了解，市场信息是畅通的。

第五，旅游经营者和旅游者在进入和离开完全竞争的旅游市场时，不受其他任何非经济因素的影响。

只有同时具备以上条件，才能被称为完全竞争旅游市场。但是，由于现实旅游经济中不存在同时具备以上五个条件的市场，因而完全竞争旅游市场实际上只是一种理论假设，主要供旅游经济理论分析使用。

（二）完全垄断旅游市场

完全垄断旅游市场，是一种完全由一家旅游经营者控制旅游产品供给的旅游市场。完全垄断市场需要具备以下条件：

第一，在完全垄断旅游市场上，旅游经营者提供的旅游产品没有替代品，具有唯一性的特征。

第二，在完全垄断旅游市场上，旅游产品的价格和产量均是由旅游经营者所控制的。

第三，完全垄断旅游市场具有市场壁垒，使其他任何旅游经营者无法进入。特别是以某些独特的或唯一的旅游资源开发成的旅游产品，往往会形成垄断旅游产品，从而又形成完全垄断旅游市场。如中国北京的长城、云南的石林、陕西的兵马俑，国外埃及的金字塔、法国的凯旋门等，都具有世界上独一无二的特色，属少见的完全垄断旅游产品。

完全垄断旅游市场在现实旅游经济中也不多见，因而完全垄断旅游市场实际上也主要供旅游经济理论分析使用。

（三）垄断竞争旅游市场

垄断竞争旅游市场是不完全竞争市场，是一种介于完全竞争和完全垄断之间，既有垄断又有竞争的旅游市场类型。它既包含竞争性因素，也包含垄断性因素。

1. 垄断竞争旅游市场的竞争性

垄断竞争旅游市场的竞争性主要表现在以下几方面：一是同类旅游产品市场上拥有较多的旅游经营者，但他们对价格、数量的影响有限，每一旅游经营者的产品在旅游市场总额中只占较小的比例，任一单独的旅游经营者都无法操纵市场，他们之间彼此竞争激烈；二是在市场经济条件下，旅游经营者进入或退出旅游市场一般比较容易，无太多的市场壁垒；三是不同的旅游经营者生产和经营的同类旅游产品存在着一定的差异性，即同类旅游产品在质量、服务、包装、商标、销售方式等方面均具有特色，从而使处于优势的旅游产品在价格竞争和市场份额的占有上优于其他旅游经营者。

2. 垄断竞争旅游市场的垄断性

垄断竞争旅游市场的垄断性主要表现在：一是每个国家或地区的旅游资源不可能是完全相同的，从而导致每一种旅游产品都有其个性，于是旅游产品间的差异性在一定程度上就形成了旅游产品的垄断性；二是政府对旅游产品开发某些方针政策的限制，也会形成旅游产品的垄断；三是由于各种非经济因素的制约，旅游者不能完全自由选择旅游产品而进入任何旅游目的地，从而使某些旅游产品具有一定的垄断性。

（四）寡头垄断旅游市场

寡头垄断旅游市场，是指为数不多的旅游经营者控制了行业绝大部分旅游供给，他们对价格、产量有很大影响，并且每个旅游经营者在行业中都占有相当大的份额，以致其中任何一家的产量或价格变动都会影响整个旅游产品的价格和其他旅游经营者的销售量，同时新的旅游经营者要进入该市场是不容易的。因此，这是介于完全垄断旅游市场和完全竞争旅游市场之间，并偏于完全垄断旅游市场的一种市场类型。在市场经济条件下，寡头垄断旅游市场在某些方面比完全垄断旅游市场更典型，如有些特殊的或稀少的旅游资源，往往容易形成寡头垄断的旅游供给市场。

二、旅游市场竞争的内容

旅游市场竞争，通常有卖方市场竞争和买方市场竞争之分。在买方市场竞争的条件下，旅游市场竞争主要体现在旅游经营者之间的竞争。这些竞争都是围绕着提高旅游产品知名度、扩大旅游产品销售、争取更多的游客、提高市场占有率而展开的。因此，旅游市场竞争的内容主要包括争夺旅游者、争夺旅游中间商和扩大旅游市场占有率三个方面。

（一）争夺旅游者

旅游产品的消费对象是旅游者，客源就是财源。一个国家、一个地区、一个企业所吸引的游客数量的多少及其消费能力，决定着该国、该地区和该企业的收入和利润，决定着其旅游经营的成败。因此，争夺旅游者就成为现代旅游市场竞争的实质性内容。

（二）争夺旅游中间商

旅游中间商，是代理旅游目的地国家和企业旅游产品的组织机构与个人。其中以旅行社为主，它们是旅游产品价值得以实现的中间渠道。在现代旅游经济中，经过旅游中间商销售的旅游产品占有相当的比重。从这个意义上说，争夺旅游中间商就是争夺旅游者。争夺到的旅游中间商越多，从旅游中间商那里得到的支持越大，就意味着旅游产品可能赢得的市场就越大，旅游产品的销售量就越多。因此，必须重视对旅游中间商的争夺，特别应重视与较大的、较有实力的旅游中间商的合作。

（三）扩大旅游市场占有率

旅游市场占有率，代表了旅游接待方在所处范围旅游市场内的地位。旅游市场占有率分为绝对占有率和相对占有率。

三、旅游市场竞争的方法

旅游市场竞争主要体现在旅游企业之间围绕争夺客源而展开的竞争，手段包括价格竞争和非价格竞争。

（一）价格竞争

旅游产品的价格竞争是旅游市场中最敏感、最有效的竞争方法。旅游产品由生活的奢侈品逐渐成为生活的必需品，同一产品价格对于不同的旅游者来说，其价格弹性大小不同。在同一旅游市场环境中，相同的旅游者对不同旅游产品价格的反应也有所差别。针对旅游市场的不同情况，旅游企业应采取不同的价格策略。旅游企业所采取的价格策略主要有：低价策略、高价策略和同价策略。

低价策略是指旅游产品的价格尽可能低于市场的平均水平，以低价来吸引更多的旅游者。这种策略有利于旅游企业迅速占领市场。高价策略是指给旅游产品的定价高于常规旅游产品或其他旅游企业产品的价格。高价策略有利于企业在很短的时间内收回投资并增加企业的利润。同价策略是指本企业的产品尽可能与市场中的其他企业保持相同的水平。

（二）非价格竞争

旅游企业常用的非价格竞争方法包括高质量策略、新产品策略、专营化策略和延伸产品策略。

1. 高质量策略

产品的质量对游客的满意度和企业的声誉都是至关重要的。高质量的产品能吸引旅游者并使其得到旅游享受。旅游产品质量的竞争手段多种多样，既包括旅游实物质量的提高，又包含旅游服务意识的增强。前者如提高旅游列车、旅游大巴、旅游酒店等设备设施的档次，提高旅游餐饮的标准等。后者需要通过提高旅游行业工作人员的服务意识，为游客提供优质的服务。改变旅游产品的结构和旅游服务的形式也是高质量策略的手段。

2. 新产品策略

任何产品都有生命周期，尽管某些产品生命周期较长，但是最终也会进入衰退期，旅游产品也不例外。当其发展到后期阶段时，对旅游者的吸引力就会变小，导致企业的收益减少。适时推出新产品是延长产品生命周期的有效方法。旅游者的需求不断变化，旅游企业也需要相应地做出调整和变动。随着旅游市场的发展和旅游者的成熟，一般形式的旅游产品已难以满足所有旅游者的需求，为游客提供个性化的服务已成为大势所趋，这就要求旅游企业根据游客的不同而出售不同的产品和线路，不断推出新形式的旅游产品。这也成为各个旅游企业竞争的手段。

3. 专营化策略

专营化指在众多的旅游细分市场中，选择一个或几个作为企业的目标市场，提供与众不同的产品，以差别化的产品来赢得游客的青睐。一个企业难以满足所有市场的需求，只有选择适合于企业本身实力和社会环境的细分市场，才能有效地服务市场，并以成本优势阻止其他竞争对手的进入。旅游企业的专营化已是企业发展的必然趋势。

4. 延伸产品策略

旅游产品由核心部分、形式部分和延伸部分组成。旅游产品的延伸部分是指旅游者购买旅游产品时获得的优惠条件、付款条件及旅游产品的推销方式等，是旅游者进行旅游活动时所得到的各种附加利益的总和。旅游产品延伸部分是旅游者对旅游产品评价和决策的重要促成因素。延伸策略就是指旅游企业增加旅游产品对旅游者的附加利益，在产品延伸部分上形成与众不同的特色，从而赢得市场竞争的优势，如“先旅游后付款”“先付一半钱，旅游归来再付一半钱”等特殊付款方式就属于延伸产品策略。

第四节　旅游市场开拓

旅游市场是旅游企业生存和发展的基础，企业必须不断地挖掘市场的潜力并开拓新的市场，才能在市场竞争中立于不败之地。积极开拓市场不仅是旅游企业发展的要求，也是旅游企业自身经营能力的重要表现。旅游市场开拓是指旅游企业为实现旅游产品的价值、扩大旅游产品的销售、提高旅游市场占有率而进行的一系列活动。旅游市场开拓的内容包括对原有市场潜力的挖掘和对新市场的开拓。

旅游市场竞争激烈并且变化多端。旅游企业应把握市场发展的趋势，为旅游业的健康发展做出正确的决策。当今的旅游市场已趋于成熟，理性的旅游消费者已经越来越倾向于享受物有所值甚至是物超所值的旅游产品，旅游企业应认识到市场对企业生存的重要性，重视旅游市场的开拓与占领工作。

【知识链接】

内容与特色良性循环，个性化崛起，下沉化成趋势

QuestMobile 数据显示，过去一年来，国内文旅创新爆发、热点不断，推动文旅市场持续升温，到 2024 年，连续多个节假日都超过了疫情前同期水平，创下新高，2024 年 4 月，五一假期前夕，航班服务、旅行工具和酒店服务行业 App 用户规模同比分别增长了 37.1%、35.4% 和 20.7%。

经过一年多的培育，新的特点正在形成：当前文旅行业与内容创作生态形成了良性循环、相互借力的势头！例如，地域美食、文化探索、县域旅游等元素，不仅持续带动区域旅游热点，例如西安、青岛、菏泽……无不因为一个热点而形成了游客蜂拥的势头，同时，相关内容声量，在抖音、快手、小红书、哔哩哔哩、微信公众号、微博六大内容平台上，也是高速飙涨。

具体来看，个性化、定制化旅游持续崛起，打卡游、酒店宅度假（及周边游）、自驾游、味蕾游、国风民俗游、亲子游等，都因为内容平台上诸多博主、大 V 的体验式文章、视频带动下，成了热点，在 4 月全网用户关注度上，占比分别达到 17.9%、10.4%、7.3%、5.1%、4.6%、4.2%。

从用户画像上看，不同群体的差异化也在形成，例如，大学生群体对特种兵式旅游、知识旅游、追星式旅游更感兴趣，而都市白领对沉浸式旅游、轻量化旅游更感兴趣……

资料来源：2024 年文旅营销洞察报告：内容与特色良性循环，个性化崛起，下沉化成趋势［EB/OL］.QuestionMobile. 2024-05-28.

一、旅游市场开拓的方法

旅游市场的开拓，要求在明确旅游市场战略目标的前提下进行市场调研和预测，了解市场需求和竞争对手，并在此基础上，分析旅游企业所处市场的宏观环境和微观环境，使企业经营活动适应市场环境的变化，然后在市场分类基础上，选择目标市场，针对目标市场确定合适的市场营销组合，最终实现旅游市场开拓的战略目标。

（一）旅游市场调查

旅游企业需要全面、完整地了解旅游市场信息，以掌握旅游市场的发展动态，并据此做出正确的经营决策。通过市场调查来掌握学习市场的动向，是旅游企业常用的方法。旅游市场调查分析，是指运用科学的方法和手段，系统地、有目的地对旅游经济活动中的旅游需求、旅游供给和旅游环境所进行的调查和分析工作。同时还必须掌握旅游市场调查的程序和资料收集的方法等。旅游市场调查分析的类型可以按照范围、目的和方法进行划分。

1. 旅游市场调查的类型

旅游市场调查从内容上可以分为宏观旅游市场调查和微观旅游市场调查。宏观旅游市场调查主要包括旅游市场总需求、总供给及旅游市场环境调查。宏观旅游市场调查主要为旅游目的地国家或地区制定旅游业发展战略，确定旅游市场开拓策略提供科学的依据。微观旅游市场调查，是指对旅游企业经营发展状况的市场调查，即旅游企业根据营销活动的需要而进行的特定调查，包括旅游者需求调查、旅游市场营销状况调查和旅游市场竞争调查等。微观旅游市场调查主要为旅游企业制定正确的市场营销策略，不断开拓客源市场提供科学依据。

旅游市场调查从方式上可分为探索性调查、描述性调查和因果关系调查。探索性调查是指进行正式调查前的试探性调查，一般通过研究第二手资料或召集专家开展询问调查。描述性调查是指通过深入实际调查研究，收集和整理有关旅游经济活动的情况和资料，将旅游市场的有关客观情况如实地加以描述和反映，来说明事物之间的因果关系及内在联系的调查。因果性调查是指把描述性研究中提出的变量分为自变量和因变量，进一步研究各自变量对因变量影响的程度和大小，从而掌握旅游市场的状况。

2. 旅游市场调查的方法

旅游市场调查需要收集、整理、分析和研究市场信息，常用的方法包括观察法、询问法、实验法、文案调查法和抽样调查法。

（1）观察法。观察法是指由调查者在现场对被调查对象的情况直接观察、记录，以取得市场信息资料的一种调查方法。调查者凭借直观感觉或是利用照相机、录像机及其他的器材，记录和考察被调查对象的活动和现场事实，以获得必要的信息。被调查的对象包括旅游产品、旅游者、竞争对手、环境因素等。观察法简便易行、灵活性强，得到的信息和资料比较直观、可靠。

（2）询问法。询问法又称访谈法，是指调查人员采用访谈询问的方式向被调查者了解旅游市场情况的方法。询问法主要有下面几种方式：个别面谈、小组询问、电话询问、邮寄调查表及混合调查等。访谈调查有效与否，取决于调查人员的访谈技巧及被调查者的配合情况。这种方法可以用来了解现实和潜在的游客对具体旅游地区和旅游活动的态度，了解他们内心的感觉和动机。

（3）实验法。实验法是指把被调查者置于特定的控制环境下，通过控制外来变量并检验结果差异来发现变量间的因果关系，获取信息资料的调查方法。调查者控制一个或多个自变量，研究在其他因素都不变的情况下，这些自变量对因变量的影响情况。实验法主要通过科学设计的实验收集数据，然后进行统计分析和假设检验，以对研究内容作出总体的推断。实验法是在小规模的环境中进行的调查，有利于研究变量之间的因果关系，得到的资料和数据有较强的说服力。实验法的主要缺点是比较费时、费用高，难以控制和管理。

（4）文案调查法。文案调查法是指收集已加工过的文案，通过对资料的整理与分析，为市场研究提供重要参考依据的调查方法。文案调查以收集文献性信息为主，包括动态和静态两方面资料，尤其偏重于动态资料，通过收集、分析、对比各种市场变化的历史与现实资料，来观察市场发展的趋势与方向。文案调查可为实地调查创造条件，为进一步组织和开展实地调查提供可靠的说明。文案调查应围绕调查目的，收集一切可以利用的现有资料。

（5）抽样调查法。抽样调查法是指按照一定的程序，从所研究对象全体中抽取一部分（样本）进行调查或观察，并在一定的条件下，根据样本的调查结果对总体的数量特征进行估计和推断。抽样调查是对一定数量的样本进行调查，涉及的数量和范围相对较小，不仅能节省时间、费用，而且还能迅速地得到调查结果。对旅游企业来说，采用这种办法能够节省人力、物力、财力。

3. 旅游市场调查的内容

旅游市场调查的内容十分广泛，基本的内容包括旅游市场环境调查、旅游产业现状调查、旅游市场需求调查和旅游市场营销调查。

（1）旅游市场环境调查。旅游市场的环境是旅游企业赖以生存的条件，对市场环境进行调查有助于旅游企业制定与之相协调的生产与营销活动。其调查的内容包括社会政治、经济、法律、科技、文化、地理、市场投资环境等。

（2）旅游产业现状调查。旅游产业现状主要是指旅游行业中旅游供给的情况。旅游供给是指旅游目的国或地区在一定时期内为旅游市场提供的旅游产品的数量。因此，旅游产业现状调查的内容包括对旅游企业及形象、旅游资源、旅游服务、旅游设施、旅游吸引物、旅游容量、可进入性等因素的调查。

（3）旅游市场需求调查。旅游企业对旅游需求应该有充分了解，并依据市场需求的数量和特点来提供相应的旅游产品。旅游市场个体需求调查包括对旅游者的基本资料、规模及构成、购买行为、旅游动机、信息渠道、时机选择、消费及构成、停留天数、参与方式、到达方式等因素的调查。旅游市场群体需求调查包括对旅游客源地的人口、收入水平、教育程度、地理气候、风俗习惯等因素的调查。

（4）旅游市场营销调查。旅游营销活动是指包括产品、价格、渠道、促销在内的营销组合活动。旅游市场营销的调查内容包括旅游市场竞争状况、旅游产品、旅游价格、旅游产品分销渠道、旅游促销、旅游营销投入、客流量及旅游收入等。其主要目的是更有效地开展旅游营销活动，促进旅游者对旅游企业及其产品的认识和了解，并激发其购买行为。

4. 旅游市场调查的程序

旅游市场调查必须按照一定的程序，采取科学的方法来搜集、分析、研究市场信息。通常，旅游市场调查主要分为调查准备、实地调查和结果处理三个阶段。

调查准备阶段，是旅游市场调查的重要内容，其包括确定旅游市场调查的目的和要求，制订旅游市场调查计划，科学设计旅游市场调查问卷，组织旅游市场调查队伍等内容，调查准备工作越充分则调查的结果就越好。

实地调查阶段，就是旅游市场调查的实施阶段。经过必要的市场调查准备工作之后，便应进行实地调查，收集资料。资料的收集可分为原始资料的收集和二手资料的收集。原始资料的收集，通常由调查人员通过实地调查来收集，二手资料则是他人已收集并经过整理的资料。

结果处理阶段，主要对各种调查资料，按照预定的目标，应用定量方法进行科学计算和处理，并结合定性分析和研究得到旅游市场调查结果，供预测和决策时参考。

（二）旅游市场预测

旅游市场预测，是指运用各种定性和定量方法，对旅游市场未来发展变化做出分析和推断。科学的旅游市场预测需要应用定量分析和定性分析方法，并且将两者有机结合起来。

1. 旅游市场的定性预测

旅游市场的定性预测，是指对旅游市场目标的性质以及可能估计到的发展趋势做出的分析，一般包括旅游者意见法、经理人员判断法、营销人员估计法和专家预测法（又称德尔菲法）等。

旅游者意见法，是指通过对旅游者进行调查或征询意见来进行旅游市场预测的一种方法，具体有当面询问、电话征询、信函征询、填写调查表、召开座谈会等。

经理人员判断法，是指旅游企业内部各职能部门主管人员，根据自己的经验对预测期的营业收入做出分析和估计，然后取其平均数作为预测数的方法。此法简便易行，节省费用，对中小旅游企业是比较有效的预测方法。

营销人员估计法，是指由旅游企业的营销人员对市场作出预测。使用这种方法的旅游企业，要求每个推销员对今后的销售做出估计，营销经理再与各个推销员一起复审估计数字，并逐级上报预测数字和汇总。

专家预测法（德尔菲法），是指由旅游企业聘请社会上或企业内部的专家进行市场预测的方法。其具体做法是：首先，邀请来自不同领域的有关专家若干名，由各位专家对所预测的问题独立提出自己的估计和假设，以量化指标书面提交主持人。其次，经主持人审查、汇总之后，再将每位专家的意见发回到所有专家手中。最后，专家们根据前一轮预测的结果，可以修改自己的意见，也可以坚持自己的意见，然后进行新一轮预测。如此往复，直到各位专家不再修改自己的意见为止。这时，就以最后一轮预测的中位数作为预测结果。

2. 旅游市场的定量预测

旅游市场的定量预测，是指运用数学和统计等方法，对较为系统、完整的资料和数据进行分析，从而对旅游市场及其变化作出评估和推断的方法。用定量分析法预测旅游市场需求，一般使用统计方法和计量经济学方法，其中常用的方法有时间序列分析法和回归分析法。时间序列分析法又包括简单平均法、移动平均法、指数平滑法、变动趋势预测法。回归分析法包括一元线性回归分析法和二元线性回归分析法等。

二、旅游市场开拓的策略

旅游市场开拓的策略，是指旅游企业为取得最佳经济效益，在分析各种影响因素的基础上，在一定时期内进行目标旅游市场开拓的策略和手段。旅游市场开拓的策略，是基于旅游产品策略、旅游价格策略、旅游分销策略和旅游促销策略，所采取的目标旅游市场开拓的营销组合策略。

【知识链接】

营销组合指的是企业在选定的目标市场上，综合考虑环境、能力、竞争状况对企业自身可以控制的因素，加以最佳组合和运用，以完成企业的目标与任务。营销组合这一概念是由美国哈佛大学教授尼尔·鲍顿（N.H.Borden）于 1948 年最早采用的，并确定了营销组合的 12 个要素。随后，理查德·克莱维特教授把营销组合要素归纳为产品、定价、渠道、推广。1960 年，麦卡锡提出了著名的 4PS 组合。麦卡锡认为，企业从事市场营销活动，一方面要考虑企业的各种外部环境，另一方面要制订市场营销组合策略，通过策略的实施，适应环境，满足目标市场的需要，实现企业目标。4PS 营销组合策略即产品（Product）、地点（Place）、价格（Price）、促销（Promotion）。产品就是为目标市场开发适当的产品，选择产品线、品牌和包装等；价格就是制定适当的价格；地点就是通过适当的渠道安排运输储藏等把产品送到目标市场；促销就是如何将适当的产品，按适当的价格，在适当的地点通知目标市场，包括销售推广、广告、培养推销员等。麦卡锡指出，4PS 组合的各要素将要受到外部环境的影响和制约，它包括各种不可控因素，如经济环境、社会文化环境、政治法律环境等。以后，不断发展出了 4CS 营销组合策略和 4RS 营销组合策略等。

资料来源：周立华 . 市场营销学［M］. 北京：清华大学出版社，2010.

旅游市场营销组合策略，是指旅游目的地和旅游企业的营销人员，为满足目标旅游市场的旅游者需求，采用系统方法对可控制的旅游产品、旅游价格、旅游分销、旅游促销等要素和手段，进行最佳的组合和综合运用，以实现旅游市场开拓的策略。在旅游市场开拓实践中，旅游市场营销组合策略的基本要素，是旅游产品、旅游价格、旅游分销和旅游促销。其中，旅游产品是营销组合策略的基础，是争取旅游者的核心吸引物；旅游价格是营销组合策略的关键，其决定和影响着旅游产品的市场竞争力；而分销和促销则是营销组合策略的重要条件，其对旅游产品营销起着促进和保障作用。

（一）旅游产品策略

旅游产品是吸引旅游者、开拓旅游市场的基础。在制定旅游产品策略时，首先，必须准确把握市场需求，根据市场需求有针对性地开发旅游产品。其次，要大力开发具有民族特色、地方特色的旅游产品，形成有较强吸引力的旅游产品。最后，旅游产品的形式要丰富多样。例如，在经营团体包价旅游的同时，大力发展散客旅游、自助旅游等；在经营观光旅游的同时，大力开发度假旅游、会议旅游、商务旅游以及专项旅游等。

（二）旅游价格策略

旅游价格是否合理，直接关系到旅游产品的竞争力，并影响到旅游市场开拓的效果。在制订旅游价格策略时，首先，要明确定价目标，即根据旅游市场开拓的任务，有针对性地确定旅游价格，避免定价的盲目性。其次，要根据定价目标而选择适当的定价方法和灵活的定价形式，要注意降低直观价格，尤其要注意价有所值，确保质量兑现。最后，要注意保持价格的相对稳定，频繁的价格变动将使市场无所适从，不利于市场稳定。

（三）旅游分销策略

旅游产品必须通过一定的分销渠道才能实现交换。在旅游产品交换过程中，旅行社、饭店以及其他旅游企业均面临分销渠道的选择问题。在实践中，旅行社仍然是分销渠道的主体，即旅游产品销售主要通过旅行社来实现。通常可将旅行社分成两类，即旅游批发商和旅游零售商。前者的业务涉及旅游产品的重新组合、定价、促销和配售等，后者的业务是直接向旅游者销售旅游产品。

总之，旅游产品分销渠道选择是否合适，直接影响着旅游产品的销售。因此，在发展入境旅游过程中相当程度上要借助于国外旅游批发商和零售商的支持，就要注意选择那些与目标旅游市场相适应且信誉较高的旅行商，在价格、促销等方面给予对方必要的支持与合作，以发展和壮大旅游销售渠道网络。

（四）旅游促销策略

旅游促销，是促进旅游产品销售的综合手段，包括广告、宣传、公关、参加或举办各种旅游博览会等。目前，旅游促销已成为各国、各企业参与旅游市场竞争的重要手段，也是进一步开拓国际旅游市场亟待加强的战略重点。

应用旅游促销策略，首先，要增加旅游促销经费，如果旅游促销经费不足，通常是无法开展旅游市场促销的。其次，要加强旅游促销的针对性和有效性，不断提高旅游促销的效果。再次，促销形式要多样化，并重视旅游目的地的旅游特色和旅游形象宣传。最后，要加强旅游促销的计划性和稳定性，并注意对旅游促销效果进行定期评估，以不断改进和完善旅游促销的方式和方法。

【本章练习】

一、关键名词

旅游市场　旅游市场细分　旅游市场竞争　旅游市场开拓　旅游市场调查

二、简答题

1. 简述旅游市场的特点。

2. 简述旅游市场划分类型及其划分标准。

3. 旅游市场细分的标准有哪些？如何选定旅游企业的目标市场？

4. 旅游市场有哪些竞争的类型，其特点分别是什么？

5. 旅游企业常用的竞争手段是什么？

6. 旅游市场调查的方法有哪些？

三、论述题

1. 对旅游企业来说，旅游市场细分的作用体现在哪些方面？

2. 旅游企业应该对市场哪些方面进行调查？

3. 开拓旅游市场的策略有几种，其内容分别是什么？

四、实务题

组织相关同学成立一个市场研究专门小组，以其他学院（系）同学为研究对象，假设为某旅游企业针对大学生市场的某种旅游产品做市场营销和推广，请拟订市场开拓相应计划。

五、案例分析

恢复信心破解难题　促进入境旅游持续健康发展

“国之交在于民相亲，民相亲在于心相通。”在这个意义上，入境旅游被视为“民间外交”，成为传播文明、交流文化、增进友谊的重要桥梁。当下，发展入境旅游对于提高文化软实力、提升国家吸引力、展示国家新成就、塑造国家形象等具有不可替代的重要意义。入境旅游是一个国家文化软实力、国际吸引力和旅游竞争力的直接体现，也是旅游三大市场的重要组成部分。世界各国均高度重视入境旅游发展，我国现代意义上的旅游业也肇始于入境旅游。然而，受各种因素影响，近年来，我国入境旅游长期低迷，特别是受到疫情的冲击更为显著，且恢复难度相对较大。

推动入境旅游持续发展的关键：一是境外民众对目的地产生浓厚兴趣，二是境外民众在目的地实际体验良好。前者主要涉及目的地形象塑造和营销推广，后者则关乎签证、入关、航线、购票、住宿、游览、支付等诸多服务环节。

在日前举办的2023年英国伦敦世界旅游交易会上，“你好！中国”中国国家旅游形象在中国展区亮相，产生了良好反响。为加强目的地形象塑造和营销推广，文化和旅游部设计制作了“你好！中国”对外旅游推广品牌标志，开始在各海外文化和旅游机构推广使用。全新的对外旅游推广品牌标志由卡通熊猫形象、“Nihao China”彩色字母以及“你好中国”汉字古风印章构成。该品牌标志的全面启用，有助于向世界展示可信、可爱、可敬的中国形象。随着国家旅游形象系列推广活动的持续推进以及入境游旅行商伙伴行动和相关课程培训的有序开展，入境旅游营销推广有望取得明显成效。

资料来源：宋瑞．恢复信心破解难题　促进入境旅游持续健康发展［N/OL］．中国旅游报，2023-11-09.

问题：

1. 结合案例分析入境旅游市场的恢复和发展有哪些重要意义。
2. 入境旅游市场的营销和开拓可以采取哪些具体策略？

第五章

旅游价格及策略

本章导读

旅游价格是旅游者为满足旅游活动的需求而购买单位旅游产品所支付的货币量，它是旅游产品价值、旅游市场的供求和一个国家或地区的币值三者变化的综合反映。消费者、经营者、国家各级政府对价格的期望值都有所差异，如何利用价格进行产品定价，满足不同关系之间的诉求，是一个理论与实践如何结合的问题。本章主要研究旅游价格的内涵、分类、特点，并在此基础上分析了旅游定价的影响因素，之后分析了旅游定价的机制和要达到的目标，最后探讨了旅游定价的方法和策略，并简要介绍了旅游定价的政策。

【学习目标】

1. 掌握旅游价格的内涵、分类和特点，了解旅游产品的价格有单项旅游产品价格和组合旅游产品价格之别，可根据不同的标准分为不同的类型，旅游价格具有综合性与协调性、垄断性与市场性、高弹性与高附加值性、一次性与多次性的特点。

2. 掌握旅游价格制定的影响因素，清楚旅游价格定价的机制和目标，掌握并能运用旅游定价的方法和策略对现实的旅游产品定价进行分析。

【导入案例】

2024 年 3 月 9 日，新疆吐鲁番葡萄沟景区推出“一次购票终身免票”。随之，吐鲁番市文旅部门宣布，5 月 1 日起，全市各 A 级旅游景区执行首次实名购门票、终身免门票措施。游客在景区购买一次门票且同意在购票系统中存留个人信息，之后就可以凭身份证免费进入该景区，终身有效。“一次购票终身免票”，这会带来什么样的市场连锁反应？

资料来源：曹燕．回头客免票的生意怎么做［N/OL］．中国旅游报，2024-05-28.

在市场经济中，价格反映供需关系，是国民经济的“晴雨表”，旅游价格则是旅游经济的“温度计”和“调节器”，它既是调节旅游经营者、旅游消费者利益的一个重要经济机制，也是旅游宏观调控的一个重要手段。本章从理论上分析了旅游价格的内涵、种类及特点，分析了旅游价格的形成原理及旅游产品的定价目标，然后结合旅游经济发展实际，介绍了各种旅游产品的定价方法和策略，以及旅游定价政策等问题。

第一节　旅游价格的内涵和分类

一、旅游价格的内涵

旅游价格是旅游者为满足旅游活动的需求而购买单位旅游产品所支付的货币量，它是旅游产品价值、旅游市场的供求和一个国家或地区的币值三者变化的综合反映。在市场经济中，一方面旅游活动的商品化是必然结果，旅游者食、住、行、游、购、娱等需求必须通过交换活动，通过支付一定的货币量才能获得满足。另一方面，旅游经营者在向旅游者提供旅游产品时，必然要求得到相应的价值补偿。于是在旅游者与旅游经营者之间围绕着旅游产品的交换而产生了一定货币量的收支，这就是旅游价格。

从旅游产品经营者的角度看，旅游价格由成本和盈利两部分构成。成本是指生产费用，它包括生产旅游产品时用于建筑物、交通运输工具、各种设备、设施及原材料等物质的耗费和旅游从业人员旅游服务的劳动补偿部分。盈利是指旅游从业人员新创造的价值部分，它包括向政府缴纳的税金、贷款利息、保险费用和旅游商品经营的盈利等。在旅游单项价格构成中，旅游价格包括旅游经营者的成本与利润；但在统包价格中，旅游价格则由各个单项旅游产品的单价之和加上旅行社的成本与盈利所构成。

在旅游价格的构成中，成本不是旅游企业的个别成本，而是社会平均成本，即旅游企业的平均成本。成本是企业在正常的市场环境中定价的最低点。在一定时期内社会平均成本是一个相对固定量，若旅游企业的个别成本低于社会平均成本，在市场竞争中就占有利地位，对定价就拥有较大的灵活性，能获得较好的经济效益。反之，若旅游企业个别成本高于社会平均成本，则将处于被动地位，旅游定价的自主权就小，经济效益也差。因此，旅游企业应当尽可能降低个别成本，以争取较大的定价自主权。

旅游价格中的盈利是一个变量，它有一个最高界限和最低界限。最高界限是以多数旅游者能够接受为限度，最低界限是以社会平均利润率为依据。超过最高界限旅游者接受不了，会造成客源减少，旅游收入降低，从而影响旅游业的发展；低于最低界限旅游企业得不到正常利润，使已有的旅游投资撤出旅游业，而新的投资不愿进入旅游业，从而引起资源的重新配置，并阻碍旅游经济的发展，长此下去，会导致旅游业无法维持和发展。因此，旅游价格中的盈利应当在最高界限与最低界限之间变动。

从旅游者的角度看，旅游价格的构成分为基本构成和自由选择两部分。基本构成是旅游者在出游前对旅游产品的感性认识和粗略理解基础上所预算的旅游支出构成；自由选择是旅游者在旅游过程中，通过对旅游产品的亲身体验和主观预测而对基本构成的调整，它包括对基本构成总量的增减和对基本构成的结构改变，以及调整下次旅游的预算。如某旅游者在某条旅游线路上旅游时，由于获得了非常独特的心理满足，于是请亲友再寄些钱来多停留一些日子，并希望下次再来。对于旅游者的这种旅游价格构成要求旅游经营者应充分注意两个方面：一是加强推销能力，通过较宽的营销渠道和较强的宣传促销让旅游者对旅游产品有更多的认识和理解，从而尽可能增加旅游者的旅游预算；二是提供优质的旅游服务，对旅游者产生较强的吸引力，从而增加旅游者的自由选择。

二、旅游价格的分类

旅游价格可按照不同标准进行不同的分类。从旅游经营的角度出发，常见的旅游价格分类主要有以下几种：

（一）基本旅游价格和非基本旅游价格

这种分类是按照旅游者在旅游活动中对旅游产品需求程度的差异而进行的。

基本旅游价格是旅游活动中必不可少的旅游需求部分的价格，包括食宿价格、交通价格、游览价格等。基本旅游价格是满足旅游者基本需求部分的价格，基本旅游价格不合理，旅游者的基本需求得不到合理的满足，旅游活动要么无法进行，要么留下遗憾，从而直接影响到旅游客源的多少。因此，合理地确定基本旅游价格十分重要。

非基本旅游价格是指旅游活动中对每个旅游者来说可发生也可不发生的旅游产品价格，如纪念品价格、通信服务价格、医疗服务价格、娱乐服务价格等。大量非基本旅游价格是在旅游者基本需求获得满足基础上产生的，从而有利于刺激旅游者的进一步需求，影响旅游者的旅游消费结构，从而增加旅游目的地的收入。这就要求在制订非基本旅游价格时，必须充分考虑基本旅游需求的独特个性。

（二）一般旅游价格和特种旅游价格

这种分类是按照旅游产品构成内容的不同而进行的。

一般旅游价格是指以旅游产品价值为基础来确定的旅游产品价格，如餐饮价格、住宿价格、交通价格、日用生活品价格等。这些旅游产品与国民经济的其他相关行业、部门的产品具有明显的替代性，因而它必须按照社会平均利润率，以旅游产品的价值为基础来定价。

特种旅游价格是价格与价值背离较大的旅游产品价格，如旅游购物品中的古玩、名画的价格，名人住过或游览过的旅游景点的价格，这些旅游产品在特定的时间和空间内具有独占性，其价格也可以视作垄断价格，其定价不受成本高低的影响，而主要取决于市场的供求状况。

（三）国际旅游价格和国内旅游价格

这种分类是按照旅游者的国籍不同而进行的。

国际旅游价格是向海外游客标明的价格，国内旅游价格是向本国旅游者标明的价格。不同国家的经济发展水平不一样，不同国籍的旅游者的购买力客观上有差异，因此，区分国际旅游价格与国内旅游价格不仅符合旅游经济活动的实际，而且有助于经济相对落后的国家或地区吸收更多的外汇。通常的表现是，发展中国家的国际旅游价格比国内旅游价格要高得多。随着经济的区域化和全球一体化进程的加深，服务贸易将日益世界化，旅游价格的国际国内差异也将逐渐缩小。因此区分和确定国际旅游价格和国内旅游价格的差异，必须以世界经济的发展，尤其是世界服务贸易的发展状况为依据，这样才能定出既符合实际，又科学合理的旅游价格。

（四）包价、单项价格和部分包价

这种分类是按照旅游者购买旅游产品的方式进行的。

旅游包价也叫统包价格，是旅行社为满足旅游者的需要所提供的旅游产品基本部分和旅行社服务费的价格。它由三部分组成：一是旅游出发地与旅游目的地之间的往返交通费，二是旅游目的地向旅游者提供的旅游产品的价格，三是旅行社的管理费用和盈利。旅游包价是旅游者一次性支付的价格。

单项价格是旅游者按零星购买方式所购买的旅游产品的价格，亦即在一定时期内不同旅游经营者所规定的各种单项旅游产品的价格，如客房价格、餐饮价格、交通价格、门票价格等。

部分包价是介于包价与单项价格之间的旅游价格，指旅游者一次性购买部分旅游产品的组合，同时又以零星购买方式而购买另外的单项旅游产品，如参加某次运动会、某项球赛、某种娱乐的价格，或以某个特殊地方为目标的参观游览所提供特殊产品和服务的价格。随着旅游客源由团队向散客方向的发展，部分包价和单项价格将逐渐增多。

（五）旅游产品的差价

旅游产品的差价是指同种旅游产品由于购销环节、购销地区、购销时间及其他原因而引起的价格差额。旅游产品差价的实质是旅游产品在流通过程中自身价值（基础劳动量）和新增价值（流通中新投入劳动量）的货币综合表现。旅游产品差价的大小，决定了旅游产品价格水平的高低，从而影响到旅游者和旅游经营者的经济利益。通常，旅游产品的差价主要有以下几种类别：

1. 批零差价

批零差价一般是指同种旅游产品在同一时间，同一市场零售价格与批发价格的差额。由于零售产品比批发产品要多投入人力、物力、财力，因此零售价格客观上要比批发价格高。同时，随着社会分工的深化，现代旅游经济活动中，旅游产品的销售成为旅游经济运行的重要环节，这也推动着旅游产品批零差价的形成和合理化。

2. 地区差价

地区差价是指同种旅游产品在不同购销地区的价格差额，它是购销差价在空间上的反映。旅游地区差价可以调节不同地区间的旅客流量，刺激“冷点”地区旅游业的发展，减轻“热点”地区旅游环境的压力，起到平衡各地区旅游业经济效益的作用。

3. 季节差价

季节差价是指同种旅游产品在同一市场不同季节的价格差额，它是购销差价在时间上的反映。旅游季节差价是为了调节旅游“淡旺季”的游客流量，以达到淡季不淡，旺季不要过分拥挤的目的。

4. 质量差价

质量差价一般指同种旅游产品在同一市场上由于质量不同而形成的价格差额。任何旅游产品都存在着质量高低的差别，如饭店不同星级有不同服务质量。为了实行按质论价、优质优价，就要通过合理的质量差价来保护旅游者和旅游经营者双方的利益，旅游者获得与价格相一致的服务，旅游经营者获得与价格相一致的收益。

（六）旅游产品优惠价

旅游产品优惠价是旅游产品供给者在明码公布的价格基础上，给予一定比例的折扣或优惠的价格，其实质也是一种差价，如有的航空公司对团体旅游实行每 16 人可以免票一张的优惠。旅游产品优惠价主要有以下几种类型：

1. 销量优惠

销量优惠即根据购买旅游产品数量的多少实行优惠，游客数量越多，优惠越多。具体又分为累计折扣优惠和非累计折扣优惠。累计折扣优惠是在规定时间内同一旅游者累计购买旅游产品或服务的数量超过一定数额时，可给予一定的折扣优惠，它有利于建立旅游企业与旅游者之间长期固定的合作关系，有利于稳定客源渠道，保持旅游人数的稳定增长。非累计折扣优惠是规定旅游者每次达到一定数量或购买多种旅游产品达到一定金额所给予的价格折扣，它有利于鼓励和刺激旅游者扩大购买量，同时减少交易成本。

2. 同业优惠

同业优惠指旅游产品批发商给予零售商的折扣，如旅游目的地饭店业给旅行社优惠住房价和一定的佣金。同业优惠可以充分发挥中间商的销售职能作用，是稳定销售渠道的重要措施之一。

3. 季节优惠

季节优惠指旅游企业在经营季节性波动较大的产品和服务时，常在淡季给予旅游者的价格优惠。它有利于旅游企业的设施和服务在淡季时被充分利用，有利于旅游企业的正常经营。

4. 现金优惠

现金优惠指为鼓励旅游者以现金付款或提前付款而给予旅游者一定折扣的优惠，以加快资金的周转，减少资金的占用成本。

三、旅游价格的特点

旅游价格是旅游产品价值的货币表现形式，由于旅游产品不同于一般产品，其特殊性决定了旅游价格具有不同于一般产品价格的特点，主要表现在以下几方面：

（一）综合性与协调性

旅游产品要满足旅游者食、住、行、游、购、娱等多方面需求，旅游价格必然是旅游活动中食、住、行、游、购、娱价格的综合表现，或者是这些单个要素价格的总体显示。同时，由于旅游产品的供给方分属于不同行业与部门，因而必须经过科学协调，使之相互补充、有机搭配，因此旅游价格又具有协调性。

（二）垄断性与市场性

旅游产品的基础是旅游资源，而独特个性是旅游资源开发建设的核心，这就决定了旅游价格具有一定的垄断性。它表现为在特定时间和特定空间范围内旅游产品的价格远远高于其价值，高于凝结于其中的社会必要劳动时间。另外，旅游产品又必须接受旅游者的检验，随着旅游者的需求程度及其满足旅游者需求条件的改变，旅游产品的垄断价格又必须做相应的调整，从而使旅游价格具有市场性，即随着市场供求变化而变化。

（三）高弹性与高附加值性

旅游需求受到诸多不可预测因素的影响，使旅游者的旅游需求及旅游动机也是千变万化的。相反地，旅游供给却又相对地稳定，于是这种供求之间矛盾所造成相同旅游产品在不同的时间里价格差异较大，从而使旅游价格具有较高的弹性。从某种程度上讲，旅游活动就是旅游者获得一次独特心理感受的过程，在不同档次的旅游环境中，相同的旅游产品给旅游者的感受差异会很大。旅游产品的档次越高，服务越好，旅游者愿意支付的旅游价格也会越高，其中便蕴含了较高的附加值。

（四）一次性与多次性

旅游产品中，餐厅的食品、旅游纪念品等商品，是使用权与所有权都出售，其价格是一次性的；此外，诸如旅游景点、旅游交通和客房等均只出售使用权而不出售所有权，从而造成不同时间的价格有所不同，因而又存在多次性价格。因此，旅游产品价格实质上是一次性与多次性相统一的价格。

第二节 旅游定价的影响因素

研究分析旅游定价的影响因素，对我们分析旅游定价策略有非常重要的作用。旅游定价的影响因素较多，一般包括以下几个方面：

一、旅游产品成本

旅游产品成本是定价的基础，是影响旅游产品价格最基本、最直接的因素。旅游产品的成本由固定成本和变动成本组成，一般情况下其成本越高，其价格越高。同时，旅游企业在定价时，不仅要考虑旅游产品的个别成本，更要把旅游产品的个别成本和社会平均成本进行比较，争取使个别成本低于社会平均成本，如此才能赢得价格优势。

二、旅游企业的定价目标

旅游企业在发展的过程中，由于受到环境的影响，在不同时期会确定不同的定价目标，因此会形成不同的价格。例如，旅游企业想尽快收回投资，往往把营利作为企业的定价目标，而把旅游产品的价格定得远远高于其产品成本，但如果企业为了争取长期和更大的发展，想提高市场占有率，那么其价格就不能定得太高。

三、旅游产品的品质与特性

通常情况下，如果旅游产品品质好、美誉度高，可采取高价策略；反之，则可采取中低价格策略。如果产品特色鲜明、垄断性强、具有不可替代性，可采取高价策略；反之，则可采取中低价格策略。

四、非价格竞争因素

旅游企业的非价格竞争主要通过提升旅游产品的品质、增强特色、提高服务水平、提升企业形象等形式表现出来。许多旅游企业通过提供较高水平的服务或一些额外免费的服务项目，实现较高的销售价格，加深旅游消费者对旅游产品价格的理解和认可，增强旅游消费者对购买较高价格的旅游产品的信心。

五、旅游消费者的需求

一般情况下，旅游产品的价格与旅游消费者的需求量成反比，产品价格越高，消费者的需求量越少。

六、旅游产品市场竞争情况

旅游产品成本是制定产品价格的最低限度，而旅游消费者的需求则是产品价格的最高限度，而介于两者之间的最终价格则取决于市场竞争情况。旅游产品市场竞争越激烈，对旅游产品价格的影响越大。在完全竞争市场中，企业只能是价格接受者；而在不完全竞争市场中，由于旅游产品的差异性，旅游企业可部分变动价格来获得较高的利润；在寡头竞争市场中，寡头旅游企业控制着产品的价格；而在垄断市场中，旅游产品或服务只是独家经营，不存在竞争对手，整个市场的价格由该垄断企业控制。

七、政府的宏观管理

政府的宏观管理主要通过行政、法律，以及货币供给、工资、物价政策等手段来调控和体现。政府对旅游产品的价格干预和管理的目的在于限制旅游企业的不正当竞争、牟取暴利和损害旅游者利益的行为。

八、汇率变动

汇率是指两国货币之间的比价，即用一国货币单位来表示另一国货币单位的价格。汇率变动对国际旅游价格的影响很大，出入境旅游价格应根据汇率变动的情况进行相应的调整。

旅游目的地国的货币升值，汇率下降，用目的地国的货币报价，表面上看价格没有变化，但实际上入境旅游者带来的外汇收入呈隐性增加，对目的地国有利。同时，目的地国的币值坚挺，也会造成入境旅游人数的锐减，尤其当目的地国经营的旅游产品需求弹性较大时，汇率下降会使需求的减少幅度大于货币的增值所带来的实际收入的增加幅度，对目的地国不利。

九、通货膨胀

通货膨胀是在流通领域中的货币供应量超过了货币需要量，即超过了代表市场上商品价值的货币数量而引发的货币贬值、物价上涨现象。旅游目的地的通货膨胀会造成旅游消费者的单位货币购买力下降，使旅游企业的产品生产、经营成本增加，从而迫使旅游企业相应地提高旅游产品的价格，而且提价的幅度要超过通货膨胀率。否则，即使旅游价格的变动幅度与通货膨胀率同步，旅游企业也会因折旧费和固定资产残值额不能随时上调而受到损失，但旅游产品价格的大幅度提升会损害旅游消费者的利益，从而导致旅游人数的减少和旅游收入的下降。

第三节 旅游定价的机制和目标

一、旅游定价的机制

（一）旅游产品的价值决定供给价格

价格是价值的货币表现，价值取决于社会必要劳动时间。所谓社会必要劳动时间，是指在现有社会正常的生产条件下，社会平均的劳动熟练程度和劳动强度下制造某种使用价值所需要的劳动时间。社会必要劳动时间不同，商品的价值不一样，其价格也应当有差异。这一基本理论也适用于旅游产品，就是说旅游价格是由旅游产品的价值决定的，是由生产旅游产品的社会必要劳动时间决定的。合理的旅游价格反映旅游资源对旅游者的吸引程度。吸引力强、观赏价值高的旅游资源，蕴含有大量的物化劳动，应当收取较高的价格。旅游价格还体现在旅游设施的数量和质量上，如豪华宾馆与一般宾馆虽然都是宾馆，但其设施的配套与完善程度、舒适与先进程度差距很大，所花费的社会必要劳动时间差异明显，因而其价格有较大的差别。此外，旅游价格的水平还体现着旅游服务人员所提供的服务劳动的质量水平，包括客房、餐饮、翻译、导游等，热情周到高质量的服务反映出服务人员的业务素质较高，他们付出了更多更复杂的劳动，理应得到较高的报酬。

旅游产品的价值决定旅游产品的供给价格，这是旅游价格的下限，低于这一下限，旅游经营者所付出的社会必要劳动就得不到合理的补偿，旅游产品的再生产就难以继续。旅游经营者的经营水平和经营状况不同，其个别劳动时间或者低于社会必要劳动时间，或者高于社会必要劳动时间，按照社会必要劳动时间决定价值量从而决定供给价格的规律性，可以反映出不同旅游经营者的经营水平和经营状况，从而保护好的、淘汰差的，促使旅游经营者不断改善经营管理、降低消耗，推动旅游业的发展。另外，按照社会必要劳动时间决定供给价格，也保护了旅游者的经济利益，使旅游产品货真价实地满足旅游者的消费需求。

（二）旅游业与其他行业的比较决定需求价格

需求价格是指在一定时期内旅游者对一定量的旅游产品愿意和能够支付的价格，它表现为旅游者的需求程度和支付能力。旅游业与国民经济其他行业相比较而决定旅游需求价格，主要表现在三个方面：一是旅游业比其他行业适度超前发展，以旅游业的优质服务和高层次满足刺激旅游需求，创造旅游市场，从而增强了旅游者的旅游需求强度，形成和抬高了旅游需求价格；二是旅游业同其他行业相比，人们的其他需求可以或者已经通过其他行业得到满足，而旅游需求还没有满足和没有比较好地满足，这时人们的旅游需求程度较强；三是其他行业的发展使人们形成了旅游支付能力，从而使旅游者的旅游意愿转变为现实的旅游活动，旅游需求价格也便有了现实性。

旅游需求价格是旅游价格的上限，超过上限即超过旅游者的意愿和支付能力，旅游者的旅游活动就不能成行或者减少，再有特色的旅游产品，再有吸引力的旅游资源都会成为空谈。

（三）旅游市场竞争决定市场成交价格

旅游市场通过旅游产品的供给者之间、需求者之间和供给者与需求者之间的竞争决定市场成交价格。供给者之间竞争的结果，使市场成交价格在较低的价位上实现；需求者之间竞争的结果，使市场成交价格在较高的价位上实现。因此，当旅游产品供过于求时，旅游价格只能体现旅游经营者的生存目标即较低的供给价格；当旅游产品供不应求时，旅游价格可以体现旅游经营者的利润最大化目标，从而体现了较高的交易价格，但不能超过旅游需求的价格。

（四）经济政策调节旅游产品市场成交价格

在市场经济中，市场作为配置社会资源的机制本身也会有内在缺陷，“市场失灵”或“市场失效”是经常发生的，客观上要求政府有适当的经济政策来调控市场。特别是当前我国市场体系还不健全，旅游市场还有诸多的问题，价格机制还不能充分发挥作用，在这样的情况下，政府经济政策对旅游价格的影响尤为重要。从我国旅游经济发展实际看，经济政策对旅游价格的调节主要包括以下方面：

第一，政府通过对旅游企业的审批年检，调节一个国家或地区的旅游企业数，从而影响旅游产品的供给，调节旅游价格。

第二，政府通过对旅游市场价格的调控，使旅游价格趋于合理。

第三，政府通过旅游经济发展政策直接和间接地影响旅游业的投资和旅游需求，进而影响旅游价格的变化。

第四，国民经济的发展状况决定通货膨胀率的高低和汇率的变动，从而影响旅游价格的变化。

综上所述，旅游定价的原理是：旅游价格一般以供给价格为下限，以需求价格为上限，旅游市场成交价格在上、下限之间，在特殊时期可能低于供给价格的下限。旅游市场成交价格不仅是旅游市场竞争的结果，也受政府经济政策的影响。如图 5-1 所示。

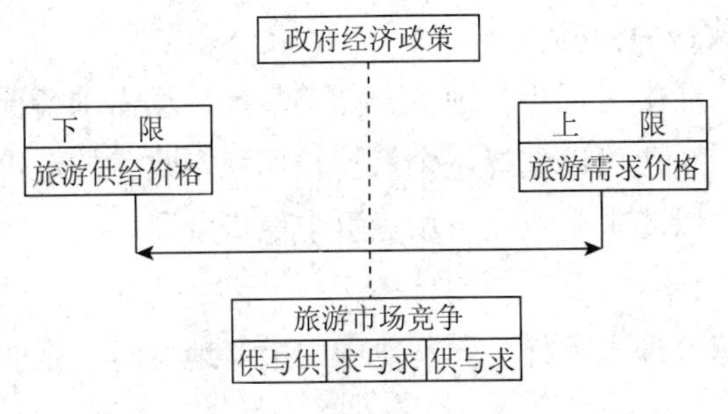

图 5–1 旅游价格的形成

【同步思考】

旅游供给价格的下限与旅游需求的上限如何协调？

二、旅游定价的目标

旅游定价目标是由旅游企业生产经营目的决定的，它是生产经营目标的具体化。定价目标必须与旅游企业生产经营的总目标相适应，为总目标服务。旅游企业作为市场经济的主体，其生产经营的根本目的是价值的增值，是追求收益的最大化。因此，判断旅游定价目标正确与否，取决于一个较长时期内其最终是否给企业带来尽可能多的利润总量。由于影响旅游企业收益大小的因素很多，这些因素又具有不确定性和多变性，因而旅游企业生产经营的总目标在根本目的一致的基础上又呈现出多样化的特点，于是旅游定价目标也是多种多样的。通常围绕收益最大化而展开的旅游定价目标，概括起来主要有三大类。

（一）以稳定和增强企业竞争力为目标

稳定和增强旅游企业的市场竞争力，使其在市场竞争中不断谋求有利地位，较好地实现旅游产品的价值，取得尽可能多的收益。旅游定价选择这种定价目标具体又可分为以下三种：

1. 以增加当前利润为目标

这一目标是指旅游企业通过价格手段在短期内获取最大限度的利润。它适用于旅游产品的技术含量和质量指标在短期内居于市场领先地位，旅游者认同感明显，短期内供不应求的企业。这时旅游企业或通过薄利多销的低价，或通过厚利适销的高价较快地获取最大利润。待到其优势消失的时候，旅游企业已经有了开发新产品的财力，又可以营造新的竞争优势。

2. 以一定的均衡收益为目标

当旅游企业在同行业中占据主导地位，能够掌握市场需求情况，并基本能控制本企业的市场份额时，旅游企业可以选择一个保持长期稳定收益的定价水平，以一个固定的收益额作为定价目标，以使本企业在市场竞争中稳步发展。

3. 以平均利润为目标

当旅游企业的经营管理水平处于同行业中的中等地位时，企业往往以获取平均利润作为定价目标。

（二）以保持和扩大市场占有率为目标

市场占有率又称市场份额，指某旅游企业产品销售量或旅游收入在同类产品的市场销售总量或旅游总收入中所占的比重。市场占有率是企业发展的基础，代表着潜在的利润率。旅游企业的市场份额越大，就越有发展潜力，增加利润的机会就越多。特别是旅游产品既不能储存，又不能运输，因此，保持和扩大市场占有率尤为重要。以稳定和扩大旅游市场占有率为旅游定价目标，具体又分为以下三种类型：

1. 以稳定价格为目标

旅游企业采取稳定价格的目标，实质是想通过本企业产品的定价或少数几家旅游大企业产品的定价左右整个市场的价格水平。选择这种定价目标的应当是那些实力雄厚、市场占有率较高的大企业。

2. 以有助于市场推销为目标

旅游价格与旅游产品配置，促进销售和分销渠道结合，共同构成旅游目的地或旅游企业的营销组合。产品、价格、分销和促销四大要素彼此配合、相互依赖形成强有力的营销阵容，推动旅游产品的顺利销售。因此，旅游价格的确定和调整要考虑其他三个因素，要有利于其他要素作用的发挥，以保持和提高市场占有率。

3. 以符合市场行情为目标

旅游业是一个市场导向型产业，市场占有率的形成和变化是旅游市场竞争的结果。旅游企业要保持和提高自己的市场占有率，其价格必须符合市场行情，脱离市场行情的旅游价格很难吸引旅游者，也就很难保持市场占有率。

（三）以反映提高产品质量为目标

产品质量是产品价值的表现，是产品价格的基础。旅游产品价格必须反映旅游产品质量，做到质价相符，才能吸引游客，增大销量，实现收益的最大化。旅游定价选择这种定价目标具体又可分为以下三种类型：

1. 反映旅游产品特色的目标

旅游产品特色指产品的造型、质量、功能、服务、品牌、文化氛围的全部或部分。它反映了旅游产品对旅游者的吸引力。旅游产品有特色，旅游者不仅对该产品满意，而且还会期望通过消费这种旅游产品来显示其经济上的富有或地位上的优越，以获取精神上的满足。因此，这种旅游产品在定价时具有有利地位，其价格也相应要比同类旅游产品高。

2. 反映旅游产品垄断的目标

旅游资源是旅游产品形成的基础，一定的时空环境里，旅游资源科学开发和组合而形成的旅游产品具有稀缺性，其价格也便具有垄断性。如深圳锦绣中华、西安兵马俑和云南石林等产品的稀缺性使之与同行业竞争对手相比具有很强的竞争力，旅游者的边际需求评价较高，因此其定价可以高于其他同类旅游产品的价格。

3. 提高旅游者满意度的目标

旅游者通过旅游获得精神上的体验，留下长久的回忆。旅游服务对旅游者的心理感受和满意度影响很大。旅游者的文化背景、个人素养不同，阅历各异，因此，相同的旅游服务（即使是标准化的、规范化的服务）对不同的旅游者来说会有不同的感受，从而形成不同的评价。旅游企业针对不同旅游者的需求提供有针对性的服务，得到旅游者的较高评价，提高旅游者的满意度，可以确定较高的旅游价格。

综上所述，旅游定价的目标是多种多样的，不同的企业可能有不同的定价目标，同一旅游企业在不同时期也可能有不同的定价目标。在遵循收益最大化的基本目标前提下，旅游企业应当根据所处的市场竞争环境、企业本身的经济实力、旅游产品的特点及其在生命周期中所处的不同阶段来确定具体的定价目标。

第四节 旅游定价的方法和策略

一、旅游定价的方法

旅游定价方法是旅游企业在特定的定价目标指导下，根据企业的生产经营成本、面临的市场需求和竞争状况，对旅游产品价格进行计算的方法。旅游定价方法选择得正确与否，直接关系着旅游定价目标能否顺利实现，关系着旅游业的经济效益能否有效提高。通常，旅游定价方法有以下几种：

（一）成本导向定价法

成本导向定价法是以旅游企业的成本为基础来确定旅游产品价格的方法，成本加上企业的盈利就是旅游产品的价格。成本导向定价法具体又分为以下几种。

1. 成本加成定价法

该方法是将生产经营中耗费的固定成本除以产品销量加上单位变动成本得到单位产品成本，再加上按成本计算的一定比例的利润，即成为纳税前价格。纳税前价格加上应纳税金便形成旅游产品的售价，其计算公式如下。

$$P=\frac{(F/Q+V)(1+R_P)}{1-T_S} \tag{5-1}$$

式中：P——旅游产品价格；

Q——预计销售量；

F——固定成本；

V——单位变动成本；

R_p——成本加成率（利润率）；

T_s——营业税率。

【同步案例】

例：某宾馆有客房500间，全部客房年度固定成本总额为400万美元，单位变动成本为15美元（天/间），预计客房出租率为80%，成本利润率为30%，营业税率为5%，试确定客房的价格。

解：根据所给数据和公式，计算如下：

$$P=\frac{\left(\frac{4000000}{500\times80\%\times365}\right)(1+30\%)}{1-5\%}\approx 58\text{ 美元（天/间）}$$

成本加成定价法的优点是计算简单、方便易行；其缺点在于对于旅游市场的其他因素，如竞争对手、需求情况、消费水平等考虑不足，企业难以获得最佳的经济效益。该方法主要用来确定旅行社产品、饭店餐饮产品的价格。

2. 盈亏平衡定价法

该定价法是指旅游企业在既定的固定成本、平均变动成本和旅游产品估计销量的条件下，实现销售收入与总成本相等时的旅游价格，也就是旅游企业不赔不赚时的产品价格。其计算公式为：

$$P=\frac{F/Q+V}{1-T_S} \tag{5-2}$$

其中各符号表示含义同上。

【同步案例】

例：某饭店有餐座200个，餐厅每天应摊销的固定费用1800元，每餐座平均消耗原材料15元，预计餐座销售率为60%，该饭店营业税率为5%。试确定餐厅每餐座的销售价格。

解：根据计算公式和所给资料可得：

$$P=\frac{1800/(200\times60\%)+15}{1-5\%}=31.85（元）$$

根据盈亏平衡定价法确定的旅游价格，是旅游企业的保本价格。低于此价格旅游企业会亏损，高于此价格旅游企业则有盈利，实际售价高出保本价格越多，旅游企业盈利越高。因此，盈亏平衡定价法常用作对旅游企业各种定价方案进行比较和选择的依据。

3. 目标成本定价法

目标成本，是企业为谋求长远利益和整体利益，根据它所处的内外环境和条件及其变化趋势，设定的一种“预期成本”。目标成本不同于实际成本，而是一种“影子成本”，一般低于现实成本。目标成本定价法，就是以经过努力能够达到的预期成本为依据，加上一定的目标利润和应纳税金来确定价格的方法。其计算公式是：

$$P=\frac{C_m(1+R)}{1-T_S} \tag{5-3}$$

式中：C_m——目标成本；

R——目标成本利润率；

T_s——营业税率。

旅游企业采取较低的预期成本定价，必须努力扩大销量，使现实成本迅速降低，才能实现利润目标和长远利益。它主要适用于经济实力雄厚、营销能力强的旅游企业及新的旅游产品定价。

4. 千分之一法

在确定旅游饭店的房价时，不少人认为，房价应占整个饭店造价的千分之一，这就是千分之一定价法。如某饭店总造价 5000 万元，有客房 200 间，故每间客房价格为 250 元（即 $50000000\div200\times1‰$）。

成本导向定价法是旅游企业生存所必需的，是商品经济发展的客观要求。因为旅游价格低于成本，旅游企业就会亏损，其生存就会面临严峻的挑战，长此以往，旅游企业就会被市场所淘汰。成本导向定价法计算简便，利于核算，同行业之间也可以比较，还给人以买卖公平的感觉。但成本导向定价法只考虑了产品的成本，反映了以产品定销的经营思想，没有考虑市场竞争、旅游需求及市场其他环境因素的变化，因而成本导向定价法灵活性差，不利于旅游企业获取最佳利润。成本导向定价法适合于旅游市场还处于卖方市场或市场经营环境比较稳定的情况。

（二）需求导向定价法

需求导向定价法就是根据旅游者的需求程度、需求特点和旅游者对旅游产品价值的认识和理解程度来确定价格，需求强度大时定高价，需求强度小时定低价。这是因为旅游需求的大小是一个国家或地区发展旅游业的前提条件，如果没有客源，没有需求，旅游业不仅不能发展，而且不能生存。因此，旅游定价必须关注旅游需求。同时，旅游者愿意支付的价格高低不仅取决于旅游产品本身有无效用和效用的大小，而且取决于旅游者对旅游产品的主观感受和评价。因此，分析旅游者对旅游产品价值的认识和理解状况，把握旅游需求强度，据此进行旅游价格的确定，就成为旅游定价方法的一个重要类别。

需求导向定价法反映了旅游需求，有利于旅游产品流通和旅游产品价值的实现。但由于这种定价方法与成本没有必然联系，供不应求时，价高利大；供过于求时，价低利微，甚至亏损。因此，旅游企业要注意不同供求状况下利润的合理分配。常用的需求导向定价法主要有以下几种类型：

1. 理解价值定价法

企业准确估算消费者对产品的理解价值，然后确定与之相符的价格。理解价值，也叫感受价值、认知价值，是消费者对商品的主观价值判断。尽管每一种旅游产品的实际价值都有其客观的依据，但以此衡量出来的价值量的大小并不一定都为旅游者所认可。运用理解价值定价法的关键和难点是获得消费者对有关商品价值认知的准确资料。旅游企业如果过高估计旅游者的理解价值，其价格就可能过高，难以达到应有的销量；反之，其定价就可能低于应有水平，使其收入减少。因此，旅游企业首先必须通过广泛的市场调研，了解旅游者的需求偏好，根据产品的性能、用途、质量、品牌、服务等要素判定消费者对商品的理解价值，确定商品的初始价格。然后，在初始价格条件下，预测可能的销量，分析目标成本和销售收入。在比较成本与收入、销量和价格的基础上，确定该定价方案的可行性，并确定最终价格。如同样是过山车，在小孩子眼中其价格可能达到 100 多元，而在成年人眼中则顶多几十元。

2. 差别需求定价法

又称差别定价法，是指在旅游产品成本相同或差别不大的情况下，根据旅游者对同一旅游产品的效用评价差别来确定差别价格。主要有：

（1）同一旅游产品对不同旅游者的差别定价。如同一饭店对散客、团队客人、家庭客人的价格差异，同一景点对国内旅游者和国外旅游者的价格差别。

（2）同一旅游产品在不同地点的差别定价。同样的餐饮在一般餐厅与在宾馆餐厅的价格不同，在餐厅享用与送到客房用的价格不同；同样星级的酒店，接近交通线路或旅游景点或商业中心，其客房价格可定得高些。

（3）同一旅游产品在不同时间的差别定价。如淡旺季价格的不同（我国物价部门规定，旅游淡季综合服务费可比平季水平下浮 30%~40%，旺季可比平季上浮 6%），旅馆在周末与平时的价格不同。

（4）同一旅游产品对增加微小服务的差别定价。如客房增加叫醒服务后的价格要高些，每天送一束鲜花可提高定价。

实施差别定价法应当注意几点：一是价格的平均水平不应低于运用成本加成定价法确定的价格水平。二是旅游产品需求市场必须能够被细分，并且在不同的细分市场上能反映出不同的需求强度。三是分割市场和控制市场的费用不能超过区分需求定价法所能增加的营业收入。四是差别定价法不能引起旅游者的反感，要符合旅游者的效用价值评价。

（三）竞争导向定价法

竞争导向定价法，是指旅游企业在市场竞争中为求得生存和发展，参照市场上竞争对手的价格来确定旅游价格的定价方法。市场经济是竞争经济，旅游企业不可避免地要遇到各种竞争因素，但是不同的旅游企业主客观条件不同，所要考虑的竞争程度不同。以竞争导向定价，就是为了竞争或避免竞争的直接冲突，其着眼点在竞争对手的价格上，而不考虑本身价格与成本及需求的变化。竞争导向定价法一般可以分为以下几种类型：

1. 同行比较定价法

这种定价法是指以同行业的平均价格水平或领导企业的价格为标准来确定旅游价格的方法。这种定价方法既可使本企业价格与同行业的价格保持一致，在和谐的气氛中促进企业和行业的发展，同时企业也可得到平均的报酬。这种定价方法还使企业之间的竞争避开了价格之争，而将力量集中在企业信誉、销售服务水平的竞争上。当本企业旅游产品的质量、销售服务水平及企业信誉与其他同行企业相比有较大差异时，其定价可在比照价格基础上加减一个差异额。

2. 排他性定价法

这种定价法，是指以较低的旅游价格排挤竞争对手、争夺市场份额的定价方法。如果说同行业比较定价法是防御性的，那么排他性定价法则是进攻性的。其具体有两种类型：

（1）绝对低价法。本企业旅游产品价格绝对低于同种旅游产品的价格，这样可以争取更广泛的顾客，排挤竞争对手；还可以使一些参与竞争的企业望而生畏，放弃参与竞争的念头。

（2）相对低价法。对某些质量好的名牌旅游产品，适当降低价格，缩小名牌旅游产品与一般旅游产品的价格差异，以促使某些低质的同类旅游产品降低价格，直至这些企业因无利可图而退出市场。

3. 率先定价法

这种定价法是指旅游企业根据市场竞争环境，率先定出符合市场行情的旅游价格，以吸引游客而争取主动权的定价方法。在激烈的市场竞争中，特别是在市场需求表面停滞而潜在增长的情况下，旅游企业谁率先定出符合市场行情的旅游价格，谁就拥有了占领市场的有力武器，也就拥有了竞争取胜的基础。

4. 边际贡献定价法

边际贡献是指每增加单位销售量所得到的收入超过增加的成本的部分，即旅游产品的单价，减去单位变动成本的余额。这个余额部分就是对旅游企业的“固定成本和利润”的贡献。当旅游产品的销量足够大，旅游企业的当期固定成本已经收回，增加的旅游产品销量可以不考虑固定成本时，新增旅游产品的单价大于单位变动成本的余额即对旅游企业的利润贡献，那么边际贡献大于零的定价可以接受。如旅游旺季一间双人客房按正常价格出售，增加一张床位的价格就可按边际贡献方法定价。另一种情况是，旅游淡季时旅游产品供过于求，旅游企业低价销售产品没有盈利，但不销售则亏得更多。如一间客房成本价为 100 元 / 天，其成本构成为固定成本 60 元，变动成本 40 元，如不得已销售价降为 90 元 / 天，卖则亏 10 元 / 天，不卖则亏 60 元 / 天，故还是卖为好。当然，如果售价低于 40 元 / 天，则不卖为好。因此，可以这样概括边际贡献定价法，它是指保证旅游产品的边际贡献大于零的定价方法，即旅游产品的单价大于单位变动成本的定价方法。

二、旅游定价的策略

旅游定价策略是旅游企业在特定的经营环境中，为实现其定价目标所采取的定价方针和价格竞争方式，具体表现为对各种旅游定价方法的有效选择上。旅游定价策略与旅游定价方法两者相辅相成，共同为实现旅游定价目标服务。定价策略决定定价方法的选择，定价方法影响定价策略的落实。没有明晰的定价策略，定价方法的选择和调整就会变得僵化、呆滞或盲从，就很难准确地把握竞争时机，实现定价目标和经营目标。一般来说，旅游定价策略可以分为如下几类：

（一）旅游产品不同生命周期阶段的定价策略

旅游产品在不同的生命周期阶段上，具有不同的市场特征和产品特征，旅游定价也应有不同的策略。

1. 推出期的定价策略

旅游产品从开发论证完毕到投入市场的初始阶段，称为推出期。这一阶段旅游产品本身还不完善，销售额低，单位成本高，市场上旅游消费者少。在这一阶段，旅游定价常用策略有：

（1）低价占领策略。即以相对低廉的价格，力求在较短的时间内让更多的旅游者接受旅游新产品，从而获得尽可能大的市场占有率。这种定价策略有利于尽快打开销路，缩短推出期，争取旅游产品迅速成熟完善。同时，还可以阻止竞争者进入市场参与竞争。但这种定价策略不利于尽快收回投资，影响后期进一步降价销售。

（2）高价定价策略。又称“撇脂定价策略”，是指把旅游新产品的价格定得很高，以便在短期内获取厚利。这种定价策略如果成功，可以迅速收回投资，也为后期降价竞争创造了条件。但这种策略的风险较大，如果旅游消费者不接受高价，则因销售量少而难以尽快收回投资。这种定价策略比较适合于旅游产品特色明显且其他旅游企业在短期内难以仿制或开发的旅游产品。

2. 成长期的定价策略

旅游产品在成长期销售量迅速增加，单位产品成本明显下降，旅游消费增多，旅游企业利润逐渐增大，市场上同类型产品开始出现并有增多的趋势。这一阶段旅游定价可选择的策略有：

（1）稳定价格策略。即保持旅游价格相对稳定，把着力点放在旅游促销上，通过强有力的促销组织较多的客源，完成较多的销量，从而实现利润最大化。

（2）渗透定价策略。在消费者增多的情况下，以较低的价格迅速渗透扩展市场，从而较大地提高市场占有率。

3. 成熟期的定价策略

这一阶段旅游需求从迅速增长转入缓慢增长，达到高峰后缓慢下降，旅游产品趋于成熟，成本降到最低点，旅游者对旅游产品及其价格有了比较充分的了解。这一阶段常常选择竞争定价策略，即用相对降价或绝对降价的方法来抵制竞争对手。采用绝对低价策略时，要把握好降价的条件、时机和降价幅度；采用相对低价策略时，要辅之以旅游服务质量的提高。

4. 衰退期的定价策略

当旅游需求从缓慢下降转向加速下降，旅游产品成本又有上升趋势时，旅游产品进入衰退期。这时的定价策略有：

（1）驱逐价格策略。即以尽可能低的价格，将竞争者挤出市场，争取旅游者。此时的旅游价格甚至可以低到仅比变动成本略高的程度，因为此时旅游企业的固定成本已经收回，高于变动成本的余额便是对企业的贡献。也就是说，驱逐价格策略的低价以变动成本为最低界限。

（2）维持价格策略。即维持原来的价格，开拓新的旅游资源和旅游市场来维持销售量。这样做既可使旅游产品在旅游者心目中原有的印象不致急剧变化，又可使企业继续有一定的经济收益。

（二）旅游产品不同需求价格弹性的定价策略

旅游产品的需求价格弹性反映旅游产品需求量与价格之间关系。如果旅游价格较小的升降变化引起旅游产品需求量较大的增减变化，则该旅游产品的需求价格弹性较大；如果旅游价格的升降变化，并不引起旅游需求量明显的增减变化，则该旅游产品的需求价格弹性较小。根据旅游产品需求价格弹性大小不同，可以采取不同的旅游产品定价策略和调价策略。一般地，旅游需求价格弹性大，可以采取低价策略，因为旅游价格的下调，将引起旅游需求的明显增多，从而实现薄利多销，获取最大化利益；旅游需求价格弹性小，则可以采取高价策略，因为较高的旅游价格并不对旅游需求产生明显的影响，旅游产品销售量基本不变，而高价则有厚利，便可实现利益最大化。

在分析判断不同旅游产品的需求价格弹性时需要注意两点：第一，一种产品被旅游者视为必需品的程度不同，旅游需求价格的弹性就不同。一般说来，涉及旅游者的食、住、行、游等产品是旅游生活的必需品，其需求价格弹性较小，在不超过旅游者承受力前提下宜取高价策略；而涉及旅游者的购物、娱乐等产品是旅游活动中的奢侈品，其需求价格弹性较大，在考虑其成本和市场竞争的基础上宜取低价策略。第二，就总体状况而言，旅游产品的需求价格弹性将由较大向较小演变。目前，在人们收入还不很宽裕的情况下，旅游消费还是一种高档消费，旅游需求价格弹性较大；随着社会物质文化生活水平的提高，人们手中可支配的收入将会逐渐增多，旅游日渐成为人们生活中的必需品，旅游需求价格弹性就会减小。

（三）心理定价策略

心理定价策略是指为了刺激和迎合旅游者购买旅游产品的心理动机而制订对产品销售有利的价格。常见的心理定价策略主要有：

1. 尾数定价法

中低档旅游产品常用此法定价。它是为刺激和迎合旅游者的求廉心理而采取保留恰当的价格尾数的定价方法。如 9.80 元比 10.00 元便宜，9.19 元与 9.99 元的价格心理差距比 9.99 元与 10.39 元的价格心理差距小。这种定价方法能让旅游者感到便宜，旅游者还会认为这是经过仔细计算后确定的价格，因而感到准确、可靠。

2. 声望定价法

旅游企业有意识地把某种旅游产品的价格定得高些，以此来提高旅游产品和旅游企业的档次与声望，这种定价方法叫声望定价法。这种定价方法的依据在于：旅游者经常把价格的高低看作旅游产品质量的标志，所谓“便宜无好货，好货不便宜”正是这种心理特征的表现。同时，有一部分旅游者把购买高价旅游产品作为提高自己声望的一种手段，如由公司付钱的奖励旅游者，高级商务旅游与行政管理人员的旅游需求就是这样。

采用声望定价法，必须注意以下约束条件：其一，旅游企业有较高的社会声誉，其旅游产品必须是优质的并有不断的改进，否则就不能维护和巩固旅游者对该产品的信赖。其二，价格不能超过旅游者心理和经济上的承受力。

3. 整数定价法

高档旅游产品常用此法定价。它是为满足旅游者显示自己地位、声望、富有等心理需要而采取整数价格的定价方法。如一件首饰原定价为 492 元，若改为 500 元，则对于有能力购买首饰的旅游者来说，多付出 8 元是不在乎的，但价格高 8 元却使这件首饰的声望价格提高了许多，给旅游者带来更大的心理满足。

（四）折扣定价策略

指旅游企业为了鼓励顾客尽早付清货款、大量购买、淡季购买，而采取的向顾客或中间商让利减价的一种策略。折扣策略主要有数量折扣、季节折扣、同业折扣和现金折扣策略几种。

1. 数量折扣策略

指按购买数量的多少，分别给予不同的折扣，购买数量越多，折扣越大。其目的是鼓励大量购买或集中购买。数量折扣包括累计数量折扣和一次性数量折扣两种形式。累计数量折扣规定旅游者在一定时间内，购买旅游产品若达到一定数量或金额，则按其总量给予一定折扣，其目的是鼓励旅游者经常向这一旅游企业购买，成为可信赖的长期客户。一次性数量折扣规定一次购买某种旅游产品达到一定数量或购买多种产品达到一定金额，则给予折扣优惠，其目的是鼓励旅游者大批量购买，减少交易次数和时间，节约人力、物力开支，降低交易成本。

2. 季节折扣策略

指旅游企业在经营过程中，在产品销售淡季给予旅游者一定的价格折扣。

3. 同业折扣策略

旅游中间商在产品分销过程中所处的环节不同，其所承担的功能、责任和风险也不同，旅游企业据此给予不同的折扣称为同业折扣。鼓励旅游中间商大批量订货，扩大销售，争取游客，并与旅游产品生产企业建立长期、稳定、良好的合作关系是实行同业折扣的一个主要目标。另一个目的是对旅游中间商经营的有关产品的成本和费用进行补偿，使其有一定的盈利。如酒店经常会对旅行社的产品购买打一定的折扣。

4. 现金折扣策略

现金折扣是旅游企业对在规定的时间内提前付款或用现金付款的旅游产品购买者所给予的一种价格折扣，其目的是鼓励旅游消费者尽早付款，加速资金周转，降低销售费用，减少财务风险。

三、旅游定价政策

旅游定价政策是指旅游价格的管理政策。我国要建立社会主义市场经济体制，企业是市场经济的主体，旅游定价的主体是旅游企业。市场经济客观上存在着“市场失效”或“市场失灵”，由于利益驱动致使旅游价格决策在一定程度上不利于旅游经济的发展。因此，在分析旅游价格及策略时，必须明确旅游定价政策。

旅游定价政策的基本内容是：由旅游企业自身根据成本和供求关系确定旅游价格；由旅游行业组织在竞争的基础上确定协议旅游价格，旅游企业承担执行协议价格的义务并保留适度的价格浮动权；由旅游管理部门提供旅游价格信息服务和引导。

（一）旅游企业拥有充分的定价权

市场经济是竞争经济，旅游业是市场导向型产业，遵循市场的经济规律，必须使旅游企业成为独立的旅游产品的生产者和经营者，旅游定价权是旅游企业独立的一种表现和结果。

（二）加强旅游价格的行业自治

经营旅游业，利润较高，风险也大，因此需要大量的市场信息。单个的旅游企业既难以抵御市场的大风大浪，也难以获得大量的有效信息，客观上要求联合。同时，政府不能直接干预企业经营，又需要组织发布信息引导企业遵守规则，也需要中间组织传递。因此，旅游行业组织是旅游企业之间横向的联结点，又是政府与旅游企业纵向的联结点，承担着政府和企业都无法替代的功能。行业组织的责任是规范旅游企业的行为，对有损国家利益和行业利益的行为进行调查，搜集和发布市场信息，确定旅游参考价格。

（三）政府对旅游企业定价提供服务

政府对旅游企业的定价提供服务的主要方式是通过价格政策的发布与实施来引导、规范和调控旅游价格的变化，在保证旅游者的消费利益同时，也确保旅游企业应有的经济效益。

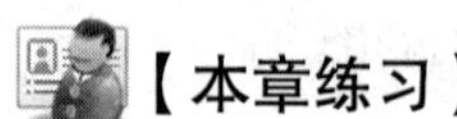

【本章练习】

一、关键名词

旅游价格　旅游差价　旅游优惠价　定价目标

二、简述题

1. 旅游价格的分类主要有哪些？
2. 阐述旅游定价的原理。
3. 比较旅游产品不同生命周期阶段定价策略。
4. 结合实际分析旅游产品的定价策略。

三、案例分析

景区门票降价带给旅游市场“乘数效应”

近日，山东省发展改革委、省文化和旅游厅等部门宣布，在落实好常态化疫情防控措施的前提下，6月1日至9月30日，除周末及法定节假日外，全省A级旅游景区首道门票全部执行不低于5折的票价优惠。疫情发生以来，我国旅游业遭遇前所未有的冲击，行业发展受到重创。随着疫情防控形势逐步向好，各地纷纷开启旅游“重启键”。同时，疫情为景区门票降价以及规范景区价格秩序提供了一个契机。此时，旅游景区主动放下身段，实施“下阶梯”式景区票价，让消费者享受到实实在在的好处，这无疑将对旅游业复苏起到重要的推动作用。

长期以来，国内一些景区患上了门票经济“依赖症”，虽然近年来国家有关部门多次出台政策，要求降低重点国有景区门票价格，但一些地方落实情况并不理想。而推行景区门票降价或免费常态化，才能倒逼景区消除门票“依赖症”，向全域旅游发展转型。事实上，景区门票降价也可以带来乘数效应。旅游经济由食、住、行、游、娱、购等多个要素构成，景区降低门票价格，看似做了赔本买卖，实则会给当地带来人流和其他方面的收入。

不言而喻，推动景区门票降价举措有利于增加景区人气，增强消费信心，促进旅游市场复苏以及景区长远发展。期待各地能够把这一惠民政策不折不扣地执行好，也期待更多地方借鉴相关经验，出台更多提振地方旅游经济的新招、高招、实招，在景区门票降价打折的基础上，进一步提升服务质量，在更新观念、景区转型、提升服务上狠下功夫，以适应新的市场需求，更好满足人民群众对高质量旅游消费的需求。

资料来源：吴学安 . 景区门票降价带给旅游市场“乘数效应”[N/OL]. 中国旅游报 . 2022-05-31.

问题：

1. 结合案例分析为什么要打破对“门票经济”的依赖？
2. 为什么景区门票降价能带给旅游市场“乘数效应”？

第六章 旅游消费及效果

旅游消费是人们满足基本生活消费之后的一种高层次消费。我国已进入大众化旅游时代，旅游消费对个人、对整个经济社会都会产生重大影响。因此探讨旅游消费的有关原理在理论和实践上都具有重大意义。本章在对旅游消费的概念、含义和特征进行分析的基础上，阐明旅游消费在旅游经济运行中的作用，明确旅游消费结构及其分类，找出影响旅游消费结构的因素，阐述旅游消费结构的合理化，并进一步明确旅游消费效果的含义和分类，分析旅游消费效果的有关评价原则。

【学习目标】

1. 掌握旅游消费的概念和特征，认识旅游消费在旅游经济运行中的作用。

2. 了解旅游消费结构及其分类，理解影响旅游消费结构的因素，掌握旅游消费结构的合理化。

3. 明确旅游消费效果的含义和分类，理解旅游消费效果的有关评价原则。

【导入案例】

绿色旅游：中国旅游高质量发展的助推器

2023 年 12 月 27 日，中共中央、国务院发布的《关于全面推进美丽中国建设的意见》，提出了发展绿色旅游的问题。可以说，绿色旅游的提出不仅是推进美丽中国建设的重要内容，也是我国未来旅游发展的方向，更是推进我国旅游高质量发展新的突破口。如何认识绿色旅游的内涵与外延？如何理解绿色旅游是中国旅游高质量发展的突破口？绿色旅游发展的重心和工作重点是什么？对这些问题的研究，有着重要的理论意义和实践意义。

什么是新时期的绿色旅游

在讨论绿色旅游时，我们首先要理解两个概念，生态旅游和绿色旅游。在旅游实践中，这两个概念往往被混淆。生态旅游概念出现在绿色旅游前。1993 年，国际生态旅游协会给生态旅游作了一个明确的定义——了解当地环境的文化与自然历史知识，有目的地到自然区域所做的旅游，这种旅游活动的开展在尽量不改变生态系统完整的同时，创造经济发展机会。生态旅游的目的地是生物多样性和文化丰富的地方；通过旅游注入并贡献地区或社区社会、经济和生态可持续发展；通过旅游能对生物多样性进行全方位的保护。

绿色旅游起源于欧洲。但当时的绿色旅游概念主要是从产品层面来认识的。我们所讲的绿色旅游，是新时期的绿色旅游，是从旅游发展理念和旅游发展模式来认识的。新时期的绿色旅游是以习近平生态文明思想为指引，以可持续发展为目标，以促进人与自然和谐共生、保护自然生态与人文环境、增进民生福祉为特点的旅游发展新理念与新模式。

绿色旅游和生态旅游的异同

从新时期的绿色旅游概念界定来说，绿色旅游和生态旅游有着重要联系，依赖于自然资源和人文环境，不破坏生态、人文环境，是两种概念的基本原则和底线。然而，两者概念的内涵与外延有根本的区别。

首先，从旅游的和谐关系来说，生态旅游重点强调人与自然的和谐，而绿色旅游则不仅强调了人与自然和谐，还强调了在旅游活动中人与人、人的自身的和谐，从人与自然、人与人和人的自身三大和谐关系上来认识旅游活动，成为绿色旅游的核心要义。

其次，从旅游市场需求群体来说，生态旅游属于小众旅游，由对生态有特别兴趣、具有很强生态意识的人群，以欣赏、感受、认识生态为主要目的，到生态状况良好的地区旅游；而绿色旅游是大众旅游，是面对全社会旅游需求群体、旅游经营主体，在绿色理念和规则下，构建起的具有体系化特征的旅游方式和旅游运行模式。

再次，从旅游的约束主体来说，生态旅游约束的主体是旅游者，而绿色旅游不仅对旅游者的旅游行为进行绿色约束，同时对相关的旅游产业运营及旅游设施建设等进行约束。如绿色消费、绿色开发和绿色经营。

最后，从旅游性质及特征来说，生态旅游是一个特殊的旅游产品类型或者形态；绿色旅游则是一种旅游发展的理念或者旅游发展方式。从这个意义上说，绿色旅游应该在生态旅游形态的基础上，超越了生态旅游产品形态，进而延伸到旅游经济领域各个方面，成为新时期中国旅游未来发展的方向。

资料来源：张辉．绿色旅游：中国旅游高质量发展的助推器［N/OL］．中国青年报，https://zqb.cyol.com/html/2024-03/15/nw.D110000zgqnb_20240315_3-08.htm. 2024-03-15.

第一节　旅游消费的概念、特征和作用

一、旅游消费的概念

旅游消费是指旅游者在旅游活动过程中，为了满足个人享受和发展的需要，通过消费一定的物质产品和精神产品而引起的各种消费现象和消费关系的总和。

对于旅游消费概念的理解，可以从以下几个方面来把握：

第一，旅游消费是一种个体性消费。是否选择旅游活动、消费什么旅游产品、什么时候进行消费等，都取决于旅游者的消费意识、消费习惯、消费能力、消费水平及个体决策行为等，并且旅游消费效果也因人而异。

第二，旅游消费是一种高层次消费。从马斯洛的需要层次理论来看，旅游消费是在满足人们的衣食住行等基本生理需要的基础上，为进一步满足人们的享受和发展的需要而产生的高层次消费。

第三，旅游消费是一种精神性、服务性消费。旅游消费作为一种个人消费，从内容上来看，包括精神和物质两方面，除了有形的以商品形式存在的物质产品和无形的以文化形式存在的精神消费品以外，还包括以此为依托的消费性服务。从旅游消费的目的和旅游消费的整体支出来看，物质形态的旅游产品的消费只是一种外在的形式或其中极少的一部分，旅游者真正消费的是以物质形态的旅游产品为依托的精神和服务产品。

第四，旅游消费是各种旅游消费现象和消费关系的总和。旅游消费是一种服务性消费，而服务性消费的实现有一个必不可少的条件，就是人的参与。正是有人的参与才导致旅游消费主体之间及旅游消费主体与旅游消费客体之间产生种种微妙、复杂的社会现象与关系。

二、旅游消费的特征

旅游消费不同于一般的消费活动，一般传统产品的消费方式是把消费过程与生产过程相对区分开来的，作为现代消费方式的旅游则把消费过程与再生产的过程有机结合为一体。因此，旅游消费具有许多不同于一般传统产品消费的特点。

（一）综合性

旅游消费不同于一般物质产品一时一地的消费，而是一个连续的动态过程，贯穿整个旅游活动的始终。因此，综合性是旅游消费最显著的特征。

第一，从旅游消费的内容看，旅游者为了实现其旅游目的，就必须凭借某种交通工具，解决温饱、住宿等问题，并满足游览、休闲、娱乐等需求。旅游者在旅游途中还会购买一定的生活必需品和旅游纪念品等。因此，旅游消费是集食、住、行、游、购、娱为一体的综合性消费活动。

第二，从旅游消费对象来看，旅游产品是由旅游资源、旅游设施、旅游服务等多种成分组成的综合体，其中既包括物质因素也包含精神成分，既有实物形态也有服务形态，既有劳动产品也有非劳动的自然创造物。因此，旅游消费是一种包含多种要素和多个层面的综合消费。

第三，从参与旅游消费实现的部门看，旅游消费活动是众多行业和部门共同作用的结果，这些行业和部门既有经济部门，也有非经济部门。前者包括餐饮业、旅馆业、交通业、商业等多种经济部门，后者包括环保、园林、文物、海关等多种非经济部门。因此，旅游消费是涉及众多行业和部门的综合型消费。

第四，旅游者在消费旅游产品中获得的效用是一种综合的效用，其中既有保健性的和文化性的，也有享乐性和纪念性的。

（二）劳务性

这里说的劳务指旅游服务。虽然在旅游过程中，旅游者为了满足生理需要，必须消费一定量的实物形态的产品，但从总体看，旅游服务消费仍占主导地位。旅游服务消费不仅在量上占绝对优势，而且贯穿旅游者旅游消费过程的始终。旅游服务由各种不同的服务组合而成，主要包括饭店服务、交通服务、导游服务、餐饮服务、文化娱乐服务、购物服务等。

（三）与旅游产品生产的同一性

在一般的物质产品生产和再生产过程中，生产和消费是两个相对独立的环节，先有生产，后有消费。而以旅游资源为基础、旅游设施为凭借、旅游服务为核心的旅游产品，具有服务产品的一般特征，其生产和消费是同一个过程的两个方面。旅游产品的不可转移性特征也决定了旅游者必须亲自到旅游产品生产所在地进行消费，而旅游服务的提供也必须以旅游者的存在为前提。所以旅游服务的提供也就是旅游产品的生产过程，同时是旅游产品的消费过程，两者在时间和空间上都是统一的。

（四）不可重复性

旅游产品与其他物质产品不同，它的使用价值对旅游产品的购买者来说在时间上具有暂时性。也就是说，某个旅游者只在他购买该次旅游活动的时间范围内，才对该旅游产品具有使用权，而不像其他物质产品，消费者在购买后即对其拥有所有权，可以重复使用。一旦旅游活动结束，该旅游者对旅游产品的使用权即告结束，旅游者消费活动也随之停止。对于旅游产品中的服务而言，也表现出明显的时间性。伴随着旅游活动的结束和旅游者的离去，旅游消费终止，旅游服务也终止。可见，旅游产品的不可转移性和不可储存性的特点，决定了旅游者对某旅游产品的消费是不可重复的。

此外，旅游消费的不可重复性还表现为旅游者在同一时间只能进行一次旅游消费，只能消费一个单位的旅游产品，而不像物质产品那样，消费者可以同时购买和消费多个产品、多种产品。

（五）旅游消费的变动性

旅游消费具有较强的变动性，它随消费个体的需求以及环境因素的改变等而变动，在不同的个体之间也存在较大差异。

1. 旅游产品的高弹性

根据马斯洛需要层次理论，个人需要分为生理、安全、社会交往、尊敬、自我实现需要五个层次。一般来说，满足人们生存需要的产品需求弹性小，而满足人们发展和享受的产品需求弹性较大。旅游消费是在人们的基本生存需求，即生理和安全需要得到满足后，为实现更高层次需要而进行的高层次消费，是属于需求弹性较大的消费。除了旅游产品的价格、旅游者的收入水平和闲暇时间以外，客源地及旅游地的社会经济发展水平、国际政治经济形势、旅游者的人口统计特征和个性心理特征以及旅游地的其他有关旅游供给因素等，都直接或间接地影响着旅游消费的数量和质量。

2. 旅游消费的季节性

由于很多旅游产品本身具有很强的季节性，加上人文习俗、法规等方面的因素，旅游消费具有很强的季节性特征，如去哈尔滨观赏冰雪世界只能在冬季，而三亚也是冬季度假的好去处。另一方面，旅游者出行受闲暇时间的限制，也会造成某些“旅游旺季”，如寒暑假、春节、十一长假期间。

三、旅游消费在旅游经济运行中的作用

旅游经济的运行过程，就是旅游产品的生产、交换、消费诸环节周而复始地不断运行的过程，也是旅游产品的生产销售得以继续的过程。如果旅游产品的生产、交换和消费各个环节之间相互衔接、平衡协调，旅游经济运转就能顺利进行。反之，则旅游经济活动就不能正常运转。决定旅游经济能否顺利运行的枢纽就在于旅游消费。这是由旅游

消费在旅游经济运行中的地位和作用决定的。旅游消费在旅游经济运行中的作用主要表现在以下几个方面。

（一）旅游消费是旅游经济运行的重要环节

消费是促进国民经济循环的重要动力。在生产、交换、分配和消费四个再生产环节中，生产是起点，消费是终点，生产和消费相互依存、互为前提。旅游经济活动也是一个周而复始的经济循环过程，因此旅游消费既是上一次旅游经济活动过程的终点，又是下一次旅游经济活动过程的起点。

第一，通过旅游消费，满足了旅游者的旅游需求，使旅游产品的价值和使用价值得到实现，从而保证旅游业的再生产能够周而复始地进行。

第二，通过旅游消费，对旅游业再生产提出了新的要求，促进旅游企业不断对具有吸引力的旅游资源进行开发，增加更多新颖健康的旅游活动内容，合理组织食、住、行、游、购、娱等旅游生产要素，从而生产出更多符合人们需求的旅游产品。这既可满足旅游者不断扩大的旅游需求，又可促进旅游业的可持续发展。

（二）旅游消费是旅游产品价值实现的必要条件

产品价值的实现对旅游经营者来说具有极其重要的意义。旅游消费是旅游产品价值和使用价值得以实现的最后条件，如果没有旅游消费，旅游产品就卖不出去，旅游产品的价值和使用价值就不能实现，旅游经济活动就难以顺利进行。

（三）旅游消费能够引导旅游产品的开发

没有需求，没有消费，生产就没有目的。并且，当人们的一般旅游需求得到满足后，又会产生更高一级的消费需求。因此，当每一种新的旅游需求产生后，就需要设计和生产新的产品来满足这种需求，而新的需求满足后又会产生更新的旅游需求。整个旅游经济活动就是按照需求—生产产品—满足—新的需求—生产新的产品—满足新的需求这种模式循环往复的。从这点上说，消费决定了生产，消费需求和消费水平决定了生产的发展方向和发展速度。

对旅游商品的生产者和经营者来说，也必须把旅游消费者的需求放在第一位来考虑，因为旅游者的消费过程是旅游产品的价值得以实现的过程，也是对旅游产品是否符合消费需求的最终检验。要想使自己的旅游产品被消费者所接受，产生良好的经济效益，就必须捕捉旅游消费的新动向和新信息，随时做出主动反应，适时、适量地开发和组合适应新需求的旅游产品。这样才能使旅游产品在数量、质量和多样性上更加符合旅游消费市场的需求。

第二节　旅游消费结构

研究旅游消费结构，可以从宏观上为旅游企业的发展提供科学的决策，指导旅游企业有针对性地开展经营活动。

【知识链接】

消费结构

在现实消费过程中，对不同消费资料（包括劳务）的消费所形成的比例和组合关系，构成一定的消费结构。也就是说，所谓消费结构，是指人们在消费过程中所消费的各种消费资料（包括劳务）的组合和比例关系。因此，从消费者主体和消费需求实现角度来看，消费结构是一个具有多层次、多角度规定性和很强可操作性的消费经济学范畴。

一、旅游消费结构的概念和分类

（一）旅游消费结构的概念

旅游消费结构是指旅游者在旅游过程中所消费的各种类型的消费资料的数量、质量及比例关系。它不仅反映了由生产力决定的旅游消费的质量和水平，也从本质上反映了由生产关系变化所引起的旅游消费的特点，因此旅游消费结构是衡量一个国家或地区旅游业发展水平的重要标志之一。

研究旅游消费结构的目的：第一，通过对影响旅游消费的各种因素的探讨，预测出旅游消费结构的发展趋势，从而寻找出符合旅游者消费需要的最佳消费结构。第二，有助于对与旅游经济发展有关的各生产部门的生产和发展进行规划与决策。旅游消费结果决定旅游消费资料的生产比例和发展速度，从而决定旅游产品生产的方向、速度和比例关系。第三，有助于制定旅游经济发展规划；建立旅游业内部生产结构；确定旅游企业的发展规模和速度；使旅游业内部的生产结构与旅游产品各大类的生产配套，进而更好地满足旅游产品需要。第四，有助于采取措施改进旅游消费结构，实现消费结构的优化，以提高旅游业的经济效益。

（二）旅游消费结构的分类

从不同角度出发，旅游消费有不同的构成内容，也相应形成了不同的旅游消费结构。

1. 按旅游消费层次划分

按照满足旅游者的不同旅游需求层次，可以将旅游消费结构划分为生存性消费、享受性消费和发展性消费三个层次。生存性消费，是指满足旅游者在旅游活动中对餐饮、住宿等基本生理需求的消费，这是为了维持旅游者在旅游活动中基本的生活需要，实现旅游者的旅游目的而必不可少的旅游消费。享受性消费，是指旅游者在旅游活动中对游览、观赏、娱乐等精神享受的消费，是实现旅游者休闲、游览等旅游目的，丰富旅游活动内容，提高旅游活动的愉悦性而进行的消费。发展性消费，是指满足旅游者在旅游活动中对求知、科考、学习等有益知识增长和智力发展的消费。三个层次的消费相互交错，在具体的旅游活动中很难划清它们之间的界限。例如，很多游客在消费餐饮、酒店产品时既得到了生理需要的满足，同时获得了精神上的满足。

2. 按旅游消费形态划分

按旅游者在旅游活动中的消费形态可以把旅游消费划分为物质消费和精神消费两种。物质消费是指旅游过程中所消耗的有形物质产品，如客房用品、食品、购买的纪念品、日用品等实物产品，这些消费使旅游者在旅游过程中获得了物质上的保证。精神消费是指旅游者对山水名胜、文物古迹、民族文化、人文风情等在观赏和享受等精神方面的消费，这部分消费是旅游消费结构中的核心部分。

3. 按旅游消费内容划分

通常，旅游消费包括交通、住宿、餐饮、游览、娱乐、购物、通信、医疗、汇兑等内容，这些旅游消费内容一般可以划分为基本旅游消费和非基本旅游消费。基本旅游消费是指旅游者对旅游住宿、餐饮、交通和景区游览等方面的消费，是进行一次旅游活动所必需且基本稳定的消费，大多数需求弹性较小，因此在旅游消费结构中具有基础性地位，必须以合理的价格优先满足这部分消费。非基本旅游消费是指与旅游者个性消费特点相联系，并且具有较大需求弹性和变化性的消费，如购物、娱乐、保健医疗、长途通信等，这些消费不一定在每次旅游活动中都发生，主要取决于旅游者的消费偏好、产品特点、旅游价格等因素，因此具有一定的变动性。

4. 按旅游消费主体划分

依据旅游消费主体，可将旅游消费分为个人旅游消费、集团旅游消费和社会旅游消费。个人旅游消费是指由个人和家庭的旅游需要而引发的旅游消费，它包括了人们在旅游过程中购买的用于满足基本需要、发展与享受需要的物质产品、精神产品和旅游服务方面的消费，是一种传统而广泛的旅游消费。集团旅游消费是指各种社会集团对商务旅游、会展旅游、奖励旅游等需要而进行的旅游消费，是一种市场潜力较大、消费水平较高的旅游消费。社会旅游消费，是指从整个社会（国家或地区）角度宏观考察旅游消费的总量规模及其结构，如世界旅游理事会将一个国家或地区的旅游消费划分为个人旅游消费支出、商务旅游消费支出、政府旅游消费支出、旅游出口等内容，然后从整个宏观旅游经济角度分析和考察旅游消费的状况。

5. 按旅游消费目的划分

根据旅游者的旅游消费目的，可将旅游消费分为观光型、度假型、商务型、探亲访友型、交流或专业访问型等。旅游者只抱有单一目的外出旅游，就是单一性消费。然而在现实中，旅游者到某地旅游往往具有一个主要目的，如观光、度假或专项旅游等，但在实际旅游活动中也不排斥其他旅游项目，如有的游客在观光后，还会有娱乐、保健等消费；很多商务游客在商务活动的前后，还伴有观光旅游消费。这时，旅游消费就表现为多样性消费，而多样性消费也是现代旅游的一个显著特征。

此外，旅游消费还可以根据不同的旅游目的地、不同的客源产生地以及不同的旅游季节进行分类。

二、影响旅游消费结构的因素

旅游消费不是人类生存的必要消费，它属于人类高级享受需要和发展需要的消费。因此，它的需求弹性较大，很多因素都会影响旅游消费的数量和质量。除了受国际上政治、经济、环境或气候变化等因素的影响外，旅游者的收入水平、年龄、性别、职业和受教育程度，以及风俗习惯、兴趣爱好等，都是影响旅游消费结构的因素。此外，旅游供给国或目的地服务范围、服务项目、服务质量、服务态度和旅游各部门的协调配合能力，以及社会治安等也都是影响旅游消费构成的因素。概括起来，影响旅游消费结构的主要因素包括以下几个方面：

（一）旅游者因素

1. 旅游者的收入水平

旅游消费是满足人们高层次需求的消费，只有当人们的收入超过维持日常生活需要的水平之上时，才能进行旅游消费。因此，个人可支配收入是影响个人旅游消费的最活跃因素。可自由支配收入越多，外出旅游的可能性就越大，旅游消费水平也会越高，旅游消费需求的满足程度也会越充分。可支配收入较高的旅游者往往对高档旅游产品有很大兴趣，在住宿、餐饮、交通等旅游产品的选择上余地较大，其购物消费通常占全部旅游消费的比例很大；而收入水平较低的旅游者往往消费以游览为主，对住宿、餐饮、交通等要求不高，购物的花费在旅游消费中只占很小的比例。

2. 旅游者的构成

旅游者不同的年龄、性别、职业、受教育水平，以及不同的风俗习惯、兴趣爱好，都不同程度地影响着旅游消费结构。从年龄、性别上看，通常青年游客对游览娱乐型旅游产品消费较多，而在住宿、饮食方面的消费相对较低；老年游客对住宿、饮食、交通的要求比较高；女性游客的旅游消费中购物所占比重较大。旅游者的收入和带薪假期的长短直接影响着旅游者在旅游目的地的逗留天数和消费数量。旅游者的文化、习俗、受教育程度和兴趣爱好，使他们对旅游产品的内容和质量的要求也大不相同。

3. 旅游者的心理因素

旅游者的消费习惯、购买经验、周围环境都不同程度地影响着旅游消费结构。消费方式的示范性及旅游者的从众心理也影响着旅游者的支出倾向。例如，历史上兴起的温泉旅游热、海滨旅游热及现代的文化旅游热等，都与不同的旅游消费结构相对应。

（二）旅游产品因素

生产发展水平决定消费水平，旅游产品的构成、价格及质量直接影响着旅游消费结构。

1. 旅游产品的结构

向旅游者提供的住宿、餐饮、交通、游览、娱乐和购物等各类旅游产品的生产部门是否协调发展，旅游产品的内部结构是否比例恰当，都是影响旅游消费结构的因素。特别是在国民经济中，如果向旅游业提供服务的各相关产业部门的结构不合理，没有形成一个相互协调、平衡发展的产业网，就会导致旅游产品比例失调，各构成要素发展不平衡，从而不仅不能满足旅游者需求，反而造成供求失衡，破坏旅游产品的整体性。例如，交通工具短缺，会使旅游者进不来、出不去，或进来了又散不开。而旅游设施设备不足，住宿游览娱乐点过少，又会使旅游者来了无住处，住下了又无游处。或者旅游项目单调、枯燥，旅游资源缺乏吸引力等，这些情况都会使旅游产品在旅游市场上失去竞争能力，丧失客源。因此，从这个意义上讲，旅游产品结构决定着旅游消费结构，决定着旅游者的消费水平和消费数量。

2. 旅游产品的价格

旅游产品价格的变化影响着旅游者的消费数量和消费结构。由于旅游产品的需求弹性大，所以当旅游产品的价格上涨而其他条件不变时，人们就会把旅游消费转向其他替代商品的消费，使客源量受到很大影响。反之，当旅游产品价格下跌，或者价格不变但增加了旅游产品的内容时，人们又会把用于其他商品的消费转向旅游。当单项旅游产品价格发生相对变化时，人们的支出也会随之发生改变。因此，旅游产品价格的变化不仅影响旅游消费结构而且影响旅游需求量的变化。

3. 旅游产品的质量

发展旅游业不但需要一定数量的旅游产品，而且需要高质量的产品。如果旅游产品的数量虽然符合旅游需求的总量，但其质量差、生产效率低、使用价值小，则仍然不能满足旅游者的消费需求，并且必然要影响到旅游消费的数量和结构。旅游产品的质量包括三个方面：一是向旅游者提供称心如意、物美价廉的旅游产品，即提供的旅游产品要达到适销、适量、适时和适价的要求。二是旅游服务要求做到熟练敏捷，为旅游者节约时间，提供方便。三是在旅游服务过程中要礼貌、热情、主动、周到。只有提高旅游产品质量，使旅游者获得物质与精神上的充分满足，提高他们的消费水平，才能使旅游消费结构日趋完善。

（三）旅游宏观环境因素

1. 旅游客源地经济发展水平

客源地的经济发展水平直接关系到旅游者的闲暇时间和收入水平，从而直接影响着旅游者的旅游需求水平和旅游消费水平。一般来说，国民经济发展水平越高，人们所获得的可自由支配的收入和闲暇时间就越多，而这两个必要条件又会大大刺激旅游需求水平和旅游消费水平的提高，所以旅游客源地的经济发展水平是直接影响旅游消费结构的最根本因素。例如，发达国家的旅游者与经济欠发达国家的旅游者相比，其食、住、行、游、购、娱的比例结构会大相径庭。

2. 旅游目的地经济发展水平

旅游目的地的经济发展水平决定了其旅游供给能力和供给水平，包括各种旅游设施的完善程度、旅游产品的数量和质量结构以及旅游业的经营管理水平，这在一定程度上影响到旅游者对目的地的消费选择和消费结构。例如，欠发达的旅游目的地设施欠缺，旅游产品种类少、数量不足，旅游者消费选择的余地小，他们的消费结构就会不同于经济发展水平高的旅游目的地。

三、旅游消费结构的合理化

旅游消费结构的合理化是一个动态的发展过程，它是指旅游消费从不合理状态向合理化状态不断靠近的渐进过程。一般来讲，在居民收入、闲暇时间一定的前提下，合理化的旅游消费的内容和基本标准包括下面三层含义：一是旅游消费的发展速度要适度，要与旅游业和其他同旅游消费有关的经济部门的发展水平相应；二是旅游消费的内容必须丰富多彩，方式要多种多样，切忌单调、乏味刻板的旅游消费方式；三是旅游消费结构要优化，即食、住、行、游、购、娱之间及其各自内部的支出比例要恰当，要体现出旅游消费的经济性、文化性、精神享受性等特点，以最大限度地提高旅游消费和经济社会效益，促进消费者身心健康和全面发展。具体说，要实现旅游消费的合理化，就应满足以下一些基本要求。

（一）旅游消费水平逐步上升

旅游消费是人们文化生活的组成部分，是一种包含着较多精神内容的、高层次的生活方式，它的合理发展必须给旅游者以新颖、舒适、优美、健康的感受，能够激发人们热爱生活、追求理想、奋发向上、努力学习的情感和动机，能不断提高人们的思想、艺术、文化修养，用丰富多彩的旅游活动内容和服务项目来充实旅游者的精神世界。总之，人们用于满足物质文化需求的旅游产品和劳务的消费越多，则旅游消费的水平就越高，这是旅游消费方式合理化的必然规律。

（二）旅游消费结构的不断优化

所谓旅游消费结构优化，是指旅游消费的内容、方法和形式必须丰富多彩、生动活泼。因为旅游就是人们花钱买享受，它要求使旅游者玩得痛快、充实、高兴和有益，这也是旅游消费合理化的基本要求。旅游消费内容和旅游活动方式的具体选择，必须既有利于旅游者消除疲劳、增进健康，又有利于旅游者增长知识、修身养性、促进体力和智力的发展。由于旅游消费结构反映旅游者在旅游过程中所消耗的各种消费资料（物质产品、精神产品、服务）的比例关系，因此，必须不断优化旅游消费的结构，使旅游者通过各种旅游活动达到开阔视野，培养和发展自己的各种良好兴趣和能力，提高自身精神文化素质的目的。

（三）旅游消费市场供求平衡

旅游需求具有很大的变动性，而旅游供给则具有一定的稳定性，因此合理的旅游消费方式，应保证在旅游“淡季”和旅游“温冷”地区仍有一定的旅游消费规模，以提高旅游设施、设备的利用率，充分发挥旅游消费对饮食服务、宾馆、交通运输、邮电通信、金融、商业及娱乐等行业的带动和促进作用。同时要尽量保证在旅游“旺季”和旅游“热点”地区，旅游消费的水平和结构应与旅游地的接待能力相适应，切实解决旅游“吃饭难”“住宿难”“乘车难”等问题，不断提高旅游消费的效果和水平。

（四）旅游消费环境良性发展

良好的旅游环境是高品位旅游资源和高质量旅游产品的重要组成部分，是使旅游消费得以顺利有效进行的必备条件。人们出门旅游的主要动机是追求一个清新、舒适、宁静、安全的自然环境和社会环境。因此，合理的旅游消费首先必须有利于生态环境的保护，特别是某些特定的旅游活动，如狩猎、钓鱼、森林旅游等，必须以不损害自然界的生态平衡为限，严禁滥捕、滥猎和滥采。同时，合理的旅游消费结构还应该通过旅游活动的开展，增强人们对自然资源和历史文物的保护意识，促使旅游者主动维护和改善环境，积极筹集资金治理环境污染，促进旅游消费环境良性发展。

【同步思考】

我国旅游消费结构存在的问题及其优化

1. 我国旅游消费结构存在的问题

（1）基本旅游消费所占比例过大。根据基本旅游消费和非基本旅游消费的含义，交通费、游览费、住宿费、餐饮费为基本旅游消费，商品销售、娱乐费、邮电通信费、其他费用为非基本旅游消费。

基本旅游消费和非基本旅游消费的比例是反映一个国家入境旅游者质量的重要标准，在旅游业发达的国家，非基本旅游消费的比重可以达到60%以上。目前我国非基本旅游消费为40%左右，虽然比国际规定的非基本旅游消费的警戒线高30%，但与旅游发达国家的差距还比较大。

（2）物质资料消费多，精神资料消费少。旅游者在游览娱乐等精神方面的消费比例还很小，这与我国在旅游资源开发的过程中没有对旅游产品和项目进行合理搭配有关。还没有充分注重旅游设施的建设、旅游景点和其他配套文化娱乐设施的建设，旅游活动中娱乐活动项目组织不足，从而导致旅游消费结构的不合理状态。

（3）观光型产品消费所占比例过大。入境旅游者来中国大都以观光为主，国内旅游者的情况也相同。而且目前我国的观光旅游者人均支出远比其他类型旅游者人均支出少。这说明我国的观光型旅游产品层次低，质量不高，开发创新力度不够，还不足以吸引广大旅游者。并且，对一些观光旅游产品的消费是伴随着对资源和环境的过度利用和破坏而进行的。

2. 我国旅游消费结构的优化

（1）加强旅游产品创新和开发。基本旅游消费支出弹性较小，是有限的；而非基本消费需求弹性较大，增长潜力大。现代社会人们越来越追求旅游消费的娱乐性、趣味性、参与性。为了满足旅游者的需求，我国旅游业应该加强旅游产品的文化娱乐性，努力开发具有地方特色、民族特色的高层次文化娱乐项目，增强旅游产品的参与性和吸引力。

（2）完善旅游产品结构。有关资料显示，世界旅游消费结构变化的趋势有三个：一是观光旅游份额逐步下降，商务、购物旅游活动比重上升；二是自然风光旅游产品份额减少，内涵丰富的文化旅游产品份额直线上升；三是度假旅游逐步兴起并走向成熟。近几年来，虽然我国的旅游产品结构有所调整，但并未打破以观光旅游为主导的单一结构的旅游产品体系，因此，我们要继续在调整旅游产品结构上下功夫，以传统的观光型旅游产品为依托，通过对观光旅游产品的发展和提高，大力开发以休闲度假为主的高层次文化娱乐旅游产品。并且努力发展各种专项旅游产品和特色旅游产品，如体育旅游、工业旅游、文化旅游、生态旅游等非观光类旅游产品，积极实现旅游产品结构的优化，以促进旅游消费结构的优化升级。

请思考：我国旅游结构不合理的现状是哪些因素造成的？

第三节 旅游消费效果及评价

优化旅游消费结构的最终目的是要实现旅游者个人、旅游经营企业以及整个社会的和谐有序发展。对旅游消费效果进行分类、评价，就是要考察旅游消费是否达到了这个目的。

一、旅游消费效果的含义

在旅游活动过程中，旅游者要投入一定的时间、金钱和体力，消耗一定量的物质产品和服务，即旅游消费的投入；而通过旅游消费使人们的体力和智力得到恢复和发展，精神得到满足，即旅游消费的产出。在旅游者的消费过程中，投入与产出、消耗与成果、消费支出与达到消费目的的效果之间的对比关系，就是旅游消费效果。这里所说的旅游消费效果实质上是一种心理现象，是旅游者通过旅游消费而获得的心理感受和主观评价。

二、旅游消费效果的分类

（一）按考察范围分

根据考察范围的大小，旅游消费效果可以分为宏观旅游消费效果和微观旅游消费效果。宏观旅游消费效果，是把所有旅游消费作为一个整体，从社会角度研究旅游消费资料的价值和使用价值，研究旅游消费资料的利用情况和旅游者的满意程度、旅游消费对社会生产力和再生产力的积极影响，以及对社会经济发展所起的促进作用。而微观旅游消费效果则是从旅游者个体消费的角度出发，分析旅游者通过旅游产品消费，在物质上和精神上得到满足的程度，如旅游消费是否及在多大程度上达到旅游者的预期目标，是否及在多大程度上实现了旅游者需求的最大满足等。

（二）按投入和产出的密切程度分

根据一定的旅游消费投入与其所取得的成果之间的联系的密切程度不同，旅游消费效果可分为直接旅游消费效果和间接旅游消费效果。直接旅游消费效果是指一定的旅游消费投入直接取得的消费效果，如旅游者花钱品尝了地方美食，花钱乘车实现了空间位移，花费一定时间和金钱而获得的观光游览的愉悦和满足等。间接旅游消费效果，是指一定的旅游消费投入所取得的不直接显示出来的效果，如旅游陶冶情操、提高人们的素质，则需要通过人们的工作生活实践，才能具体体现出来。

（三）按考察时间的长短分

根据考察时间的不同，还可将旅游消费效果分为当前旅游消费效果和长远旅游消费效果。当前旅游消费效果考察的是旅游消费给旅游者带来的现实满足，以及给旅游经营者和旅游目的地带来的现实经济利益。长远旅游消费效果则是指旅游消费所产生的长期潜在效果，如通过旅游活动而实现的人们素质的提高，或者旅游消费对目的地社会文化的影响。

三、旅游消费效果的评价原则

旅游消费效果作为一种高层次的消费活动的效果，所包含的内容非常丰富，难以寻找到一个统一的标准。只有从不同角度、不同方面进行比较分析，才能取得相对客观的关于旅游消费活动的综合性效果。进行评价时通常应遵循以下原则。

（一）旅游产品价值和使用价值的一致性

在市场经济条件下，旅游产品作为消费商品进入消费领域，满足人们的消费需要，其在使用价值上必须使旅游者能够得到物质与精神上的享受，在价值上要符合社会必要劳动时间的客观要求。对于国际旅游者来说，旅游产品的价值还要符合国际社会必要劳动时间的要求，在旅游产品价格上要能正确反映旅游产品的国际价值。因此，旅游产品必须使旅游者获得与其支付的货币相适应的物质产品和精神产品的价值，才能实现旅游者消费的最大满足，实现旅游者预期的旅游消费效果。

（二）微观与宏观旅游消费效果的一致性

宏观旅游消费效果以微观旅游消费效果为基础，而微观旅游消费效果则以宏观旅游消费效果为根据，但最终以微观旅游消费效果为主要依据，通过各种手段和方法提高微观旅游消费效果，有利于提高宏观旅游消费效果，即两者具有一致性。

（三）旅游消费效果与生产成果、社会效果的一致性

旅游消费的对象是生产成果，而生产的经济成果直接影响消费效果。因此，在考察旅游消费效果时要兼顾旅游生产消费资料的经济成果。同时，旅游消费也是一种社会行为，因此也要对旅游消费效果进行社会影响的效果评价，即体现旅游消费效果与生产成果、社会效果的一致性。

（四）短期与长期旅游消费效果的一致性

旅游消费既有当前消费效果，又有长远消费效果，因而要坚持当前与长远旅游消费效果的一致性来评价旅游消费效果。当前旅游消费效果的取得不能以影响长远消费效果

为代价，同时也不能因为追求长远旅游消费效果而对现实的旅游消费活动进行不恰当的抑制。

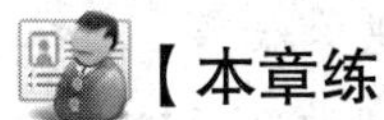

【本章练习】

一、关键名词

旅游消费　旅游消费结构　旅游消费结构合理化　旅游消费效果

二、单项选择题

1. 下列表述不正确的是（　　）。

A. 旅游消费是一种综合性消费

B. 旅游消费具有生产过程与消费过程同一性的特征

C. 旅游消费大多具有季节性特征

D. 旅游消费是一种低弹性的消费

2. 下列不属于影响旅游消费结构因素的是（　　）。

A. 旅游者的收入水平　　B. 旅游产品的价格

C. 旅游客源地的气候条件　　D. 旅游客源地的经济发展水平

三、简答题

1. 旅游消费的特征是什么？

2. 影响旅游消费结构的因素有哪些？

3. 实现旅游消费结构的合理化应满足哪些基本要求？

4. 怎样评价旅游消费效果？

四、论述题

分析你所在的地区旅游消费结构存在哪些问题。应如何对其进行优化？

五、案例分析

旅游消费的快速复苏与关注热点

消费是国民经济增长的重要依托，也是人民美好生活的直接体现。2023 年以来，随着疫情防控平稳转段，经济社会全面恢复常态化运行，消费恢复态势良好。国家统计局数据显示，2023 年我国最终消费支出拉动经济增长 4.3 个百分点，对经济增长的贡献率为 82.5%，消费的基础性作用更加显著。旅游消费具有很强的综合性和带动性，而且对于促进人的全面发展、满足人民美好生活需要具有重要意义。

2023 年我国旅游市场快速恢复，从年初的回暖，到“五一”和端午节的走热，乃至暑期的火热以及中秋、国庆、元旦等节假日期间的大热，旅游成为消费领域的最大亮点。特别是“淄博烧烤”、贵州“村 BA”“村超”以及“尔滨”旅游，更是成为全国性热点话题。旅游消费的快速复苏与持续走热，不仅为国民经济企稳回暖提供了重要支撑，也为改善社会预期、创造美好生活做出了积极贡献。旅游作为扩大内需、带动消费的重要领域，在国民经济发展的关键时期再次发挥了重要作用。

旅游消费的恢复性增长，得益于需求和供给两端的双向发力和良性互动。从需求端来看，前期累积需求的集中释放直接推动了旅游消费的快速复苏；从供给端来看，旅游消费的显著增长离不开总体消费环境的持续改善以及对旅游消费新趋势的准确把握与及时满足。一方面，中央和地方政府将扩大内需尤其是促进消费恢复摆到更加突出的位置，不断推出消费政策，持续改善消费环境，为居民消费需求的整体恢复提供保障；另一方面，各级政府将旅游作为扩大内需、提振消费的重要领域，积极出台支持政策，连续推出惠民措施，开展各种推广活动。从举办音乐节、演唱会、体育赛事到推行旅游公交、开放政府停车场、包容性交通执法，从发放文旅消费券到文旅局长们亲自上镜推广，引导和扩大旅游消费成为各级政府的重点工作。在此背景下，从“淄博烧烤”到贵州“村超”乃至“尔滨”旅游，从研学旅行、非遗旅游、城市漫步（city walk）、城郊露营、房车旅游到夜宿博物馆、沉浸式体验、行浸式演艺，各类旅游热点、消费场景和新兴业态不断催生。

在旅游消费恢复增长的大潮中，“淄博烧烤”、贵州“村超”和“尔滨”旅游格外引人瞩目。作为一个传统上以工矿为主导产业的三线城市，自 2023 年 3 月以来，淄博因“大学生组团到淄博撸串”话题而持续走热，仅仅一个月的游客量便超过全市常住人口总和，“进淄赶烤”一度成为潮流。作为全国最后一批脱贫摘帽县，贵州榕江因群众自发组织、自主运营的乡村球赛——榕江县（三宝侗寨）和美乡村足球超级联赛而在网络走红，并被戏称为“村超”。自开赛以来，单场最高上座人数超 9 万，全网浏览量超 480 亿次，各项数据创下历史纪录。“村超”从籍籍无名的村级娱乐赛事发展为受国内外关注的“超级赛事”。习近平总书记在 2024 年新年贺词中还专门提及活力四射的“村超”。2024 年元旦前后，“尔滨”“南方小土豆”“小砂糖橘”成为网络热词，哈尔滨的中央大街、红专街早市、冰雪大世界等成为游客打卡地。元旦 3 天假期，哈尔滨接待游客 304.79 万人次，旅游总收入达到 164.2 亿元；春节 8 天，哈尔滨累计接待游客 1009.3 万人次，日均同比增长 81.7%，实现旅游总收入 164.2 亿元，按可比口径同比增长 235.4%，游客接待量与旅游总收入均达到历史峰值，整个城市被戏称为“互联网打造的 5A 级景区”。

资料来源：宋瑞，杨晓琰. 促进旅游消费的有效途径：现象、规律与建议［N/OL］. 文旅中国，https://baijiahao.baidu.com/s?id=1799008024101954959&wfr=spider&for=pc.2024-05-14.

问题：

1. 文旅消费与过去传统的旅游消费有什么不同？

2. 旅游消费恢复增长的大潮中涌现出哪些新业态、新模式和新供给？

第七章

旅游收入与分配

旅游收入是旅游经济活动的主要成果，也是国民收入的重要组成部分。它一方面反映了旅游部门和企业在旅游经济活动过程中所创造的价值，另一方面又体现着旅游经济对国民经济发展的贡献。本章从旅游经济运行角度对旅游收入与分配进行了考察。

【学习目标】

1. 学习和掌握旅游收入的概念、分类和指标。
2. 学习和掌握旅游收入的形成以及旅游收入初次分配和再分配的内容和流程。
3. 学习和掌握对旅游乘数效应与旅游收入漏损的基本理论及其相互关系。

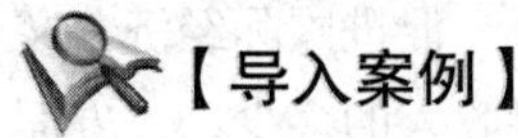

文旅消费，旺丁更要旺财

近来，从以一碗麻辣烫出圈的甘肃天水，到被“王婆说媒”带火的河南开封，现象级“爆点”轮番登场，引领文旅市场持续“热辣滚烫”。“人从众”的热闹背后，也有专家提醒，衡量文旅产业动能活力，既要看人气，也要看其转化力。从一些地方发布的数据来看，尽管旅游收入迎来可喜增长，但“人气旺、消费低”“总量多、人均少”的“穷游”现象，成为困扰文旅消费增长的难题。文旅市场“旺丁不旺财”，也是观察经济社会发展的一扇窗。无论是随处可见的City Walk，还是风靡一时的“特种兵旅游”，抑或备受欢迎的乡村游、小城游，都有鲜明的“最短时间、最低成本、最优性价比”特质，这体现了人们旅游心态和消费观念的变化，也和经济社会发展形势息息相关。

第一节　旅游收入的概念及分类

一、旅游收入的概念

旅游收入，是指旅游目的地国家或地区在一定时期内通过向旅游者提供旅游服务和旅游产品而取得的货币性及非货币性收入总和。旅游收入直接反映了某一旅游目的地国家或地区旅游经济的运行状况，是评价和衡量旅游经济活动效果的综合性指标，也是衡量某一国家或地区旅游业发达与否的重要标志。

（一）旅游收入是旅游经济活动成果的前提

旅游企业通过经济活动取得收入后，要按照补偿成本、缴纳所得税、提取公积金、向投资者分配利润等顺序进行分配。旅游服务与产品具有生产与销售同时性特点，旅游收入作为已售旅游服务与旅游产品价值的货币表现，表明消费者对旅游服务与旅游产品的认可程度。扣除旅游经营成本及相关税费后的差额即旅游利润，它体现了旅游经济活动的成果。通常，在旅游产品生产经营成本及相关税费不变的情况下，旅游收入的多少与旅游利润成正比例关系。旅游收入越多，旅游利润就越大，则旅游经济效益就越好；反之，旅游收入越少，旅游利润就越小，则旅游经济效益就越差。同时，在旅游经营活动更大范围地开展时，随着旅游服务水平的不断提高，旅游产品质量的不断提升，旅游收入的增长速度超过旅游成本费用的增长速度，则取得更高的旅游利润。

（二）旅游收入体现着旅游业对国民经济的贡献

发展旅游经济的目的是发展同全世界各国人民之间的友好往来，促进国际经济、文化、技术交流，满足国内外旅游者对旅游产品的需求。因此，旅游收入的多少，一方面体现着接待旅游者数量的增减、旅游服务质量的高低、旅游产品的畅销程度和旅游者旅游需求的满足程度，另一方面直接反映了旅游目的地国家或地区旅游经济的运行状况，是衡量旅游经济活动及其经济效益的不可缺少的指标，也是一个国家或地区旅游业发达与否的重要标志。

此外，在旅游企业正常经营活动中，企业不仅为自己创造了价值，还为社会创造了价值，即利润。通过税收国家集中一部分企业利润，有计划地分配使用，实现国家的政治职能和经济职能。旅游收入的多少还体现着旅游业对国家做出贡献的大小以及旅游业对国民经济的促进和影响作用。通常，旅游收入与旅游利税成正比关系，旅游收入越多则旅游利税就越大；反之，旅游收入越少则旅游利税就越小。因此，在一定时期内旅游收入的多少，直接反映了旅游目的地国家和地区旅游业对国民经济的贡献大小。

（三）旅游收入体现了货币回笼和创汇的状况

旅游经济活动包括国内旅游和国际旅游两部分。开展国内旅游业务，可引导人们进行合理消费，使人们在旅游活动中增长见识、丰富知识、开阔眼界，同时通过销售旅游产品和提供服务，完成回笼货币的任务。开展国际旅游业务，努力销售本国各类旅游产品，取得旅游外汇收入，对减少国家外贸逆差、平衡外汇收支、增强国家外汇支付能力、增加国家外汇储备等方面都具有十分重要的作用。

二、旅游收入的分类

（一）按旅游收入来源划分

1. 国际旅游收入

国际旅游收入，是指旅游目的地国家或地区通过经营国际旅游业务，向非本国（地区）旅游者提供旅游服务与产品所取得的外汇收入。国际旅游收入是国际旅游者在旅游目的地的各项旅游消费支出，也是旅游目的地国家或地区出口旅游产品所取得的收入，是另一种形式的对外贸易。影响国际旅游收入的因素很多，除旅游目的地的旅游吸引力、旅游设施设备的完善性、可进入性外，旅游目的地国、旅游接待国的政治、经济、文化、历史及国际经贸关系、国际政治关系都会对国际旅游收入产生影响。

2. 国内旅游收入

国内旅游收入，是指旅游目的地国家或地区通过经营国内旅游业务，向国内旅游者提供旅游服务与产品而取得的本国货币收入。国内旅游收入来源于本国居民在本国境内的各项旅游消费支出，是本国物质生产部门劳动者新创造价值的转移，其增加一般不会导致一国财富总量的增加，属于国民收入的再分配。国内旅游收入体现了一个国家或地区内经济发展的状况及水平，体现了国家与企业、企业与企业、企业与居民之间的经济分配关系。

3. 区域旅游收入

区域旅游收入，是指来自国际旅游者、国内旅游者和区域内居民的旅游消费形成的收入。区域旅游收入等于区域外旅游者在本区域内的旅游支出与区域内旅游者在本区域内的旅游支出之和。除旅游资源、地理位置、交通外，影响区域旅游收入的因素主要有：一日游旅游者比例、过夜旅游者停留天数、旅游者对旅游服务质量的评价等。

（二）按旅游需求弹性划分

旅游者在旅游活动中的消费支出涉及食、住、行、游、购、娱等多个方面，按照各种旅游需求的弹性大小，可将旅游收入划分为基本旅游收入和非基本旅游收入两大类。

1. 基本旅游收入

基本旅游收入，是指旅游目的地国家或地区向旅游者提供旅游交通、餐饮、住宿、景点游览等旅游服务与产品所取得的货币收入的总和。这也是每个旅游者在旅游过程中必需的旅游消费支出。对于每一个旅游者来说，基本旅游收入是缺乏弹性的，是一种刚性的旅游消费支出，因而基本旅游收入与旅游者人数、旅游者停留时间、旅游者的消费水平成正比变化。在其他条件不变的情况下，旅游者人数越多，旅游者的人均消费支出水平越高，旅游者停留天数越长，旅游目的地国家或地区获得的基本旅游收入就越多。

2. 非基本旅游收入

非基本旅游收入，是指在旅游活动中，旅游目的地国家或地区的相关部门和企业，通过向旅游者提供娱乐、购物、医疗、美容、银行、保险等服务所获得的货币收入的总称。由于各类旅游者的旅游动机及需求、支付能力不同，这类消费支出具有较强的选择性和灵活性。非基本旅游收入的增减变化，具有很大的随机性。非基本旅游收入在旅游总收入中所占比重是衡量一个国家或地区旅游业发展水平的重要指标之一。一般来说，某一旅游目的地的非基本旅游收入所占比重越大，表明该地区旅游业的发展水平越高，旅游收入的增长潜力越大；某一旅游目的地的非基本旅游收入所占比重较小，则说明该地区的旅游业尚处于初期发展阶段，因而在旅游产品结构、旅游项目开发、旅游经营方式等方面都有待于进一步优化和发展。

（三）按旅游消费支出构成划分

按照旅游者的旅游消费支出构成，可将旅游收入划分为劳务性旅游收入和商品性旅游收入。

1. 劳务性旅游收入

劳务性旅游收入，是指为旅游者提供各种劳务性旅游服务而取得的收入，包括交通、住宿、游览、邮电通信、文化娱乐、旅行社中介代理服务及其他各种服务性收入。劳务性旅游收入主要以无形旅游产品的交易为主，其成交表现为以劳务性产品使用价值和价值的暂时转移为主要特征。

2. 商品性旅游收入

商品性旅游收入，是指为旅游者提供物质形态的旅游产品而取得的收入，主要包括销售旅游商品和提供餐饮服务等所获得的收入。商品性旅游收入主要以有形旅游产品的交易为主，其成交表现为以物质产品使用价值与价值所有权的长期转移为主要特征。

三、旅游收入的影响因素

旅游业是一个综合性、关联性较强的行业。社会各种经济现象和各种经济关系的变化都会使某一旅游目的地国家或地区在一定时期内的旅游收入和旅游外汇收入出现不同程度的变化。可以说，旅游收入是一个受多种因素影响的函数，其主要影响因素有数量、价格和统计三个方面。

（一）数量因素

1. 旅游接待人数

旅游目的地国家或地区接待旅游者人数的多少，直接影响旅游目的地国家或地区旅游收入的高低。在旅游者的旅游消费水平和消费支出基本变化不大的情况下，旅游收入与所接待的旅游者人数成正比，即接待旅游者人数越多，则旅游收入就越多；反之，若接待旅游者人数减少，则旅游收入也随之减少。因此，接待旅游者人数多少是直接影响旅游收入变化的基本因素。

2. 旅游者停留时间

在接待旅游者人数、旅游者消费水平既定的情况下，旅游者在旅游目的地的停留时间长短对旅游目的地国家和地区的旅游收入也有着直接的影响。通常，旅游者停留时间与旅游收入之间存在着正比变化关系，即旅游者在旅游目的地停留时间越长，其旅游花费支出就越多，则旅游目的地的旅游收入就越多；反之，旅游者在旅游目的地停留时间越短，其旅游花费支出就越少，则旅游目的地的旅游收入就越少。在正常情况下，旅游者停留时间的长短与旅游者的闲暇时间、旅游者支付能力、旅游产品的吸引力及旅游目的地对旅游活动的组织安排等有着密切的联系。

旅游目的地国家与地区旅游产品的开发深度和广度是影响旅游者停留时间的重要原因。因此，充分利用和开发旅游目的地国家或地区的旅游资源，不断提高旅游产品的吸引力，增加接待旅游者人数，提高旅游者消费支出，延长旅游者停留时间，这样才能不断增加旅游收入。

（二）价格因素

1. 单一旅游服务与产品的价格

旅游收入等于旅游服务与产品价格与旅游服务与产品数量（即旅游者人数和停留天数）的乘积，它们两者之间存在着密切的依存关系。根据旅游需求规律，在其他条件不变的情况下，随着旅游产品价格的上涨或下落，旅游者人数及停留天数会相应减少或增加。旅游消费属于非生活必需品消费，需求价格弹性较大。因此，必须正确计算旅游产品的需求价格弹性系数，并根据旅游产品需求价格弹性的大小，合理确定旅游产品价格，以吸引更多的旅游者，进而提高旅游目的地国家或地区的旅游收入。

2. 旅游者人均综合消费水平

在旅游接待人数及停留天数既定的条件下，旅游者的支付能力、人均消费水平和消费种类是决定旅游收入增减变化的另一决定性因素。通常，旅游者的支付能力、人均消费水平、消费深度及广度与旅游目的地国家和地区的旅游收入呈正比例变化。旅游者的旅游消费水平一方面与旅游者的年龄、社会阶层、家庭状况、职业、个人可支配收入及消费偏好等因素有着密切的关系，另一方面与旅游服务和产品的开发深度与广度密切相关，与旅游者的非基本性旅游需求、商品性旅游需求比重直接相关。

3. 外汇汇率变化

外汇汇率是各国不同货币之间的相互比价。由于目前世界各国普遍实行浮动汇率制，外汇汇率总是处于经常变化之中，外汇汇率变动对涉外旅游价格和旅游创汇有直接影响，从而对旅游收入也会产生一定的影响。

一方面，旅游目的地国家相对旅游客源国的汇率降低或提高，表明旅游目的地国家的货币贬值或升值，于是在旅游目的地国家旅游产品价格不变情况下，就会相应刺激或抑制旅游客源国的旅游需求，而使旅游目的地国家的入境旅游人数增加或减少，进而使旅游外汇总收入增加或减少。

另一方面，汇率的变化，会使同量的旅游外汇收入在不同时期所换算的旅游收入出现较大差异，因而在衡量旅游目的地国家旅游收入时，应注意分析因汇率变动而形成的差异，才能使旅游目的地国家或地区在不同时期内所取得的旅游收入更具真实性和可比性。

（三）旅游统计因素

旅游业是一个综合性产业，涉及若干直接旅游部门及相关部门，旅游收入有些来自直接旅游企业，有的来自间接旅游企业甚至非旅游企业，致使旅游统计常常会出现遗漏或重复统计的现象，使统计的旅游收入不能完全如实地反映旅游目的地国家或地区实际所获得的旅游收入。例如，旅游部门与非旅游部门之间对旅游收入的重复统计，旅游者在旅游活动中所支出的某些遗漏统计的费用，旅游者通过亲朋好友所提供的免费食宿的遗漏统计，等等。因此，在计算和分析旅游收入时，还必须考虑上述统计的问题并进行合理的修正，才能保证旅游收入统计的正确性和真实性。

【知识链接】

旅游增加值（GDP）剥离测算方法

旅游者在旅游活动中的消费支出所形成的增加值，通常有相当一部分被统计在交通运输业、餐饮业、文化娱乐业、商业、邮电通信业和其他社会服务业中，通过采取一定的科学方法把属于旅游者消费形成的增加值部分从这些行业剥离出来，与旅游业的增加值一起汇总成旅游增加值，从而分析和反映旅游经济对国民经济的贡献和作用，这种方法就叫作旅游增加值（GDP）剥离测算方法。

采用旅游增加值剥离测算方法，首先必须对旅游增加值进行明确的界定，即把目前国民经济统计中对旅行社、旅游饭店统计的增加值界定为狭义的“旅游增加值”，把包括旅行社、旅游饭店和交通运输、餐饮、娱乐、购物及邮电通信等行业中为旅游者提供产品和服务而形成的增加值界定为广义的"旅游增加值"，以科学客观地反映旅游业实际创造的增加值及其对国民经济的贡献。

为了计算"旅游增加值"，就必须从交通运输、餐饮、娱乐、购物及邮电通信等行业中剥离出为旅游者提供产品和服务而形成的增加值，具体的剥离方法分为以下几个步骤。

一是计算与旅游活动直接相关的各行业的增加值率，如交通运输业、餐饮业、商业、邮电通信业等行业的增加值率；

二是根据旅游统计而计算出这些行业中属于向旅游者提供的旅游收入；

三是根据这些行业的增加值率和旅游收入，计算出各行业的旅游增加值；

四是用各行业的旅游增加值与该行业的总增加值相除，即得到该行业旅游增加值剥离系数；

五是根据旅游增加值剥离系数，从各行业不同时期增加值中计算剥离旅游增加值；

六是将不同时期剥离的各行业的旅游增加值汇总，即可以得到不同时期的广义"旅游增加值"，并用其与相应时期整个国民经济的增加值进行比较，就能够反映整个旅游业对国民经济的贡献作用和地位。

资料来源：李江帆，李美云．旅游产业与旅游增加值的测算［J］．旅游学刊，1999（5）．

第二节 旅游收入指标及计算

旅游收入指标，是用货币单位计算和表示的，反映旅游经济发展的水平、规模、速度、结构及其他比例关系的指标，是旅游经营者和有关部门在制定旅游发展规划，选择最佳旅游目标市场时提供依据和信息，实现劳动消耗补偿，提高旅游企业经济效益和整个旅游业经营管理水平的重要工具。

在旅游统计工作中，通常把旅游收入的衡量指标归纳为两大类：旅游收入绝对数指标和旅游收入相对数指标。

一、旅游收入绝对数指标的计算

影响旅游收入绝对数指标的因素主要有旅游者人次数、旅游者人均消费支出及旅游者人均旅游天数。实践中，实行向旅游消费者直接取值的"买方统计"，通过对旅游者进行抽样调查，得到旅游者人均消费支出和人均停留天数，再按以下公式计算各种范围内的旅游收入。

设：R_f——（国际、国内、区域）旅游（或旅游外汇）收入；

N——（国际、国内、区域）旅游者人数；

E——（国际、国内、区域）旅游者人均消费支出；

T——（国际、国内、区域）旅游者停留天数。

则

$$R_f = N \cdot E \cdot T \tag{7-1}$$

二、旅游收入相对数指标的计算

旅游收入的相对数指标又分为旅游收入平均指标和旅游收入比率指标。前者反映旅游者在旅游目的地的平均消费水平，以及旅游目的地国家或地区平均向每个旅游者提供旅游产品和相关劳务获得的价值量；后者反映旅游经济增长水平、发展状况及其在国民经济中的地位和作用。

（一）人均旅游收入及计算

人均旅游收入是在一定时期内，旅游目的地国家或地区平均每接待一个旅游者所获得的旅游收入额。它也是每一个旅游者在旅游目的地国家或地区境内的人均消费支出额。该指标主要用于分析和比较同一国家或地区在不同时期接待旅游者的收入情况，其数值的高低与旅游者的构成、支付能力、停留时间以及旅游目的地国家或地区的旅游接待能力有密切的关系。

人均旅游收入指标的计算，是用一定时期内该国家或地区旅游收入总额与其接待的旅游者人次相除而得，也可用旅游者人均每天旅游消费支出与平均停留时间相乘而得。

（二）旅游收入增长率及计算

旅游收入增长率，是指不同时期旅游收入（或外汇收入）的比率。旅游收入增长率可动态地反映一个国家或地区旅游收入的变化情况。通常有三种表示方法：定基增长率、环比增长率和平均增长率。

1. 定基增长率

旅游收入定基增长率，是指以某年旅游收入为基数，将以后各年旅游收入同其进行比较而得到的增长率。该指标反映各年旅游收入与基期旅游收入的比较情况，其计算公式如下：

设：r——旅游收入定基增长率；

R_0——基期旅游收入；

R_i——第 i 期旅游收入。

则有旅游收入定基增长率计算公式：

$$r = \frac{R_i - R_0}{R_0} \times 100\% \qquad (7\text{-}2)$$

2. 环比增长率

旅游收入环比增长率，是用某期旅游收入同其上一期旅游收入进行比较的比值。其计算公式可参考定基收入增长率公式，但要把 R_0 变为 R_{r-1}。

3. 平均增长率

旅游收入平均增长率，是指计算一段时期内旅游收入年均增长率，以比较不同时段旅游收入增长率水平。其既可根据定基增长率计算，也可根据环比增长率计算。

（三）旅游换汇率及计算

旅游换汇率，是指旅游目的地国家或地区向国际旅游者提供单位本国货币旅游产品所能获取外国货币的数量比例。由于外国游客到某一个目的地国家或地区旅游支付的是外国货币，因此其结算是以外币对本币比价为依据的。通常，旅游换汇率与该国家或地区同期的外汇汇率是一致的。在不同的时期，外汇比价不同，旅游换汇的数值也就会不同。

设：H_r——旅游换汇率；

R_s——单位旅游产品本币价格；

R_f——单位旅游产品外汇收入。

则有旅游换汇率计算公式：

$$H_r = \frac{R_f}{R_s} \times 100\% \qquad (7\text{-}3)$$

在国际经济交往中，旅游外汇收入属于非贸易外汇，国际旅游换汇成本明显低于对外贸易中物质产品的换汇成本。因此，旅游换汇率一般高于出口商品换汇率，即以一定数量货币表示的出售给国际旅游者的旅游产品，要比同量货币表示的出口一般商品能换取到更多的外汇收入。由于旅游换汇率指标反映了旅游外汇收入对一个国家或地区国际收支平衡作用的大小，因而它是反映该国旅游创汇能力的综合性指标，常被用于同外贸商品出口收入和其他非贸易外汇收入换汇率进行比较，以说明一个国家或地区国际旅游业在其创汇收入中的地位和贡献。这一指标已越来越引起各个国家和地区，特别是发展中国家和地区的高度重视。

（四）旅游创汇率及计算

旅游创汇率，又称为旅游外汇净收入率，是指在一定的时期内，旅游目的地国家或地区经营国际旅游业务所取得的全部外汇收入扣除了旅游业经营中必要的外汇支出后的余额，并与全部旅游外汇收入相除的比值。

设：C_r——旅游创汇率；

R_f——旅游外汇收入；

E_f——旅游外汇支出。

则有旅游创汇率计算公式：

$$C_r = \frac{R_f - E_f}{R_f} \times 100\% \qquad (7-4)$$

发展旅游业既要通过销售旅游产品获取外汇，也要从所获取的外汇收入中支出一部分用于购买发展旅游业所必需的国内短缺物资以及用于其他支出。这些外汇支出包括：从国外进口必要的旅游设施、设备、原材料等；境外旅游宣传促销费用等；偿付外商投资利息、利润分红和国外管理人员费用，以及从国外进口部分日用消费品的支出等。上述各方面的支出都会造成旅游外汇收入中的一部分收入再流向国外。因此，在最大限度地满足旅游者需要的前提下，在旅游外汇总收入既定的条件下，用于经营旅游业务所支出的外汇越少，旅游创汇率就越高。这一指标既反映了旅游目的地国家或地区增收节支、尽量减少外汇流失的水平状况，也反映了其旅游创汇的能力。

第三节　旅游收入的分配

一、旅游收入分配的基本原理

旅游收入作为国民生产总值的组成之一，通过分配、再分配参与国民经济的再生产过程。从微观经济学角度来看，旅游企业在发生了一系列成本费用支出后，有了可供市场销售的服务与产品，并借此从市场取得收入，收入大于成本支出的差额即形成旅游企业的利润。从宏观经济学角度来看，国家宏观经济调控的目标是同时达到：充分就业、物价稳定、经济增长和国际收支平衡。为了达到这四大目标，政府依靠财政政策（税收）与货币政策（利率）两大调控手段参与分配、再分配。

旅游企业在经营活动中投入的各类资金，随着经营活动的进行不断地发生消耗和转移，形成成本费用，最终构成旅游服务与产品价值的一部分。旅游收入取得后，首先弥补为取得收入而发生的各项成本费用，剩余额为旅游企业利用政府提供的公共设施、公共产品、公共服务进行生产经营活动而取得的所得额，缴纳所得税后的余额为旅游企业的净利润额。

旅游收入的分配总额 = 流动资产成本 + 长期资产折旧或摊销 + 地租 + 利息 + 工资薪酬 + 流转税 + 所得税 + 净利润

一般情况下，旅游企业收入的分配主要是对生产要素的价值补偿。在旅游经济学中，将旅游服务与产品的生产要素分为四类：资本、劳动、旅游资源、投资收益。资本包括物料用品、能源消耗、设施设备、建筑物、服务、货币资金等，分别以成本费用、折旧摊销、利息等方式予以补偿，是资本提供方的收入。劳动要素的补偿是工资薪金（包括工资、奖金、福利、补贴、津贴等）。工资薪金是旅游企业劳动者的劳动报酬，是劳动者提供自己的劳动力而获得的回报。旅游资源要素是对旅游者具有吸引力的自然存在、历史文化遗产及直接用于旅游目的的人工创造物。它可以是有具体形态的物质单体或复合体，也可以是非物质形态的社会文化因素。当它构成旅游服务与产品的核心成分时，就成为服务与产品价值的主体，应该得到相应的报酬。投资收益是旅游投资者以资金或土地等为投资要素，通过再生产过程、收入的分配、再分配过程即资金的循环过程而获得的资本增加值。

在旅游企业的再生产过程中，政府以社会管理者的身份，以税收为手段参与其收入的分配与再分配。税收的主要形式有营业税、增值税、城建税、关税、所得税等。政府以此形成主要收入，又以公共工程支出、购买支出、转移支出等方式为社会提供公共设施、公共产品及公共服务。

二、旅游收入的初次分配

旅游收入的初次分配是指直接经营旅游业务的部门和企业将取得的营业收入，依据一定的经济原则在其内部进行的分配。这些部门和企业包括交通部门、旅行社、酒店、餐饮企业、旅游景点、旅游购物商场等。

在一定时期内，旅游企业付出了物化劳动和活劳动，向旅游者提供满足他们旅游需要的旅游服务与产品，从而获得营业收入。该营业收入首先弥补当期为提供旅游服务与产品而消耗的物质生产资料的价值，如建筑物折旧、设施设备折旧、物料用品消耗和无形资产摊销以及其他等。这部分价值属于转移价值，不能用于旅游从业人员的消费及扩大再生产，应从当期旅游企业营业收入中直接补偿，即通过成本费用的核算转移到营业成本中去，从而使它们在价值上得到补偿，从实物形态上得到替换。

旅游营业收入中扣除了当期旅游服务与产品生产中所消耗掉的生产资料价值后的差额为旅游净收入。旅游净收入就是旅游从业人员所创造的新增价值，其在初次分配中可分解为旅游从业人员薪酬、政府税收和旅游企业留存收益三大部分，国家、企业、旅游从业人员三方都得到了各自应得到的初始收入。

旅游收入的初次分配如图 7-1 所示。

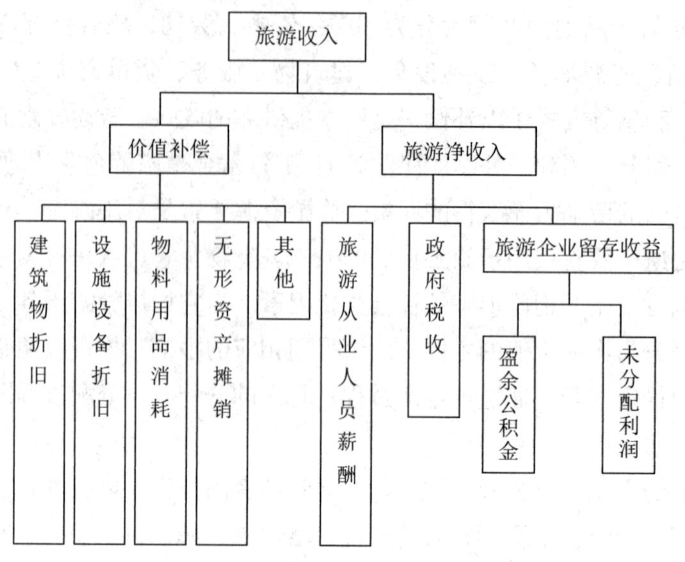

图 7–1　旅游收入的初次分配

（一）旅游从业人员薪酬

是指旅游企业根据按劳分配的原则，向旅游从业人员购买劳动力要素而支付的报酬，用于满足其劳动力恢复和家庭生活需要的费用，也是维持劳动力再生产的必要条件。

（二）政府税收

是指旅游企业按照国家税收政策规定向税务部门及海关等政府部门缴纳的各种税收，是政府财政预算收入的一部分。我国目前税制规定旅游经营中的劳务性收入上缴营业税，税率为营业额的 5%；旅游经营中的商品性收入上缴增值税，基本税率为销售额（不含税）的 17%；旅游经营的应税所得上缴企业所得税，税率为应纳税所得额的 25%；还应缴纳一定的附加税及财产税、行为税等。

（三）旅游企业留存收益

是指旅游企业物质生产资料价值补偿、支付职工工资、上缴税收、分配利润及支付各种利息、租金之后的余额。旅游企业的留存收益又可分为盈余公积金和未分配利润两部分，主要用于满足旅游企业的自身发展及扩大再生产的资金需要。

三、旅游收入的再分配

旅游收入的再分配是指直接从事旅游经营活动的部门与企业，在旅游收入初次分配的基础上，将分配到的旅游收入在旅游业外部即全社会范围内进一步进行分配的过程。

其分配结果是实现旅游收入的最终用途。其分配的内容和渠道主要包括旅游企业收入的再分配、旅游从业人员收入的再分配、政府财政收入的再分配。首先，旅游部门和企业为扩大再生产，向有关行业的企业购买各种物质产品和服务，从而使旅游部门和企业的盈利转换为相关行业部门的收入。其次，旅游部门和企业的职工，把所得工资的一部分用于购买他们所需要的物质文化生活产品和服务，使相关部门企业获得了收入。最后，旅游部门和企业把旅游收入中的一部分用于支付各种税金等，从而转化为政府的财政收入，然后用于国家或地区的经济建设、公共事业和旅游产业的发展等。

（一）旅游企业收入的再分配

旅游企业收入的初次分配，是为了满足旅游企业简单再生产和扩大再生产的需要，使消耗掉的物料用品和设施设备等能得到补偿。而向有关行业的企业购买各种物质产品、服务（如运输、住宿、餐饮服务）及“中间产品”（如租借场地、车辆、委托旅行社安排旅游活动）以满足自我发展、自我完善所必需的物质条件的需要，使旅游企业的部分收入就转换为相关行业和企业的收入，从而形成旅游企业收入的再分配。

（二）旅游从业人员工资收入的再分配

旅游从业人员工资收入的再分配，是为了满足旅游企业从业人员的物质生活及精神生活的需求，以恢复和增强其体力和智力，同时满足劳动者的家庭生活需要，促使劳动力不断地再生产。当旅游企业从业人员把所得工资的一部分用于购买他们所需要的文化物质产品和服务，一部分进行储蓄、购买保险、购买有价证券等投资时，就使职工工资转变为相关行业和企业的收入，从而形成了旅游企业从业人员工资收入的再分配。其中有一部分可能是用于购买旅游服务与产品又回流到旅游业中来。随着个人可支配收入的不断增加，我国居民的旅游需求强劲且旺盛。

（三）政府旅游税收收入的再分配

旅游收入中的一部分，以缴纳各种税金的方式转化为政府的财政收入，政府又通过政府支出的方式用于基础设施建设，形成公共工程支出；用于产品与服务的购买，形成政府采购支出；对企业、居民、社会团体补助、退税、减免税等，形成转移支出。这样就形成了政府旅游收入的再分配。其中有一部分作为旅游基础建设和重点旅游项目开发又返回到旅游业中来，以推动旅游业的发展。

此外，旅游收入中还有一部分流向其他部门，如支付贷款利息而构成金融部门的收入，支付保险金而构成保险部门的收入，支付房租或购买住宅而形成房地产部门的收入，租赁设施设备而形成租赁单位的收入，等等。

综上所述，旅游收入经过初次分配和再分配的运动过程，实现了最终用途而形成两大部分：一部分形成消费资金，一部分形成积累资金。因此，在旅游收入的分配过程中，应兼顾职工、企业、政府三方的利益，把国家利益、企业利益、职工个人利益有机结合起来，正确处理好三者之间的关系，正确处理好眼前利益与长远利益的关系。

第四节　旅游乘数效应及旅游收入漏损

一、旅游乘数效应

1931年，英国经济学家R.F.卡恩在《国内投资与失业关系》一文中，首先提出经济资源投入的就业乘数概念。1936年，J.凯恩斯在《就业、利息和货币通论》一书中，以边际消费倾向（MPC）为基础，对乘数概念进行补充完善，形成乘数理论。该理论阐述投入与收益的数量关系和一系列的连锁影响关系，并认为，因国民经济各个部门的互动关系与投入影响着国民收入的总量，经过连续周转变化，带来比投入本身大数倍的收益。

旅游业是一个综合性产业，具有较强的关联效应和带动力，因而必须研究旅游收入的乘数效应，从定性和定量分析上考察和分析旅游业的发展对相关行业，乃至整个国民经济的带动和促进作用。

（一）旅游收入乘数概念

旅游收入乘数，是指旅游者的花费在旅游地国家或地区经济系统中导致的直接、间接、诱导性变化与最初的直接变化本身的比率，用于测量单位旅游消费对旅游地各种经济现象的影响程度。一个国家或地区外部人口在当地的消费，是额外资金投放及注入，它在该国或地区经济系统内渐次渗透，刺激该国或地区经济活动的扩张和整体经济水平的提高，直至外来资金在该国或地区的经济活动中少到忽略不计为止。例如，旅游者在饭店里食宿的花费形成饭店营业收入，这是对旅游目的地经济的一种资金注入（直接收入），饭店职工从旅游者花费中获得工资收入，再把工资收入的一部分用于生活支出，这种生活支出又注入本地经济（间接收入）；旅游者的交通运输要依靠飞机和机车制造业，而这些制造业的发展又带动了钢铁和有色金属工业的发展；旅游者的住宿需要建筑业建造饭店，又带动建材业的发展；旅游者的膳食需要农业部门提供丰富多样的农副产品；旅游者的购物也要轻工业和手工业提供各种旅游商品（诱导收入）。这样就使旅游者最初的消费支出经过初次分配和再分配的多次循环周转，给旅游目的地国家或地区的社会经济发展带来增值效益和促进作用。

（二）旅游收入乘数效应的衡量

旅游收入乘数效应的大小，可通过计算旅游收入乘数来判定。

旅游收入乘数效应的形成，应以一定的边际消费倾向为前提。海外游客及国内游客在某一旅游目的地的消费都可视为对该地旅游业的注入，当这笔资金注入旅游目的地国家或地区的经济运行中，就会对当地生产部门及服务性单位产生直接、间接、诱导性影响，进而通过社会经济活动的连锁反应，使社会经济效益成倍增加。但是如果把这笔资金或其中一部分储蓄起来或者用于购买进口物资，就会使资金离开当地经济运行过程或流失到国外，从而减少对本地区经济发展的注入和带动作用。因此，边际储蓄倾向和边际进口物资倾向越大，对本地区的经济发展的乘数效应就会越小。

设：K——旅游收入乘数；

MPC——边际消费倾向（消费支出增加额在收入增加额中所占的比例）；

MPS——边际储蓄倾向（储蓄增加额在收入增加额中所占的比例）；

MPM——边际进口物质倾向（国外进口产品与服务支出在收入增加额中所占的比例）。

旅游收入乘数计算公式如下：

$$K=\frac{1}{1-\mathrm{MPC}}=\frac{1}{1-\mathrm{MPS}}\text{或}\frac{1}{\mathrm{MPS}+\mathrm{MPM}} \qquad (7\text{-}5)$$

公式 7-5 表明：乘数与边际消费倾向成正比，与边际储蓄倾向和边际进口物资倾向成反比。边际消费倾向越大，乘数效应就越大；边际消费倾向越小，乘数效应就越小。边际储蓄倾向和边际进口物资倾向越大，乘数效应就越小；边际储蓄倾向和边际进口物资倾向越小，乘数效应就越大。

【同步案例】

设甲旅游目的地的旅游边际消费倾向为 60%，乙旅游目的地的旅游边际消费倾向为 40%，即表示在甲地区的旅游收入中，60% 的资金注入在本地区的经济运行系统中，而余下 40% 的资金用于储蓄或购买进口物资，离开了本地区的经济运行；在乙地区的旅游收入中，40% 的资金注入在本地区的经济运行系统中，而余下 60% 的资金用于储蓄或购买进口物资，离开了本地区的经济运行。

分析：

$$K=\frac{1}{1-\mathrm{MPC}}=\frac{1}{1-70\%}=3.3$$

$$K=\frac{1}{\mathrm{MPS}}=\frac{1}{30\%}=3.3$$

计算表明：甲地区旅游收入经过初次分配和再分配后，获得了 2.5 倍于原始注入量的经济效果。乙地区旅游收入经过初次分配和再分配后，获得了 1.67 倍于原始注入量的经济效果。由于“漏出”原因，开放经济的乘数比相对封闭经济的要小。

（三）旅游乘数效应的类型

1. 旅游收入乘数

旅游收入乘数是指旅游消费所带来的总收入与旅游消费之比，用来从收入方面说明单位旅游消费额增量所产生的经济效应。

2. 旅游产出乘数（或交易乘数）

旅游产出乘数是指增加单位旅游消费对旅游目的地国家或地区的直接效应和继发效应所导致全部有关企业营业收入总额的增长量。它度量的是单个旅游消费对于经济活动水平的影响和单位旅游花费给旅游目的地国家或地区的整个经济系统带来产出水平的增加。例如，旅游者购买 100 元的餐饮服务与产品，带来 141 元的直接、间接销售，而餐饮经营者还需购买 54 元的中间产品，总乘数就为 195 元。

3. 旅游就业乘数

旅游就业乘数用来说明单位旅游消费所引起的全日制就业机会的数量变化。这一乘数有两种用法：一是表示单位旅游消费所带来的全部就业人数；二是表示由单位旅游消费所带来的直接就业人数与继发就业人数之和同直接就业人数之比。因此，这两类乘数均可用来分析旅游业的经济影响。

4. 旅游进口乘数

旅游进口乘数是指每增加一个单位旅游收入最终导致目的地总进口额增加的比率关系。该乘数表明一个地区随着旅游经济活动的发展，旅游企事业单位以及向旅游企事业单位提供产品和服务的其他相关企事业单位向国外进口物资、设备等数额的增加量与旅游收入增量的关系。

二、旅游收入的漏损

旅游目的地国家或地区的旅游外汇收入中，因旅游目的地国家或地区与客源国的社会经济发展水平的不同和国际旅游者的消费需要，会有一部分收入用于进口旅游设备、食品、用具，引进先进服务方式及理念，支付外币贷款利息，进行国际旅游营销等。这部分外汇收入流出旅游目的地国家或地区的经济系统之外，就无法对其经济发展产生乘数效应，从而产生旅游收入的漏损。

（一）旅游收入的漏损概念

旅游收入的漏损是指旅游目的地国家或地区为了维持和发展旅游经济而支付外汇或因其他原因造成的旅游外汇的流失。

（二）旅游收入的漏损形式

在旅游经济运行中，旅游收入漏损是客观存在的，任何一个国家或地区在开展国际旅游业务活动的时候，必然要将旅游收入的一部分用于正常的经营支出，从而造成旅游收入的漏损。通常，造成旅游收入漏损的原因主要有以下几方面。

1. 直接漏损

直接漏损，是指旅游行业和企业因开展旅游业务而直接发生的外汇资金的支出。例如，进口旅游设施设备、食品饮料、物料用品而发生的外汇支出，旅游开发外汇投资分配的股利、利润，外币借款支付的利息，雇用外国员工而支付的工资薪金和其他外籍人员的劳务费用，国际旅游开发技术转让、国际旅游信息与传媒服务费用，政府旅游管理部门、各个旅游团体组织和旅游企业在国外进行旅游宣传促销所支付的各种费用，等等。

2. 间接漏损

旅游活动具有多元结构，不同类型和性质的结构和行业，从各自不同的角度，在金融、保险、医疗、物资、接待等各方面参与旅游经济活动，在这过程中会产生漏损。另外，为配套旅游的发展而产生的其他方面的外汇支出，也会产生漏损，如向旅游业供应各种物资和服务的相关企业为满足旅游业需要而从国外进口各种物品和劳动力所造成的外汇流失。

3. 无形漏损

无形漏损，是指由于发展旅游造成流动人口的增加而使旅游目的地的道路、桥梁、排污系统等各种公共设施的磨损加剧，产生垃圾收集和污物处理费用的增加，随着游客的增加使吸引物资源遭受损害而进行修复、弥补和清除时，需要从国外进口某些物资造成的外汇流失。

4. 先期漏损

先期漏损，是指旅游经营商向旅游者销售某一国家或地区的旅游服务与产品所取得的全部收入中未进入该旅游目的国或地区的那部分收入。造成这种先期漏损的因素包括旅游者进入旅游目的国的线路、旅游预订方式、使用何种交通工具及交通工具的类别等。

5. 后续漏损

后续漏损亦称诱导性漏损，是指旅游从业人员个人生活消费中所涉及的外汇流失。如直接和间接从旅游经营活动中获得劳动报酬的各类从业人员，为满足个人及家庭的物质生活需要和精神生活需要，用工资收入购买各种进口物品和服务，旅游目的地国因为这些进口物品和服务所支付的外汇便形成旅游外汇后续漏损。

（三）正确理解旅游收入漏损的影响

旅游收入漏损虽然会造成旅游外汇收入流失，影响旅游乘数效应的发挥，但旅游业本身是开放式产业，旅游收入漏损对提升旅游目的地国家或地区的旅游接待水平、能力和旅游吸引力，促进旅游目的地国家或地区的旅游经济发展都有着不可或缺的作用和意义。因此不能一味地采取措施减少旅游收入漏损，而应在充分利用旅游收入漏损对旅游目的地国家或地区的积极影响的同时，积极培养旅游管理专门人才，学习现代管理方法，使用高效管理手段，树立现代市场经营观念，逐步减少外方管理人员数量或着力开发低漏损旅游产品，如生态旅游、自然旅游、探险旅游、游客主动参与式旅游。

【本章练习】

一、关键名词

旅游收入　基本旅游收入　非基本旅游收入　商品性旅游收入　劳务性旅游收入　旅游收入指标　旅游换汇率　旅游创汇率　旅游收入乘数　旅游收入漏损

二、简答题

1. 旅游收入有何基本特征?
2. 影响旅游收入的因素有哪些?
3. 简述旅游收入分配的基本原理。
4. 旅游收入的初次分配和再分配是如何展开的?
5. 如何理解旅游收入乘数?
6. 试述旅游收入漏损的原因。
7. 旅游收入漏损的形式有哪些? 如何理解旅游外汇收入的漏损?

三、案例分析

发挥旅游富民效应 大力推动共同富裕

要实现共同富裕，关键需要提高低收入群体收入、扩大中等收入群体比重、合理调节高收入群体收入（简称“提低、扩中、调高”），从而努力缩小贫富差距。消除贫困是全人类的共同理想，消除贫困、千方百计增加低收入群体收入向来是实现共同富裕的难点和重中之重。旅游富民效应显著，站在已经摆脱绝对贫困的新起点上，在努力实现共同富裕的伟大征程中，旅游业大有可为。

直观地看，旅游活动总体上是一种富裕群体购买低收入群体所提供产品和服务的活动，从而实现财富从富裕群体向低收入群体的转移，旅游消费天然地具有调节收入分配的作用，旅游业是富民产业。旅游业是典型的生活性服务业，而生活性服务业的开展本质上是一个国家内部财富的再分配，一般不创造新的财富，这是与生产性服务业相比的根本区别。因此，发展旅游业、刺激旅游消费本身就是缩小收入差距、推动共同富裕的方式。纵观我国旅游业的发展历程，旅游富民效应突出的特点已经表现得非常明显，长期以来也是作为脱贫攻坚和增收富民的重要手段。新发展阶段，有必要深化旅游发展对于调节收入分配和推动共同富裕作用的认识，这将有助于更加有效地发挥旅游业的富民效应。

第一，旅游活动在初次分配环节就具有调节收入分配的独特作用。简单来说，初次分配是通过市场实现的收入分配，二次分配是通过政府转移支付实现的收入分配，而三次分配是高收入群体通过捐赠等方式进行转移支付。长期以来，我们强调初次分配注重效率，二次分配注重公平；最近强调的三次分配依靠道德。由此可见，强调效率优先的初次分配向来是导致贫富差距过大的环节，二次分配和三次分配的提出就是为了弥补初次分配的弊端，是调节收入分配和实现共同富裕的基本手段。从需求侧来看，富裕群体是旅游产品和服务的购买主体，旅游消费的需求价格弹性大于1。通俗地说，“有钱”和“有闲”是保障旅游活动顺利开展的前提条件。从供给侧来看，低收入群体往往是旅游产品和服务的供给主体。食、住、行、游、购、娱等旅游产业的从业人员中相当一部分为体制外的“非正规就业”群体，社会保障水平低。旅游活动的开展或旅游消费行为的发生，实质上就是一种在初次分配环节的收入分配调节和财富转移。

第二，旅游活动的收入分配调节作用还具有市场调节、高效直接、上门服务的优点。旅游活动由于在初次分配环节就调节收入分配，是通过市场的自愿交易机制而实现，可以说是能够借助市场机制开展收入分配调节的典范产业。旅游消费活动的财富转移效应高效直接，按照支出法计算的GDP，旅游消费属于居民最终消费，2019年全年实现旅游总收入高达6.63万亿元，可以说大部分的旅游收入以工资、服务收费、销售收入、经营收入等形式直接转化成为旅游从业人员的个人收入。旅游活动是一种异地消费的过程，富裕群体前往旅游从业人员的惯常环境购买旅游产品和服务，因此大多数旅游从业人员是坐等游客上门花费。综上可以看出，与通过构建复杂的社会保障体系进行财政转移支付以及税收调节的二次分配方式相比，旅游活动在调节收入分配和促进共同富裕方面直接且高效。

资料来源：张金山．发挥旅游富民效应 大力推动共同富裕［N/OL］．中国旅游报．2022-01-06.

问题：

1. 结合案例分析什么是旅游业的富民效应。
2. 旅游活动的收入分配调节作用体现在哪些方面?

第八章 旅游投资

旅游投资是一个国家和地区发展旅游经济必不可少的前提条件，也是旅游业实现扩大再生产的重要物质基础。要发展旅游经济，就必须根据旅游需求、旅游消费特点和市场竞争态势，进行旅游产品的投资开发与建设，不断提供适应市场需求的旅游产品。研究旅游市场，研究旅游经济的规律性，是进行旅游投资的关键。

【学习目标】

1. 了解旅游投资的基本概念，明确旅游投资的目的、内容和形式。

2. 熟悉旅游投资决策的相关概念、内容和方法，掌握旅游投资项目可行性研究的原则、内容和主要类型。

3. 结合案例理解和掌握旅游投资宏观评价、风险评价和经济评价的原理和方法。

【导入案例】

2023 年 2 月，中国旅游研究院发布《中国旅游经济蓝皮书》，数据显示旅游业的稳步高走，促使国内投资进一步扩张，迎来了一阵投资风潮。据亚洲旅宿大数据研究院不完全统计，2 月录得投资项目共计 442+，涉及目的地 11 个，总投资约达 2 万亿元。涵盖康养休闲、旅游民宿、滨海旅游等多个领域。2023 年春节旅游的突出表现为开年后的经济打下了坚实的基础。各地百亿级、千亿级的投资动向也在积极地给我们释放旅游业向好的信号。旅游业在未来的表现，令人期待……

资料来源：11 个旅游目的地 400+ 文旅项目，2 万亿“投资风”吹向何处？［EB/

OL］. 澎湃号 · 湃客 _ 澎湃新闻 –The Paper.

第一节 旅游投资的概念与分类

旅游投资是一个国家和地区发展旅游经济必不可少的前提条件，也是旅游业实现扩大再生产的重要物质基础。因此要发展旅游经济，就必须根据旅游需求、旅游消费特点和市场竞争态势，进行旅游产品的投资开发与建设，不断提供适应市场需求的旅游产品。

一、旅游投资的概念

旅游业是一项投入产出相对较高的现代经济产业，对旅游业进行投资是促进旅游经济结构优化、推动旅游生产力发展的重要经济活动。旅游业的产业特征和旅游资源的性质，决定了旅游业的投入主要是资金、劳动力、土地及企业家才能，由于劳动力、土地及企业家才能的投入最终都要以货币来体现，因而旅游资金的投入就成为旅游投资决策的重点。

【知识链接】

投资项目

投资是从再生产角度考察的经济范畴，是指以一定的物质资料投入再生产，为以后的扩大再生产创造条件。广义的投资项目就是指在某一地点，通过投入一定力量的人力、物力、财力和技术，在预定的时间和空间内，为完成一项或一组开发目标（包括产品开发）来达到预期的效益目标（包括经济效益、社会效益）而进行的投资建设（包括固定资产在内）活动。

旅游投资，是指旅游目的地政府或旅游企业在一定时期内，根据旅游市场需求及发展趋势，把一定数量的资金投入某一旅游项目的开发建设，获取比投入资金数量更多的产出，以促进旅游业发展的经济活动。旅游投资既是旅游经济活动正常运行和发展必不可少的资金投放活动，以满足旅游经济发展具有足够的固定资产和流动资金的投入，实现旅游业的扩大再生产和促进旅游经济持续发展，又是通过增量投入来优化旅游经济存量结构，提供更多的旅游产品和服务，以满足人们日益增长的旅游需求的重要经济活动。

二、旅游投资的内容和形式

旅游投资的根本目的是促进旅游经济的发展，但是由于政府和企业的经济运行目标不一样，政府和企业在进行旅游投资方面的目标是有差距的。对于旅游目的地政府来讲，旅游投资的目的是促进旅游业的发展，获取宏观和微观效益。对于旅游目的地的旅游企业来讲，旅游投资的目的是根据旅游市场供求状况和旅游消费特点，选择旅游投资项目并投入一定的资金，通过要素市场购买各种生产要素，按一定的方式投入旅游生产过程，并组合为各种旅游产品销售给旅游者，以获取应有的经济效益。

（一）旅游投资的内容

旅游业是一个集食、住、行、游、购、娱六大要素于一体的综合性经济产业，它向旅游者提供的是含多种产品的综合服务。因此旅游投资必须综合考虑以上六大要素的配套建设，建设精品旅游项目，才能促进旅游业的协调发展。因此，旅游投资的内容主要分为以下七个方面。

1. 旅游景区景点项目

旅游景区景点项目是指依托旅游目的地的旅游资源所进行的景区景点的开发，包括景区景点内的各种旅游吸引物、旅游住宿、旅游餐饮、游览道路、旅游商店、娱乐设施及旅游厕所、标志牌等方面的开发和建设项目。

2. 旅游饭店餐饮项目

旅游饭店餐饮项目是指以接待国内外旅游者住宿、餐饮为主的各种旅游宾馆、饭店、度假村、公寓、客栈，以及各类中高档餐馆、餐厅和各种餐饮与风味饮食的建设项目等。

3. 旅游娱乐项目

旅游娱乐项目是指为国内外旅游者提供各种旅游娱乐活动及特种游乐活动的开发与建设项目，包括主题公园、娱乐场所、休闲活动及康体健身运动等各种旅游设施、设备等。

4. 旅游商品项目

旅游商品项目是指为国内外旅游者提供各种旅游工艺品、旅游纪念品及各种土特产品的生产和销售建设项目，包括各种工艺品、纪念品、土特产品、日用消费品购物商店、旅游专卖店、旅游购物城等。

5. 旅游交通项目

旅游交通项目主要指专门为国内外旅游者服务的各种航空、旅游车船、索道、游路、码头等基础设施建设项目等。

6. 旅游教育和其他项目

旅游教育和其他项目是指包括以培养、培训各类旅游专业人才为主的学校、旅游培训中心，以及提供游客咨询服务、医疗救援服务等旅游配套设施建设项目等。

7. 旅游新业态项目

旅游新业态项目是指伴随着旅游个性化趋势的增强而出现的一些有别于传统旅游模式的新项目。如自驾车旅游、游艇旅游、游轮旅游、邮轮旅游、探险旅游、高尔夫旅游等。这些新业态项目的出现是旅游业发展水平提高的标志。

（二）旅游投资的形式

根据旅游业发展的需要和旅游产业的特点，按照对旅游项目的开发程度和建设性质，可以将旅游投资形式分为以下几种。

1. 新建旅游项目

新建旅游项目是指旅游目的地国家或地区为了满足旅游者及旅游市场多样化的需求而新开发的旅游项目。如开发建设新的旅游景区景点，新建宾馆饭店、旅游餐厅、娱乐设施等。对于那些原有的项目，经过扩大建设规模以后，其新增加的固定资产价值超过原有固定资产价值的 3 倍以上的，也属于新建项目。

2. 改造旅游项目

改造旅游项目是指在原有旅游产品规模上，根据旅游需求市场的需要而对不适应旅游业发展需要的部分设施设备和服务功能进行技术更新改造或适当增减的旅游投资项目。例如，旅游饭店为适应旅游客源市场需求对餐厅进行重新装修、装饰，旅行社对电脑预订系统进行升级换代，增添商务、汇兑、保健等旅游服务，增加部分旅游娱乐设施设备，等等。其目的是提高旅游接待设施设备的档次和旅游服务水准，从而提高旅游产品的综合服务质量。

3. 维护旅游项目

维护旅游项目是指对原有旅游产品进行恢复、保护的旅游投资项目。例如，对旅游景区景点的恢复和保护，对旅游饭店客房、餐厅及旅游娱乐设施的维修保养，对旅游导游及其他旅游服务人员的培训提高，以保持一定的旅游经营规模和服务水平，保持旅游目的地国家和地区的旅游经济效益。

第二节　旅游投资可行性研究

所谓旅游投资可行性研究，是在旅游投资项目建设之前，由旅游开发者、旅游投资者、旅游经营者委托项目可行性研究单位或人员，以市场为前提、以技术为手段、以包括经济效益在内的综合效益为最终目标，对旅游投资项目是否可行所进行的全面分析、论证和评估，其内容包括旅游投资项目在技术上是否先进可行，开发上是否可能，经济上是否合理优化，等等。

一、旅游投资可行性研究的必要性

任何旅游投资项目的开发和建设都包括三个主要阶段，即投资建设前阶段、投资建设过程阶段和生产经营过程阶段。可行性研究属于旅游投资项目建设前阶段的主要工作内容。可行性研究是旅游投资项目决策、评估和资金筹措的重要依据。

（一）可行性研究是旅游投资项目决策的重要依据

为了保证旅游投资项目的有效实施，达到投资的基本目标，并且在生产经营过程中实现投资利润的最大化，就必须对旅游市场，包括竞争者市场进行研究分析，对旅游投资项目的选址和区域特点进行分析，对旅游生产经营过程中的各种要素资源的来源渠道、价格等进行分析，对旅游投资项目的建设总成本进行估算，对生产经营成本与收益进行分析，以确定旅游投资项目在技术上是否可行，开发上是否可能，经济上是否合理，从而为投资开发者提供决策的依据。因此，可行性研究是现代旅游投资项目决策的重要依据。

（二）可行性研究是旅游投资项目评估的重要依据

可行性研究不仅是旅游投资项目建设前期工作的重要内容，而且是旅游投资项目建设得以顺利进行的基础和必要环节。可行性研究的主要目的就是判断拟建的旅游投资项目能否使投资者获得预期的投资收益，而要达到或实现这一目的，就必须用科学的研究方法，对旅游投资项目进行多方案分析和评价，从中选择最佳投资方案，并编制旅游投资可行性研究报告，作为向审批部门申请审批该项目或投资者提供投资时，对该旅游投资项目进行审查、评估和决策的重要依据。

（三）可行性研究是旅游投资项目资金筹措的依据

旅游投资项目大多属于资金密集型项目，特别是建设初期往往需要注入大量的资金。资金来源除自筹资金和国家少量预算内拨款外，其余大部分需要向金融市场融资，其中主要渠道就是向银行贷款。在现代金融体制下，为了保证或提高贷款质量，确保资金的按期收回，商业银行往往要实行贷前调查，并对旅游投资项目的可行性报告进行详细审查和评估。因此，可行性研究可为银行或资金借贷机构贷款决策提供参考依据，也为通过其他方式筹集旅游项目资金提供依据。

二、旅游投资可行性研究的原则

（一）客观性原则

旅游投资可行性研究是供旅游投资者、开发者、经营者和有关部门进行决策的重要参考依据，因而可行性研究报告中的依据必须客观充分，论证过程必须全面科学并明确提出可行性研究的结论和建议，才能为旅游投资的决策者提供充分依据，以便投资决策者进行最优化的投资方案选择，不断提高旅游投资项目决策的科学水平。

（二）目的性原则

旅游投资项目不同于其他投资项目，因为各个旅游投资项目的背景千差万别，所以可行性研究并没有千篇一律的模式，而必须根据旅游投资项目的投资目的和具体要求进行研究。这就要求在可行性研究中，研究人员应根据旅游市场需求和旅游项目投资者的具体要求，合理地确定旅游投资规模，科学地进行项目开发设计和编制相应的财务计划等。

（三）科学性原则

在旅游投资可行性研究中，为了保证可行性研究的客观性、科学性和可靠性，应该把定量研究方法和定性研究方法有机结合起来，通过科学的研究方法和精确可靠的定量计算，所得数据和结果能够有力地支撑定性分析的结论，从而使旅游投资可行性研究更具科学性、准确性和可操作性。

（四）公正性原则

旅游投资可行性研究是现代旅游投资项目决策、现代旅游投资项目评估和现代旅游投资项目资金筹措的重要依据，因而必须坚持实事求是和公正性。如果研究人员经过研究认为某一旅游投资项目无法取得预期的效益和目标，就应本着实事求是的态度，毫不迟疑地向投资者报告，而不应该牵强附会地作出一个并不可行的可行性报告，导致旅游投资项目实施后带来巨大的损失。如果认为项目经过重新设计或调整后还可以建设，也需要提出修改的建议和方案并进行再次评估。

三、旅游投资可行性研究的类型

从旅游投资项目的实际情况出发，按照现行基本建设的要求，旅游投资可行性研究可分为投资机会研究、初步可行性研究和最终可行性研究三种类型。

（一）投资机会研究

投资机会研究，是指在某一个旅游地区或企业内，根据现有旅游资源和旅游市场发育状况，通过调查、预测和分析研究，选择投资方向，寻找最有利的投资机会的研究。其主要目的是对旅游投资提出建议，旅游投资项目建议书就是在投资机会研究的基础上形成的。

投资机会研究比较粗略，主要是对旅游投资项目的效益可行性进行初步估计，并非进行详细的计算。但是，这种研究必不可少，因为每个项目都需要确定是否有必要进一步获得建设的详细资料。通常，投资机会的研究对总投资估算的误差要求控制在 30% 以内。

（二）初步可行性研究

初步可行性研究是在投资机会研究的基础上，对拟建的旅游投资项目的可行性所进行的进一步研究。它主要针对那些比较复杂的旅游投资项目而进行，因为这类旅游投资项目仅凭投资机会研究还不能决定其取舍，必须进一步进行可行性研究。

初步可行性研究要解决的主要问题是：进一步判断分析所选项目投资机会是否有可能；进一步研究旅游投资项目建设中的某些关键性问题，如旅游市场分析、项目建设选址、项目投资额的初步估算等；分析是否有必要开展最终可行性研究。对旅游投资项目初步可行性研究的准确性，以及对投资估算的误差一般要求控制在 20% 以内。

（三）最终可行性研究

最终可行性研究是在上级主管部门批准立项后，对旅游投资项目所进行的全面的技术经济论证，它需要进行多种投资方案的比较优选，从中选出最合适的可行性方案。旅游投资项目越大，其研究内容就越复杂。最终可行性研究是确定旅游投资项目是否可行的最终依据，也是向有关管理部门和银行提供进一步审查和进行资金借贷的依据。通常，旅游投资项目最终可行性研究的误差一般要求控制在 10% 以内。

在旅游投资项目建设中，常常涉及旅游开发商、旅游经营者、资产借贷者、资产投资者和政府机构等，每一方面从各自的利益出发，都要对拟建的旅游投资项目进行可行性研究。所以可行性研究往往又因为相关单位的要求不同，而分为投资前研究、经营研究、资金研究、资产投资研究和政府机构研究等内容。

四、旅游投资可行性研究的内容

为了保证旅游投资可行性研究的准确性和可操作性，必须对旅游投资进行全面的分析和研究。通常，旅游投资可行性研究的规范性内容主要有以下几方面。

（一）旅游市场需求调查和预测

旅游市场需求是一切旅游经济活动的基础和前提，因此对旅游投资进行可行性研究时，首先就要进行旅游市场需求调查和预测，即调查旅游者的消费特点，预测国内外旅游市场的需求变化和趋势，并以此为基础而估计旅游投资项目投入后市场发展的前景，从而确定旅游投资项目的建设规模、建设质量、建设规格及相应的服务方式和服务水平等。

（二）旅游投资项目的选址方案

要确定旅游投资项目的选址，必须对本地区或邻近地区旅游市场特点和经济情况进行分析，对旅游投资项目的地理位置、气象、地质、地形、水文条件及当地或邻近地区的社会经济现状等情况进行分析，确定合适的旅游投资项目的选址方案，并为交通运输及供水、供电、供气、供热等市政公用设施条件进行设计提供科学依据，以确保旅游投资项目建设的可行性。

（三）旅游投资项目工程方案研究

旅游投资项目工程方案研究，主要是研究旅游投资项目的工期安排、进展速度、建设内容、建设标准和要求、建设目标及主要设施布局，以及主要设备的选择及所能达到的技术经济指标等，并确定旅游投资项目所提供的旅游产品或服务的规格和要求等。

（四）投资额及资金筹措

这部分主要研究为保证旅游投资项目顺利完成所必需的投资总额、外汇数额、投资结构，以及固定资产和流动资金的需求量、资金来源结构、资金筹措方式和资金成本等，以便从资金上保证旅游投资项目建设的顺利进行。

（五）劳动力的需求和供应

这部分主要研究为保证旅游投资项目顺利完成后的劳动力使用、来源、培训补充计划以及人员组织结构等方案，包括高中级管理人员和中初级服务人员的数量、结构等，以确保旅游投资项目建成后有充足的劳动力资源，保证生产经营活动的顺利进行。

（六）主要原材料、燃料、动力供应

这部分主要研究旅游投资项目建成后，有关原材料、动力、燃料及低值易耗品的供应渠道、供应价格、使用情况和维修条件等情况，以保证旅游投资项目建成后能够正常运转，确保旅游产品和服务的正常提供。

（七）综合效益分析和评价

这部分主要从经济效益、社会效益和环境效益三方面研究旅游投资项目建成后的经济回报，以及对周围环境和社区所带来的影响和作用等，对可能产生的不良影响要做出预测性分析，并采取相应措施，尽量减少和避免其不利影响，确保旅游投资项目在获得较佳经济效益的同时也能带来良好的社会效益和环境效益。

第三节　旅游投资决策

决策是指人们为实现预期目标，采取一定的科学理论、方法和手段，对若干可行性的行动方案进行研究论证，从中选出最优方案的过程。决策贯穿人类社会经济活动的各个方面，尤其是经济部门和企业，在经济活动中更是面临大量的决策问题。

旅游业是一个经济文化产业，没有旅游投资的科学决策，就没有旅游项目的建设和旅游业的可持续发展。因此，现代旅游投资决策是为达到一定旅游投资目标，而对有关旅游投资项目在资金投入上的多个方案比较中，选择和确定一个最优方案的过程。

一、旅游投资决策分类

现代旅游投资决策有各种各样的类型，通常可按投资目的和决策条件分类。

（一）按旅游投资目的分类

按旅游投资目的，一般可把旅游投资决策分为政府性投资决策和企业性投资决策两种类型。

1. 政府性投资决策

政府对旅游业的投资，主要是改善旅游环境，为旅游业发展创造良好的条件。因此，政府性投资决策是紧紧围绕发展当地名牌旅游产品，为促进旅游业发展，并使当地经济效益、社会效益、生态环境效益都得到综合性改善和提高而进行的。例如，改善交通运输设施，为旅游者进入创造便捷通达的条件，开设免税商场和旅游购物中心，方便旅游者购物，同时增加旅游目的地的外汇收入，建设旅游院校或培训设施，以培养和训练旅游业发展所需要的各类人才，等等。

2. 企业性投资决策

旅游企业是旅游经济的基本单位，其投资的主要目的是获取超过投资成本的利润，并努力使利润最大化。因此，旅游企业的投资决策大多数是为获取经济和财务收益的决策。

（二）按旅游决策条件分类

按旅游决策条件，一般可将旅游投资决策分为三种类型，即确定型决策、非确定型决策和风险型决策。

1. 确定型决策

确定型决策是指旅游投资决策的条件和影响因素均处于确定情况下的决策。例如，某旅游企业有一笔资金，可以用来购买利率为 9% 的五年期的国库券，也可以用来购买某公司利率为12%的三年期的企业债券。这两种投资的预期收益都是确定的，而且不存在多少风险，但是二者利率不同，还本付息期也不一样。因而旅游企业可根据自己的经营战略和目标，从中比较选择最优的方案。这就是旅游投资的确定型决策。

2. 非确定型决策

非确定型决策是指旅游投资决策的条件和影响因素处于完全不确定情况下的决策。由于决策条件和因素既不确定也不能估计，所以只能在投资决策时先做出各种可行方案，然后对各种方案按照一定的原则进行比较，从中选择最优方案。非确定型决策的原则很多，一般有乐观决策原则、悲观决策原则、折中决策原则等。在旅游投资决策中，可根据投资目的和决策条件进行合理的选择。

3. 风险型决策

风险型决策是指旅游投资决策的条件和影响因素不仅不确定，而且决策失误会给企业和投资者带来风险和损失的决策，也称统计型决策或随机型决策。但是，决策人员可以对不同方案在不同条件及影响因素作用下的损益值进行计算，并对各类条件及影响因素作用的概率进行估计，从而为旅游投资决策提供比较和决策的依据。因此，风险型决策的关键是计算损益值和估计影响因素作用的概率。

二、旅游投资决策中的相关概念

投资决策对旅游部门和企业来说是十分重要的，因为它关系到旅游开发建设和旅游企业未来发展方向、发展速度和获利的可能性。为了保证投资决策的正确性，必须对有关投资决策的数据进行收集，为投资方案的比较和选择提供定量的依据。通常，涉及旅游投资决策数据的一些基本概念及其计算方法主要有以下几种。

（一）资金时间价值

资金时间价值，是指在不考虑通货膨胀因素情况下，资金所有者放弃现在使用资金的机会，而把资金存入银行，并按存入资金时间的长短而获得的利息报酬。由于资金具有时间价值，因此在进行旅游投资决策时，必须充分考虑到资金的时间价值才能作出正确的投资决策。通常，对资金时间价值计算的方法，主要有以下几种。

1. 单利计算法

单利计算法是指只按本金计算利息的方法，即每期利息在下一期中不加入本金中增算利息，其计算公式如下。

设：S_n——终值，即本利和；

P_v——现值，即本金；

I——利息；

i——利率；

n——计息期数。

则有单利终值计算公式：

$$S_n = P_v + I = P_v(1 + in) \tag{8-1}$$

其中：$I = inPv$

2. 复利计算法

复利计算法即利上加利的计算方法。按复利计算法可以分为复利终值计算和复利现值计算。复利终值计算，是本金以每年一定的利率来计算若干年后的本利和；复利现值计算，与复利终值的计算正好相反，它是把若干年后预期的终值，按每年一定利率折算成现在的本金。

复利终值计算公式：

$$S_n = P_v \times (1 + i)^n \tag{8-2}$$

复利现值计算公式：

$$P_v = S_n \times \frac{1}{(1 + i)^n} \tag{8-3}$$

3. 年金计算法

年金是指在每一个特定的时期内，每隔一段相同的时间，收入或支出相等金额的款项。年金按收支的时间不同可分为普通年金、预付年金、递延年金、永续年金等。普通年金终值，是一定时期内每期期末收付款项的复利终值之和，恰似零存整取的本利和；而普通年金现值与年金终值的计算正好相反，它是每期等额收付款项的复利现值之和。

设：S_a——年终值；

Pva——年金现值；

R——每期的现金；

i——利率；

n——年金的计息期数；

则有普通年金终值的计算公式：

$$S_a = R \times \frac{(1 + i)^n - 1}{l} \tag{8-4}$$

普通年金现值的计算公式：

$$Pva = R \times \frac{1 - (1 + i)^{-n}}{i} \tag{8-5}$$

【知识链接】

利息和利息率

利息，是指占用资金所付的代价，或放弃资金使用权利所得的补偿，它是衡量资金时间价值的绝对尺度。

利息率，就是利息与本金之比，它是衡量资金时间价值的相对尺度，通常用百分比表示，利息率越大表示资金增值越快。

（二）机会成本

机会成本又称为择一成本，它是指对一项旅游投资项目若同时具有多个投资方案时，将资本投入其中一个方案而放弃其他方案可能丧失的收益。例如，某旅游企业有一笔资金，它既可投资于商场的扩建，也可投资于餐厅的扩建。如果不去投资商场的扩建而用于投资餐厅的扩建，那么投资于餐厅扩建的机会成本就是指放弃投资商场扩建可能获得的收益。由于机会成本可以对不同方案进行比较，因此机会成本就为旅游投资决策提供了方案优选的重要依据。

（三）现金流量

现金流量，是指任何一项旅游投资项目在未来一定时期内的现金流出和现金流入的数量。为了正确评价各个旅游投资项目的经济效益大小，必须对旅游投资项目的现金流出入量进行科学的分析和预测，并计算出净现金流量，作为旅游投资项目评价的依据。

1. 现金流出量

为了评估旅游投资项目，首先要估计旅游投资费用大小，即计算现金流出量。所谓现金流出量，是指确定一项旅游投资项目所发生的投资数量，其包括建筑物和附属设施费用、家具与设备费用、经营设备费用、技术服务费用、开业前费用、流动资金等。

2. 现金流入量

任何一项旅游投资项目，都有可能在未来若干年内每年获得一定的收益。因此，现金流入量是指在旅游投资决策后，通过旅游投资所带来的收益。其包括旅游投资项目完成后所带来的营业收入、每年的固定资产折旧等。

3. 净现金流量

净现金流量就是旅游投资项目完成投资后，每年现金流入量超过现金流出量的净值。用净现金流量来评价和衡量旅游投资项目，可通过运用净现值法、内含报酬率法、回收期法等对旅游投资决策方案进行比较而确定最佳方案。

4. 投资风险

投资风险，是指一项旅游投资所取得的实际收益和与预期收益之间的差异。对大多数投资活动来说，都存在一个风险问题，只是风险程度不同而已。如果一个投资方案只有一个确定的结果，就称这种投资为确定性投资。例如，某旅游企业投资购买政府国库券 100 万元，年利 10 万元，这种比较可靠的投资就属于确定性投资，确定性投资一般没有什么风险。

但是，旅游投资决策所涉及的问题都具有不确定性，如旅游产品的需求、价格和成本等都具有不确定性。这些因素的变化往往会直接引起投资效果的变化，甚至某些在投资决策时认为可行的方案，实施以后也会由于某些因素的变化而不可行。由于投资风险一般是很难避免的，因而在旅游投资决策中，就需要对投资作出正确的评判，并力求使这些风险减小到最低的程度。

第四节　旅游投资评价与方法

一、旅游投资的宏观评价

旅游投资除了进行可行性研究外，还必须从宏观角度进行评价，即分析旅游投资项目是否符合国家和地方政府的旅游政策及发展目标，是否属于政府重点发展的旅游建设项目，是否符合整个社会经济发展的要求。通常，对旅游投资进行宏观评价时，主要用一些代表性的数量指标来反映投资项目实现某一特定目标的程度。

（一）投资效果系数

投资效果系数，是指单位旅游投资所产生的国民收入 GDP 的增量，其反映了百元旅游投资所产生的国民经济增量。通常，投资效果系数越大，则说明旅游投资的经济效果越好；反之，投资效果系数越小，则说明旅游投资的经济效果越差。

设：*Etl*——投资效果系数；

I_T——旅游投资额。

则有投资效果系数计算公式：

$$E_{TI}=\frac{\Delta\,\mathrm{GDP}}{I_t}\times 100\% \tag{8-6}$$

投资系数，是投资效果系数的倒数，其表示每个单位国民经济增量所需要的旅游投资额。因此，投资系数是一个逆指标，投资系数越大，则说明投资效果越差；反之，投资系数越小，说明投资效果越好。

（二）旅游创汇指标

旅游业是一项重要的创汇产业，因此旅游投资项目的创汇能力是宏观评价的重要指标之一。通常，某项旅游投资项目的创汇能力，反映了一定时期内所赚取的外汇净额与同期产生这一净额所需国内资金的比率关系。在国外，一定时期是指该项目投入建设期加上建成后 5 年的时间，而不是可行性研究要求的 20 年。

设：A_{TF}——旅游投资项目外汇收入能力；

F_R——旅游投资项目在一定时期内的旅游外汇收入；

F_c——旅游投资项目在一定时期内的旅游外汇支出；

M_c——旅游投资项目在一定时期内的本国货币支出。

则有外汇收入能力计算公式：

$$A_{TF}=\frac{F_R-F_c}{M_c} \tag{8-7}$$

在公式中，数值仅是一种估计，是依据一定时期内旅游投资项目所接待的旅游者人次、旅游者平均停留时间和人均旅游消费预测的结果。在实际分析中，F_R、F_c 和 M_c 三个数值必须用贴现率折算成现值后再进行测算。

（三）提供就业指标

旅游业不仅是一个创汇产业，也是一个劳动密集型产业，可以吸纳社会劳动力就业。旅游投资项目提供直接就业能力，可以根据该项目直接招用的员工人数，或者以该项目向职工所付工资总额占总成本的比例来进行测算。

设：E_T——旅游项目投资直接就业率；

W_T——旅游投资项目预计年工资总额；

TC——旅游投资项目预计年总成本。

则有直接就业率计算公式：

$$E_T=\frac{W_T}{\mathrm{TC}}\times 100\% \tag{8-8}$$

根据直接就业率和旅游投资项目每年的实际总成本，就可以计算出每年实际应付的工资总额，然后与人均工资相除，就可以计算出每年实际提供的直接就业岗位数。

（四）社会文化影响指标

旅游投资项目对社会文化的作用通常难以用数量来表示，只能依靠主观判断。为了最大限度地减少主观判断的偏差，可组织有关专家对旅游投资项目可能给社会文化带来的影响进行各个方面的综合评价，并对起积极作用的方面用正数表示，起消极作用的用负数表示，最后通过计算加权平均数来判断和评价旅游投资项目的社会文化影响。

一般来说，旅游投资项目对社会文化影响的主要方面有：对恢复、保护和合理利用名胜古迹的影响，对人们思想与职业道德的影响，对当地居民消费方式的影响，对传统艺术和文化遗产的影响，对传统社会结构或家庭的影响，对国内旅游业的促进作用，等等。

（五）综合效益指标

对旅游投资项目进行综合效益评价应按照下列顺序进行排列：

首先，应分别列出各投资项目综合效益的各个领域，并分别计算各个领域的数值。

其次，应根据国家或地方政府旅游规划和旅游政策所强调的重点对各个领域的数值进行加权，以确定各领域的相对重要性。

最后，计算在同一离散范围内每一个领域加权数值同基点的偏差，并以此为基础来比较各个方案的优劣。在具体计算中，根据不同的旅游投资项目，可以采取不同的综合效益计算方式。

二、旅游投资的风险评价

任何投资都是既有收益又有风险的，旅游投资也同样如此。伴随着旅游投资风险的加大，投资者对旅游投资的预期收益期望值也相应提高，以便用较高的收益率来补偿较大的风险。

在一般情况下，现代旅游投资风险有两种类型：一是系统风险，又称市场风险。它是旅游投资无法规避的风险，也是所有旅游投资项目都共同面临的风险，如物价上涨、经济不景气、高利率和自然灾害等所引起的风险。二是非系统风险，又称企业风险。指由于旅游投资项目经营不善，或者管理不当等所引起的风险。这个风险可以通过改善经营和加强管理方式来抵消或减少，如采取投资多样化，就是分散和减少这类风险的最佳途径之一。

由于现代旅游投资具有一定的风险性，因此必须对旅游投资项目进行风险投资评价。可以用投资风险率指标来评价旅游的投资风险大小。所谓投资风险率，就是指标准离差率与风险价值系数的乘积。标准离差率是标准离差与期望利润之间的比率，而风险价值系数一般由投资者主观决定。当投资风险率计算出来后，就与银行贷款率相加，所得之和小于投资利润率，那么方案是可行的，否则是不可行的。

（一）计算期望利润

期望利润，是指旅游投资方案最可能实现的利润值，它是各个随机变量依其各自的概率进行加权平均后得到的平均数。

设：E_f——期望利润；

X_i——第 i 种结果的利润；

P_i——第 i 种结果发生的概率。

则有期望利润的计算公式：

$$E_f=\sum_{i=1}^{n}X_iP_i \quad (8-9)$$

【同步案例】

某星级旅游饭店对设施进行改造，现有两个投资方案可供选择，两个方案的投资都是150万元，预测年利润额及可能实现的概率情况如表8–1。试对两个方案进行投资风险评价。

表8–1 旅游投资方案比较

	甲方案		乙方案	
	利润 / 万元	概率	利润 / 万元	概率
较好	45	0.3	50	0.3
一般	35	0.5	35	0.5
较差	2.5	0.2	0	0.2

解：根据公式和表8–1中的数据，可计算出甲、乙两个旅游投资项目方案的期望利润分别为31.5万元和32.5万元。如果只单纯地看旅游投资项目方案的期望利润，则乙方案将优于甲方案。但是，若考虑旅游投资项目的风险性，则情况就不一样。同时，在决策时，尚需对标准离差、标准离差率以及投资风险进行估算，才能最后决策。

$$E_{甲}=45\times0.3+35\times0.5+2.5\times0.2=31.5\text{（万元）}$$

$$E_{乙}=50\times0.3+35\times0.5+0\times0.2=32.5\text{（万元）}$$

（二）计算标准离差与标准离差率

标准离差是各种可能实现的利润与期望利润之间离差的平方根。标准离差率则是标准离差与期望利润之间的比率。标准离差和标准离差率计算公式如下。

设：σ——标准离差；

σ'——标准离差率。

则有标准离差计算公式：

$$\sigma=\sqrt{\sum_{i=1}^{n}(X_i-E)^2\cdot P_i} \quad (8-10)$$

标准离差率计算公式：

$$\sigma' = \frac{\sigma}{E} \times 100\% \qquad (8\text{-}11)$$

根据公式 8-11 和前面计算的结果，可计算同步案例中两个方案的标准离差和标准离差率如下：

$$\sigma_{甲} = \sqrt{(45-31.5)^2 \times 0.3 + (35-31.5)^2 \times 0.5 + (2.5-31.5)^2 \times 0.2} = 8.32$$

$$\sigma_{乙} = \sqrt{(50-32.5)^2 \times 0.3 + (35-32.5)^2 \times 0.5 + (0-32.5)^2 \times 0.2} = 17.50$$

$$\sigma'_{甲} = \frac{8.32}{31.5} \times 100\% = 26.41\%$$

$$\sigma'_{乙} = \frac{17.5}{32.5} \times 100\% = 53.84\%$$

从以上计算可以看出：由于甲方案的标准离差（8.32 万元）小于乙方案的标准离差（17.5 万元），说明甲方案的风险小于乙方案；同时，甲方案的标准离差率（26.41%）也小于乙方案的标准离差率（53.84%），即 $\sigma'_{甲} < \sigma'_{乙}$，说明甲方案比乙方案的风险小。

（三）计算投资风险率

标准离差率计算出来后，就可计算投资风险率了。所谓投资风险率，是标准离差率与风险价值系数的乘积。风险价值系数一般是由投资者主观决定的。

设：δ——风险率；

F——风险价值系数。

则有风险率计算公式：

$$\delta = \sigma' F \qquad (8\text{-}12)$$

假设投资者确定该旅游投资项目的风险价值系数为 10%，则两个投资方案的风险率分别计算如下：

$$\delta_{甲} = 26.41\% \times 10\% = 2.64\%$$

$$\delta_{乙} = 53.84\% \times 10\% = 5.38\%$$

再假设银行现行贷款利率为 17%，那么，只要投资利润率超过贷款利率与风险率之和，就认为此方案是可行的，否则就会由于风险过大而被否决。

三、旅游投资的经济评价

任何旅游投资都必须以营利为目标，即旅游投资不仅要收回投资成本，而且必须取得一定的利润。因此，对现代旅游投资的经济评价，就是以利润最大化为标准来确定投资方案的。通常，旅游投资的常用评价方法主要有以下几种。

（一）投资回收期法

投资回收期，是指收回某项旅游投资所需的时间（年数）。因此，投资回收期法就是根据某项旅游投资项目的回收期，来判断旅游投资项目是否可行的方法。这种方法主要是通过计算旅游投资项目未来产生的税后净利总量与最初的投资总量相等情况下，得出旅游投资项目所需要的回收期长短。如果每年的净现金流量相等，可用每年净现金流量除以旅游投资项目的投资额，即可得到回收期。如果每年的净现金流量不等，就需要用推算的方法求回收期，一般也可以用计算年均净现金流量来推算。

设：

T_{iv}——旅游项目投资回收期；

IV——旅游投资项目的投资总量；

NCF——旅游投资项目每年的净现金流量。

则有投资回收期计算公式：

$$T_{iv}=\frac{\mathrm{IV}}{\mathrm{NCF}} \tag{8-13}$$

【同步案例】

已知某个旅游投资项目有A、B、C三个可行方案，各个可行方案的投资额和净现金流量如表8-2，试用投资回收期法对三个旅游投资项目方案进行计算，确定哪一个是最佳投资方案。

表8-2 旅游投资方案的净现金流量

年次	投资方案		
	A方案/万元	B方案/万元	C方案/万元
0（初始投资）	1000	1500	2000
1	200	500	1000
2	200	500	600
3	400	300	400
4	400	200	1000
5	400	200	—
6	500	1000	—

注：表中的负值净现金流量指旅游投资额，正值净现金流量是指税后净利润总量。

解：根据表 8-2 中各方案的有关数据，可计算出旅游投资项目各方案的投资回收期如下：

$$T_{ivA}=\frac{1000}{\dfrac{200+200+400+400+400+500}{6}}=2.86\text{（年）}$$

$$T_{ivB}=\frac{1500}{\dfrac{500+500+300+200+200+1000}{6}}=3.33\text{（年）}$$

$$T_{ivc}=\frac{2000}{\dfrac{1000+600+400+1000}{4}}=2.67\text{（年）}$$

使用投资回收期法，计算和评价旅游投资项目方案，需要首先确定一个标准投资回收期，即最低限度的投资回收期，然后将各投资方案的回收期与其进行比较，凡小于标准投资回收期的方案均可接受。其中，投资回收期最短的方案为最优方案。例如，同步案例中三个方案的标准投资回收期都为 3 年，根据计算，投资方案 A 和 C 的投资回收期都低于 3 年，因而两个方案都是可以接受的，而其中 C 方案的投资回收期最短，因而 C 方案为最佳方案，A 方案是次佳方案。

投资回收期法的优点是便捷、简单、易懂，因而是旅游投资项目评价常用的方法。但由于其未考虑资金的时间价值，并忽略了投资回收期以后该项目各年的盈利状况，因而准确性不够高。

（二）净现值法

净现值，是指某项投资方案未来预期总收益现值减去总投资额现值后的余额。通常，任何一项旅游投资都希望未来的收益比原投资额更多。因此，对未来收益按资金时间价值折算后再与总投资额现值比较，就可以评价和比较旅游投资项目的各个方案是否可行，并从中选择最佳方案。

设：NPV——旅游投资项目的净现值；

C——旅游投资项目的投资总额；

R_t——旅游投资项目在未来 t 年的净收益。

则有净现值的计算公式：

$$\mathrm{NPV}=\sum_{t=1}^{n}\frac{R_t}{(1+i)^t}-C \tag{8-14}$$

在上式中，若企业资金是从银行借贷的，则资金成本率为银行利息率；若资金来源于企业积累，则资金成本率为自己的机会成本；若资金来源于多种渠道，如银行借款、债券、股票、利润留成，那么资金成本率等于各项资金的成本率与各项资金在资金总额中所占百分比乘积之和。

根据上述公式计算，若净现值NPV为负值，说明该方案不可行；如净现值NPV等于零，意味着该方案的预期收益刚够还本付息；只有当净现值NPV为正值时，方案才可接受。在多方案比较中，若净现值NPV越大，则投资收益越多，该方案可行性就越强。

【同步案例】

某旅游企业计划投资一项旅游景点建设，该方案的总投资额为6500万元；各年末的净收益分别为：第一年1000万元，第二年1150万元，第三年1300万元，第四年1450万元，第五年1700万元，第六年1800万元，第七年1900万元；资金成本率为6%。试计算该项目的净现值，并分析该旅游投资项目方案可否接受。

解：根据题中所给数据，按公式计算如下。

$$NPV=\sum_{t=1}^{n}\frac{R_t}{(1+i)^t}-C=\frac{1000}{1+6\%}+\frac{1150}{(1+6\%)^2}+\frac{1300}{(1+6\%)^3}+\frac{1450}{(1+6\%)^4}+\frac{1700}{(1+6\%)^5}+\frac{1800}{(1+6\%)^6}+\frac{1900}{(1+6\%)^7}-6500=8009.3-6500=1509.3\text{（万元）}$$

由于最终计算的旅游投资方案净现值为正值1509.3万元，说明该旅游投资项目方案是可行的。

净现值法的优点不仅考虑了资金的时间价值，能反映方案的盈亏程度，而且考虑了投资风险对资金成本的影响，有利于企业从长远和整体利益出发作出决策。该方案的不足之处在于只反映了投资方案经济效益量的方面（即盈亏总额），而没有说明投资方案经济效益质的方面，即每单位资金投资的效率。这样容易促使决策者趋向于采取投资大、盈利多的方案，而忽视盈利总额较小，但投资更少、经济效益更好的方案。

（三）内部投资回收率法

内部投资回收率法，是指旅游投资方案的未来预期净收益与投资总额之差等于零时的资金成本率，也称为贴现率。所谓贴现率，就是在投资决策分析中，把未来值折算为现值的系数。如果贴现率定得高了，现值就小；贴现率定得低了，现值就大。所以，合理确定贴现率是正确计算内部投资回收率的关键。

通常，当计算出投资方案的内部投资回收率大于企业或主管部门规定的投资回收率时，则投资方案可取；当计算出投资方案的内部投资回收率小于规定的投资回收率时，则投资方案不可取。在实践中，通常把内部投资回收率同利息率进行比较，若内部投资回收率大于利息率，则旅游投资项目方案可行；反之，若内部投资回收率小于利息率，则旅游投资项目方案不可行。

设：C——旅游投资项目的投资总额

R_t——旅游投资项目在未来 t 年的净收益

r——旅游投资项目的内部投资回收率

则有内部投资回收率计算公式：

$$\sum_{t=1}^{n} \frac{R_t}{(1+i)^t} - C = 0 \tag{8-15}$$

例如，根据上例旅游企业对某旅游景区建设方案的有关数据，可分别按 r=10% 和 r=12% 进行试算，见表 8-3。

表 8-3　贴现率试算

年　份	净收益	r_1=10% 贴现率		r_2=12% 贴现率	
		现值系数	现值 / 万元	现值系数	现值 / 万元
（0）	（1）	（2）	（3）=（1）×（2）	（4）	（5）=（1）×（4）
1	1000	0.909	909.00	0.893	893.00
2	1150	0.826	949.90	0.797	916.55
3	1300	0.751	976.30	0.712	925.60
4	1450	0.683	990.35	0.636	922.20
5	1700	0.621	1055.70	0.567	963.90
6	1800	0.564	1015.20	0.507	912.60
7	1900	0.513	974.70	0.452	858.80
净收益的总现值		6871.15		6392.65	

从表 8-3 可以看出，按内部投资回收率 r_1=10% 贴现率进行试算，先根据现值系数表查出第 1~7 年的现值系数，然后根据现值系数可算出按 10% 贴现的总现值为 6871.15 万元，大于期初 6500 万元的投资总额，说明内部投资回收率应该比 10% 要大。再按内部投资回收率 r_2=12% 进行试算，用同样方法计算出总现值为 6392.65 万元，小于期初 6500 万元的投资总额，说明内部投资回收率要比 12% 小。因此，内部投资回收率应该在 10%~12%。那么，在 10%~12% 的内部投资回收率究竟是多少呢？

设内部投资回收率为 r，则可以按下式计算出：

$$\frac{|6871.15|}{|6392.65|} = \frac{r-10}{12-r} \tag{8-16}$$

计算结果为 r=11.04%，即内部投资回收率为 11.04%。再同企业或主管部门的标准投资回收率相比较，即可判断该旅游投资项目的方案是否可行。

从经济意义上说，内部投资回收率实质上是资金成本的加权平均数，其优点在于它为企业或主管部门评价旅游投资项目的经济效果提供了一个合理的衡量标准，这对加强旅游投资效果评价和旅游投资管理都具有十分重要的现实意义。

（四）利润指数法

利润指数法是指用单位投资所获得的净现金收益同投资费用进行比较，而得到评价投资方案经济效果的方法。

设：PI——旅游投资利润指数；

C——旅游投资项目的投资总额；

R_t——旅游投资项目在未来 t 年的净现金收益；

i——旅游投资项目的资金成本率。

则有利润指数计算公式：

$$\mathrm{PI}=\sum_{t=1}^{n}\frac{R_t}{(1+i)^t}\div C \tag{8-17}$$

根据公式计算，若利润指数 PI＞1，则该旅游投资项目方案会取得盈利，说明该旅游投资项目方案可接受；若利润指数 PI＜1，则该旅游投资项目方案会亏损，说明该旅游投资项目方案应该放弃。

【本章练习】

一、关键名词

旅游投资　投资风险　投资回收期

二、填空题

按旅游投资主体和目的分类，一般可把旅游投资决策分为（　　）投资决策和（　　）投资决策两种类型。

三、简答题

1. 按照对旅游项目的开发程度和建设性质，可以将旅游投资形式分为哪些？

2. 试比较旅游投资项目的评价方法。

四、论述题

1. 为什么要对旅游投资项目进行可行性研究？

2. 旅游投资有哪些风险？应如何防范？

五、案例分析

2012年中国旅游企业十大风险投资案例

2012年，中国旅游业的持续火爆吸引了众多风险投资机构的关注，一些优质旅游企业得到了巨额资金：一方面给旅游企业快速发展带来了资金上的支持；另一方面为旅游企业提升管理、吸引人才也提供了更大的空间。

相关机构汇总了2012年中国旅游相关企业十大最具影响力的风险投资融资案例，详见表8–4：

表8–4　2012年中国旅游企业十大风险投资案例

企业	融资金额	投资机构	时间
同程网	5000~6000万元人民币	腾讯	2012年5月
尚客优	1500万美元	ACA lnc.	2012年5月
途家网	未披露	光速创投鼎晖	2012年5月
布丁酒店	5500万美元	富达亚洲　君联资本 KTB 摩根凯瑞　建信投资	2012年5月
桔子酒店	1亿美元	凯雷集团	2012年7月
99旅游连锁	7500万美元	高盛海纳亚洲	2012年8月
海昌中国	未披露	弘毅投资	2012年8月
冰点	未披露	蓝驰创投	2012年9月
马蜂窝	1500万美元	今日资本	2012年9月
凤凰国旅	未披露	君联资本	2012年10月

1. 同程网

同程网络科技股份有限公司（同程网）是国内最大的旅游电子商务平台之一。同程网搭建包括旅行社、酒店、景区、交通、票务在内的8万余家旅游企业间的信息、交易平台。

2. 尚客优

青岛尚客优城际酒店管理有限公司为香港尚客优全资子公司。香港尚客优酒店连锁管理集团于2009年开始在内地运营尚客优快捷酒店品牌。尚客优集团专注于三线城市连锁服务业管理，通过旗下连锁品牌的发展，致力于提高三线城市服务业品质，为三线城市投资者提供专业化连锁管理服务。作为三线城市首家连锁服务业综合运营商，集团拥有骏怡城际酒店（准三星）、尚客优快捷酒店、宝乐迪量贩式KTV、尚客优品中式餐厅等四大品牌。

3. 途家网

途家在线信息技术（北京）有限公司是一家高品质度假公寓预订平台，提供旅游地度假公寓的在线搜索、查询和交易服务，既为旅行者提供优质的度假新体验，又为业主提供灵活的闲置资产托管增值服务。

4. 布丁酒店

杭州住友酒店管理有限公司（布丁酒店连锁）成立于2005年，隶属美国布丁酒店连锁，是一家以全新酒店理念运营的经济型酒店连锁集团企业，现已在杭州、上海、北京、广州、苏州、南京、武汉、沈阳、济南、西安等地拥有近百家酒店，已成为长三角地区的知名企业之一。布丁酒店致力于为顾客创造快乐、自由、时尚的休息体验，为年轻白领、商务人士和个性化的人群提供时尚、环保、简洁、张扬个性的客房。

5. 桔子酒店

桔子酒店管理（中国）有限公司是定位于时尚、简约的美式全球连锁酒店，自引入中国以后，就一直坚持时尚路线，以区别于那些简单提供住宿服务的低星级宾馆和一些由招待所直接演变而成的商旅酒店。桔子酒店成立于2006年，在北京开设4家直营连锁店，2007年在全国布点8家，2008年达到20家；桔子酒店背后雄厚的资本实力使得这一连锁计划得以顺利开展，并由于初期采取直营方式，酒店的实际住宿品质得到了有效的控制。

6. 99旅馆连锁

玖玖旅馆管理股份有限公司成立于2007年5月，为新丁香控股集团旗下全资子公司、核心层骨干企业。由该公司投资并管理的“99旅馆连锁”系国内首家经济型酒店业百元店连锁品牌。“99旅馆连锁”的市场定位：为大众提供适中价格和优质服务的精致型连锁酒店。它采用统一标识、统一规范、统一管理、连锁经营的模式，全国各种房型统一价格并长期维持在99元/天，开辟了全新的百元酒店细分市场领域。

7. 海昌中国

海昌（中国）有限公司为大连海昌集团旗下运营管理旅游文化板块的子公司，是一家中国领先的主题旅游文化景区开发运营企业。海昌中国拥有很强的主题公园开发经营能力，尤其是在极地海洋生物驯养和繁殖技术以及旅游市场经销网络等方面，在国际和国内均处于领先地位。

8. 冰点

多途网络科技（上海）有限公司的冰点酒店是一款订酒店的手机应用程序（App），由上海多途国际旅行社有限公司研发，它融合移动互联网和电子商务，进行酒店OTP营销（Online Travel Platform）。

9. 马蜂窝

北京马蜂窝网络科技有限公司打造的“马蜂窝”网站是一个相互协作、共同分享的旅游出行平台，为旅游爱好者提供精彩的路书攻略，收录了全球各地数万个精彩旅行目的地，提供各种旅行资讯，包括目的地介绍、精美照片、游记、交通、美食、购物等信息。

10. 凤凰国旅

北京凤凰假期国际旅行社有限公司成立于1996年，经过16年的发展奋斗，已成功发展为涵盖出境团队旅游、直客零售、商务展会、会议、培训等各项出入境及国内业务的专业旅游机构，并成为出境旅游业的知名品牌。

资料来源：2012年中国旅游企业十大风险投资案例［EB/OL］. 劲旅网. 2012-12-27.

问题：十大风险投资案例中，投资风险有哪些？

第九章

旅游产业结构与优化

旅游产业结构是指旅游产业内部各组成部分的数量比例关系及其相互联系、相互作用的形式。旅游产业结构既有一般产业结构所具有的共同特征，又有不同于其他产业结构的典型特征，主要表现在旅游产业结构的整体性、功能性、动态性和关联性。旅游产业结构的影响因素主要包括：旅游资源因素、旅游市场因素、科技进步因素、社会经济因素、政策和法律因素等。

旅游产业结构的内容包括旅游市场结构、旅游产品结构、旅游企业结构、旅游区域结构、旅游投资结构和旅游经济管理结构等。

旅游产业结构优化是通过对旅游产业结构的调整，使整个旅游产业结构实现合理化和高度化，从而保持旅游经济协调发展，不断满足社会日益增长的旅游需求的过程。旅游产业结构优化，就是要通过旅游产业结构的合理化和高度化，实现旅游市场结构、旅游产品结构、旅游区域结构和旅游经营管理结构的优化。

【学习目标】

1. 理解旅游产业结构的概念和基本特征，分析影响现代旅游产业结构的各种因素。

2. 熟悉现代旅游产业结构的主要内容，并从旅游经济发展角度了解现代旅游产业结构优化的重要意义，掌握现代旅游产业结构合理化和高度化的概念及优化标志，以及实现旅游产业结构优化的目标、内容和对策措施。

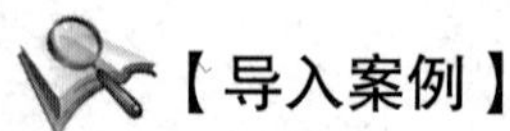【导入案例】

泰国旅游产业结构的变迁与发展

泰国一直以来都是全球知名的旅游胜地。在过去几十年里，其旅游经济产业结构经历了显著的变化。起初，泰国主要依靠其独特的自然景观，如美丽的海滩、古老的寺庙等吸引游客，旅游产业结构相对单一，主要集中在观光游览这一环节。

随着时间的推移，泰国逐渐意识到单一结构的局限性。于是，政府和业界开始积极拓展产业结构。一方面，大力发展休闲度假旅游，建设了众多高端度假酒店和度假村，提供多样化的休闲体验项目。另一方面，积极推动旅游购物的发展，打造特色购物街区，提升旅游商品的质量和多样性。

同时，泰国还注重旅游文化产业的融合，举办各种具有当地特色的文化节庆活动，吸引更多游客深度参与。此外，旅游交通也不断升级完善，国际机场的扩建以及国内交通网络的优化，为游客的出行提供了更大的便利。

近年来，泰国的旅游经济产业结构更加多元化和丰富，各个产业环节相互促进、协同发展，使其在全球旅游市场中始终保持着强大的竞争力和吸引力。通过对泰国旅游经济产业结构变迁的研究，可以深入探讨旅游产业结构优化和升级的重要意义及路径。

资料来源：作者根据泰国旅游局网站公布的政策、数据及材料整理而得。

第一节　旅游产业结构概述

旅游经济作为社会经济大系统中的一个子系统，具有其自身的产业结构。所谓旅游产业结构，是指旅游产业内部各组成部分的数量比例关系及其相互联系、相互作用的形式。

一、旅游产业结构的特征

同国民经济大系统和其他经济子系统相比较，现代旅游产业结构既有一般产业结构所具有的共同特征，又有不同于其他产业结构的典型特征，具体可概括为以下几方面。

（一）整体性

旅游业是一个综合性的经济产业，由食、住、行、游、购、娱六大要素组成，每个要素都体现了旅游业的一个部分或方面，并从属于旅游业这个整体。由于各组成要素的性质和特点，任何一个组成要素都不能取代由它们共同组成的旅游产业结构。因此，旅游产业结构不是各组成要素的简单相加，而是根据旅游业整体发展的需要，按照各要素之间相互联系、相互作用的特点和规律，形成合理的数量比例及构成状况，从而发挥出旅游经济的综合性功能。

（二）功能性

结构和功能是密切相关的，产业结构决定经济功能，经济功能又促进产业结构的变化。因此，不同的旅游产业结构必然产生不同的旅游经济功能和旅游经济效益。例如，我国传统的旅游产业结构是以观光型旅游为主的，因此其功能及效益也是与观光型旅游相联系的。随着社会经济的发展，人们的旅游需求有了新的变化，要求观光型旅游向度假、娱乐型旅游发展，因此，必然要求对旅游产业结构进行调整，以提供能满足人们旅游需求的新功能。

判别旅游产业结构功能好坏的标准，就是看这种旅游产业结构能否有效地提供能满足人们不断变化的旅游需求的新功能，从而能否形成一种自我协调、自我适应、具有活力的旅游经济机制，进而促进旅游业的快速发展和社会生产力的不断提高。

（三）动态性

由于旅游经济系统各要素、各部门及其相互关系是不断变化的，因此旅游产业结构也是不断发展变化的。现代旅游产业结构的变化不仅有量的变化，而且有质的变化，其量的变化一方面表现为旅游经济规模的增长，另一方面表现为旅游经济各种比例的变化。因此，通过对旅游产业结构量的分析，可以把握旅游产业结构在旅游经济发展规模和速度方面的适应性。

旅游产业结构质的变化表现在旅游经济的效益和水平上，并通过各种量的指标反映出来；但旅游产业结构的情况表现为旅游业的综合发展水平和不断提高的经济效益。由于旅游产业结构的变动是十分复杂的，因此必须注意分析影响结构变动的各个因素，适时进行调整，才能提高旅游产业结构的动态适应性。

（四）关联性

旅游产业结构与其他产业或部门产业结构的最大差别就在于其关联性较强。从旅游业食、住、行、游、购、娱六大要素看，任何一个要素的有效供给都离不开其他相关要素的配合；从旅游产业中的旅行社、旅游饭店、旅游交通、旅游景区和旅游购物等行业看，任何一个行业的发展都必须以其他行业的发展为条件，都离不开其他行业的密切配合。总之，旅游产业结构的较强相关性，使组合旅游产业结构的各行业、各要素的协调发展成为旅游产业结构协调的重要因素。其中任何一方面的不协调，都会影响到旅游经济产业整体发展的规模、效益和水平。

二、旅游产业结构的影响因素

旅游产业结构的特征，决定了影响旅游产业结构的因素也是很复杂的。通常，对旅游产业结构造成影响的因素主要有以下几个方面。

（一）旅游资源因素

旅游资源对旅游产业结构的影响是至关重要的。传统观念认为，旅游资源主要是自然旅游资源和人文旅游资源。而现代观点认为，旅游资源还应包括人才、信息、智力和资金等。旅游资源是旅游业赖以生存和发展的物质基础，其所具有的数量和质量不仅决定着旅游业的发展规模及水平，而且决定着旅游产业结构的功能和属性。因此，正确认识和分析旅游资源的品位、特点、分类及规模，是建立合理的旅游产业结构的重要途径之一。通常，分析旅游资源对旅游产业结构的决定和影响作用，应考虑以下几个方面。

1. 旅游资源的状况

旅游资源是旅游业发展的基础，一个国家所拥有的自然旅游资源和人文旅游资源的规模、品位及特点，直接决定着该国旅游业发展的规模和水平。因此，必须形成独具特点的旅游产品和旅游区，不断提高旅游资源的吸引力。

2. 资金和劳动力的状况

旅游业是一个高投入、高产出的经济产业，必须投入大量资金进行旅游产品的开发和建设。同时，旅游业又是以服务为主的产业，劳动力素质的高低直接影响着旅游服务水平的高低。因此，在研究旅游产业结构的影响因素时，不仅要分析资金和劳动力的拥有量对旅游产业结构的影响，还要分析资金有效运用和劳动力质量对旅游产业结构的影响，不断提高资金和劳动力资源要素的投入产出效果。

3. 智力和信息资源的状况

旅游是一种满足人们身心需要的高层次活动，因而智力资源的开发不仅能更广泛地利用自然与人文旅游资源，还能创造出新的资源，组合成颇具吸引力的旅游产品。智力资源的开发越好，旅游产品的形象就越好，吸引力就越大。而要有效地开发智力资源，就离不开充分的信息资源，特别是在瞬息万变的国际旅游市场中，及时、准确地掌握市场信息及相关信息，不仅对旅游产业结构形成合力具有重要的影响作用，而且对旅游经济的良性循环发展也是非常重要的。

（二）旅游市场因素

市场经济作为社会经济运行方式和社会资源配置方式，要求一切经济活动都必须以市场为基础，按照市场经济规律对社会经济活动进行调节和控制。现代旅游经济是一种以市场为导向的外向型经济，因而其整个经济运行都必须围绕市场来进行。

1. 从旅游市场需求角度分析

从旅游市场需求角度看，旅游者的旅游需求是决定和影响旅游产业结构的关键性因素。因为一个国家或地区旅游业发展的规模和水平，主要表现在对旅游客源市场的拥有程度。而旅游客源地的数量、社会经济发展水平和出游人数等，又决定着旅游目的地国家或地区的旅游产业结构及旅游业的发展速度和规模。因此，分析旅游产业结构时，要重点考虑不同地区、不同发展阶段旅游客源市场的对象、范围及变化趋势，从而为旅游产业结构的调整和合理化提供依据。

2. 从旅游市场供给角度分析

从旅游市场供给角度看，一个地区旅游市场的大小还取决于其旅游产品供给及旅游服务水平，它不仅决定着该地区旅游市场接待规模，也决定着旅游市场的发育及旅游经济效益的提高。而旅游供给规模又受旅游投资结构的决定或影响，因而必须根据旅游需求，合理进行旅游资源开发，形成合理的旅游产品供给规模和合理的旅游产品结构与区域结构，以促进旅游供给结构的合理化。

（三）科技进步因素

1. 科技进步影响旅游产业结构的变动

科技进步直接决定和影响着旅游产业结构的变动及发展，如技术进步改变了对旅游资源开发和利用的具体方式和效果，促进了交通工具和通信手段的发达，为旅游活动的有效进行提供了先进的工具和手段，加快了旅游设施的建设并改善了旅游服务的质量，丰富了旅游活动的内容，提高了旅游产出的经济效益，从而直接对旅游产业结构产生影响。

2. 科技进步影响人们需求结构的变化

科技进步促进生活资料和人们生活水平的变化和发展，不仅刺激着人们需求结构的变化，而且对旅游消费需求和投资需求也产生重要影响，同时增强了对旅游产业结构的拉动力，促进现代旅游经济在科技进步的基础上实现质的飞跃。因此，利用现代科学技术不断改善和提高旅游供给的结构和水平，能充分有效地满足人们不断变化的旅游消费需求。

3. 科技进步影响旅游业的经营和管理

科技进步还表现在现代组织管理水平的提高，促进了现代旅游经济组织管理等“软”技术的改善和提高。特别是在我国经济体制的转型时期，各种旅游“硬”技术逐渐完善的条件下，旅游经营管理和组织等“软”技术将在旅游产业结构的优化中发挥十分重要的作用。

（四）社会经济因素

一个地区社会经济发展水平及其为旅游业发展所提供的有利条件或带来的限制因

素，直接影响到该地区旅游产业的结构及旅游业的发展。

通常，发达的经济条件更容易为旅游经济发展提供各种基础设施、交通运输手段及财力资源，并且往往具有较高的旅游服务和管理水平，从而增强了旅游目的地的吸引力，促进旅游业经济效益和社会效益的提高。例如，我国东部沿海地区及大多数中心城市，社会经济比较发达，从而也成为旅游经济较发达的地区。而经济欠发达地区，虽然拥有丰富的旅游资源，但缺乏开发能力及配套的社会经济条件，因此无法尽快把资源优势转化为经济优势，从而旅游业的发展也相对较为缓慢。

因此，在考虑旅游业发展和旅游产业结构调整时，除了考虑旅游资源、科技进步及旅游市场因素，也要充分重视不同地区社会经济的发展水平，适度超前发展旅游业，通过旅游业带动地方经济发展，同时根据不同发展阶段的社会经济状况合理地进行旅游产业组织和旅游区域布局，使旅游经济与社会经济发展和谐统一。

（五）政策和法律因素

经济政策和法律法规是政府部门的重要调控手段。运用经济政策和法律法规进行调控，不仅能加快旅游资源的优化配置，促进旅游经济在数量扩张、结构转换和水平提高等方面同时发展，实现旅游经济的良性循环，而且有利于促进旅游产业结构的合理化，减少地区间经济差异，实现总体效率与空间的统一。因此，在考虑旅游产业结构合理化时，应充分考虑政策、法律和体制三方面因素。

1. 政策因素的影响

从政策角度讲，国家对旅游产品的重视程度和相应的经济政策与规定，不仅对旅游经济的发展具有促进或制约作用，也对旅游产业结构的变动及发展具有影响和调控作用。特别是目前国家按照经济发展和产业结构的演进规律所制定的一系列政策，对大力发展旅游业，推进旅游产业结构的优化等，都具有十分重要的影响和促进作用。

2. 法律因素的影响

从法律方面看，要根据旅游经济总体发展的需要，制定有利于现代旅游产业结构优化的法律法规，促进旅游产业结构按照市场经济的要求进行合理的调整；同时还需要根据已有的法律法规，合理地调整旅游产业结构，调整区域旅游布局，以促进现代旅游经济健康、持续发展。

3. 体制因素的影响

从体制角度看，虽然我国旅游业的发展较早地涉及国际旅游市场，在经营方式和管理模式上也借鉴了国外的成功经验，但传统计划经济体制的弊端仍然影响着旅游产业结构的调整及现代旅游经济的发展。因此，加快旅游经济体制的改革，实现旅游产业结构的优化，对旅游经济持续稳定发展具有十分重要的作用。

第二节 旅游产业结构的内容

一、旅游市场结构

旅游市场结构反映旅游产品供给和需求之间的比例关系，以及各种旅游客源市场之间的比例关系。因此，对旅游市场结构的研究，重点是分析旅游需求结构、旅游供给结构和旅游供求适应结构。

（一）旅游需求结构

旅游需求是旅游者对旅游产品具有支付能力的需求总和。由于旅游者收入、闲暇时间、爱好、职业、年龄和修养等方面的差别，旅游者的需求也各不相同。因此，从旅游需求结构看，要着重研究国际旅游市场和国内旅游市场的构成及分布状况，着重研究不同性别、年龄、阶层和职业的旅游者构成及需求状况，着重研究不同季节、不同旅游方式（如团队、散客）的需求结构状况等，从而为旅游经营者开发旅游产品提供依据。

（二）旅游供给结构

旅游供给是旅游经营者在一定时期内向旅游者提供的各种旅游产品的总和，包括各种旅游住宿、旅游交通、旅游餐饮、旅游景观、旅游购物、旅游娱乐等在内的综合性服务。因此，从旅游供给结构看，要着重研究旅游资源的类别和性质，以开发出具有特色的旅游景观，研究各种旅游设施的规模、水平和比例，以形成有效的综合接待能力，研究各种旅游服务的质量和内容，以不断提高服务水平，更好地满足旅游者的需求。

（三）旅游供求适应结构

旅游需求与旅游供给都有一定的时空变化。旅游供给和旅游需求一旦在数量、规模和比例上相互适应，就实现了旅游市场结构的协调，促进了旅游经济的发展。由于受旅游需求的变动性、旅游资源分布的不均衡性及旅游活动的季节性等影响，旅游供给和需求在数量、规模层次及时间和空间比例上往往难以相互适应。因此，为了提高旅游经济效益，避免旅游资源浪费或供给不足，就必须根据实际情况对旅游市场结构中出现的不协调现象进行适当的调整，以满足旅游经济发展对旅游市场结构的新要求。

从旅游供给与需求相适应的情况看，要研究在完全竞争、完全垄断及垄断竞争等不同市场结构下市场供求变化及竞争的特点，针对旅游市场供需变化，为形成供求适应的市场结构，探寻宏观管理的政策及微观经营的对策提供科学的依据。

二、旅游产品结构

旅游产品是指为旅游者开展旅游活动提供的各种物质产品和服务的总和，它是由各种要素所组成的综合性旅游产品，包括各种旅游景观、旅游交通、旅游娱乐、旅游餐饮、住宿及旅游购物等。此外，组合性的旅游线路产品也有不同的规模和不同的日程等，这些不同旅游产品及要素之间的各种组合关系就构成了旅游产品结构。由于旅游产品具有不同于一般物质产品和服务的特点，因而研究旅游产品结构也应从不同的方面来掌握。

（一）旅游产品消费结构

旅游产品消费结构是指旅游者在旅游过程中所消费的各种类型旅游产品及相关消费资料的比例关系，以及旅游者的不同消费层级及水平的比例关系。不同旅游产品及其要素的消费类型主要包括食、住、行、游、购、娱等方面的消费；而不同消费层次及水平的消费类型则主要包括高档消费、中档消费、低档消费或舒适型消费、经济型消费等。因此，研究旅游产品消费结构对进行旅游产品结构的调整，以便有的放矢地开发适销对路的旅游产品具有十分重要的意义。

（二）旅游产品要素结构

旅游产品是一种综合性产品，包含食、住、行、游、购、娱等多种要素。因此，要从要素结构入手，研究旅游景观、旅游设施、旅游服务和旅游购物品等各自的规模、数量、水平及结构状况，从而把握各种要素的特点及供给能力，为开发旅游产品奠定基础。研究旅游产品要素结构，还要研究各旅游要素的组合状况，即以旅游景观为基础的各种自然旅游资源和人文旅游资源的组合状况，各种旅游设施和旅游服务的配备比例，从而组合成综合性的旅游产品，以满足旅游者的需求。

（三）旅游产品组合结构

旅游产品组合结构是根据一定的旅游需求和旅游供给条件，把各种单项旅游产品有机组合起来，形成一定区域内旅游活动的消费行为层次结构。因此，从旅游产品组合结构入手，研究各种旅游结构的设计与旅游产品的组合，把各个区域旅游产品及一些专项旅游（如会议、探险、考察、体育等）有机结合起来，向旅游者提供具有吸引力的综合性旅游产品，就成为旅游产品组合结构的重要内容。

【同步思考】

收集相关资料，对所在地区旅游产品结构进行分析和讨论。

三、旅游企业结构

旅游企业结构是指以食、住、行、游、购、娱为核心的旅游业内部各行业间的经济技术联系与比例关系，也就是旅游业的部门结构。

（一）旅行社业

旅行社是依法成立，专门从事招徕、接待国内外旅游者，组织旅游者活动，收取一定费用的佣金，实行自负盈亏，独立核算的旅游企业。旅行社作为旅游业的“龙头”，不仅是旅游产业的设计、组合者，也是旅游产品的营销者。其在旅游经济活动中的比重，直接对旅游经济发展产生重要影响。

【知识链接】

旅行社的分类

欧美国家按垂直分工的方式将旅行社划分为两大类：旅游批发经营商和旅游零售商。

旅游批发经营商，是指根据自己对市场需求的了解和预测，大批量地订购种类不同的旅游产品如交通运输公司、饭店、旅游景点等产品和服务，然后对这些单项产品进行设计组合并融入自身的服务内容如导游服务等，使之成为能满足游客整体性需要的包价旅游产品的旅行社。

旅游零售商即主要经营零售业务的旅行社，是指直接面对游客并向其推销旅游产品或为其购买旅游产品提供便利的旅行社。

我国现阶段按经营范围即按水平分工的方式，把旅行社划分为两类：国际旅行社和国内旅行社。国际旅行社的经营范围包括入境旅游业务、出境旅游业务和国内旅游业务；国内旅行社的经营范围仅限于国内旅游业务。

（二）旅游饭店业

旅游饭店是为旅游者提供食宿的基地，也是一个国家或地区发展旅游业必不可少的物质基础。旅游饭店数量、饭店客房数和床位数多少标志着旅游接待能力的大小；而旅游饭店的管理水平高低、服务质量好坏、卫生状况及环境的优劣，则反映了旅游业的综合服务水准。因此，对于任何国家或地区而言，没有发达的、高水平的旅游饭店业，就不可能有发达的旅游业。

（三）旅游交通业

旅游业离不开交通运输业，没有发达的交通运输业就没有发达的旅游业。旅游交通作为社会客运体系的重要组成部分，不仅满足旅游产业发展的要求，同时又促进交通运输业的发展。特别是旅游交通运输要满足旅游者的安全、方便、快捷、舒适、廉价等方面的需求，就要求旅游交通不仅具有一般交通运输的功能，还要具有满足旅游需求的功能，从而要求在交通工具、运输方式、服务特点等方面都形成旅游交通运输业的特色。

（四）旅游资源开发业

旅游资源开发是指对各种自然旅游资源与人文旅游资源的开发及利用，并形成一定的旅游景观、旅游景区景点及各种旅游产品的组合。目前，虽然中国各地已形成了一批在国际上有一定知名度和吸引力的旅游景点、旅游景区（包括旅游风景区、度假区等）和旅游线路，但从整体上还未把旅游资源开发作为旅游产业结构的一个重要的组成部分来看待，不仅在旅游资源的开发建设上没有专门、统一的规划和建设，而且在行业管理上多头管理、缺乏统一的宏观协调和管理，旅游景区景点的建设因而滞后。因此，要加快旅游行业的发展就必须把旅游资源开发纳入旅游产业结构体系中，加快开发和建设。

（五）旅游娱乐业

旅游是一种以休闲为主的观光、度假及娱乐活动，丰富的旅游娱乐不仅是旅游活动中的重要组成部分，也是增强旅游目的地吸引力，提高旅游经济效益的重要手段。随着现代科技的发展，旅游娱乐业在旅游产业结构中的地位日益上升，旅游娱乐业在丰富旅游产品内容、增强旅游产品吸引力、促进旅游经济发展等方面的作用也在不断提高。

（六）旅游购物业

旅游购物是旅游活动的重要内容之一，也是在旅游接待规模既定情况下，提高旅游经济综合效益的重要手段。随着现代旅游经济的发展，各种旅游工艺品、纪念品、日用消费品的生产和销售不断发展，形成了商业、轻工、旅游相结合的产销系统和大量的旅游商品网点，不仅促进了旅游经济的发展，也相应带动了地方民族工业、土特产品轻工业和传统手工业的发展，从而促进了地方社会经济的繁荣。

四、旅游区域结构

一个国家的经济发展及产业布局离不开一定的地域空间。只有对各个产业和企业在地域空间上进行合理的配置和布局，才能实现生产力的合理组织，最终实现经济的效率目标与空间目标的和谐统一。因此，所谓现代旅游区域结构，是指在一定范围内旅游业各要素的空间组合关系，即从地域角度所反映的旅游市场、旅游区的形成、数量、规模及相互联系和比例关系，也称为现代旅游业的生产力布局。

（一）合理布局旅游生产力的意义

研究区域旅游结构，合理布局旅游生产力，不仅对各地旅游经济的协调发展具有重要意义，而且对制定合理的区域旅游经济发展政策也具有十分重要的意义。主要表现在以下几方面：

第一，合理布局旅游生产力，有利于充分有效地利用各区域的旅游资源、经济资源和劳动力资源，发挥资源优势和比较优势，调动各区域的积极性，促进区域旅游经济的发展，增强旅游业的发展后劲。

第二，合理布局旅游生产力，有利于以有限的资金投入，促进旅游经济的最佳地域组合，促进旅游区域的联合与协作，从而提高旅游经济的综合效益，带动少数民族地区和经济不发达地区的社会、经济和文化的发展，促进空间经济均衡发展和平等化。

第三，合理布局旅游生产力，有利于保护环境和生态平衡，保障城乡居民生活环境和生活质量，保护旅游业赖以生存和发展的自然物质基础，保证旅游经济与生态环境有机协调，以旅游开发促进环境保护，以环境保护促进旅游发展，真正形成旅游经济发展与环境保护的良性循环，实现旅游经济的可持续发展。

第四，合理布局旅游生产力，还有利于在社会主义市场经济体制中，充分发挥政府宏观调控的主体作用，通过制定旅游区域经济政策，为不同地区、不同阶段的旅游经济发展提供政策依据及指导，使不同地区从旅游市场出发，结合自身的资源优势，制定旅游业发展规划，促进旅游经济的发展。

（二）旅游区域结构的类型

旅游区域结构包括旅行社区域结构、旅游饭店区域结构、旅游交通区域结构、旅游商品区域结构、旅游资源区域结构、旅游市场区域结构、旅游流区域结构和旅游投资区域结构等。它反映的是旅游要素的空间分布与布局、功能分区以及要素与地区间的空间联系状态等。

旅行社区域结构是指旅行社在不同地区的配置情况，包括不同数量、规模、性质的旅行社在不同地区的布局特点以及区域内各旅行社的协作发展关系。

旅游饭店区域结构是指根据旅游资源的分布及旅游市场需求特点而形成的地区分布格局，其中旅游资源集聚地的分布特点对旅游饭店区域结构具有决定性的影响作用，因为大多数旅游者总是投宿到距离旅游景区较近的旅游饭店。

旅游交通的地区差异同时受旅游资源与旅游客源分布的影响，一般在旅游景区附近的分布密度较大，从而决定了旅游交通的运力、规模及水平。

旅游商品的地区分布不仅和旅游资源的分布相关联，而且同各地区其他产品，特别是名特土产品相关，从而形成不同地区旅游商品的分布特色。

旅游资源区域结构是以旅游资源的自然属性为主得出的旅游资源空间分布状况及特色，它是以自然资源本身的性质、特点、数量和质量为依据划分的，是综合旅游经济区域结构的基础。

旅游市场和旅游流的区域结构反映了旅游者的分布及其变化特征，它对各旅游供给因素特别是旅行社、旅游饭店、旅游交通的合理布局具有很大的引导作用。

旅游投资区域结构是指资金在各旅游区域的流动及分布关系，它取决于不同地区经济的发展速度、资源特征、经济政策等区域特点，旅游投资必须以有限的资金取得较高的综合经济效益，因而提高资金利用效率对旅游投资区域结构具有重要的意义。

（三）旅游区域结构研究的内容

现代旅游业的发展总是在一定地域空间上实现的，因此旅游区域结构的状况及变化，是进一步分析和认识旅游经济发展的重要依据。从旅游经济角度看，旅游区域结构应着重研究以下几方面的内容。

一是要研究旅游区域的市场结构，即对国际和国内不同区域的旅游市场需求和供给进行研究，研究不同区域市场的需求特点、需求规模及水平，以便有针对性地提供适合的旅游产品。

二是要研究旅游区的特点与构成，通过运用区划理论分析各旅游区的特色与发展方向，明确各旅游区开发重点与旅游形象塑造，探讨旅游区的总体构成及相互之间的联系和互补关系，形成既有层次又浑然一体的旅游总体形象。

三是要研究旅游产品布局，通过对旅游区的研究，掌握旅游产业布局的原则，分析旅游区域布局的影响因素，探寻旅游业合理布局的内容和方法，促进旅游产品布局的合理化。

五、旅游投资结构

旅游投资结构，是指投资额在不同旅游建设项目之间、不同旅游目的地之间的比例关系，其对于旅游市场结构、旅游产品结构、旅游企业结构和旅游区域结构等都会产生不同程度的影响。

旅游建设项目从不同角度可分为不同的旅游类型。从建设内容可分为旅游基础设施项目、景区项目、旅游饭店项目、旅游教育项目、旅游交通项目、旅游购物开发项目和旅游环境保护项目等；从项目规模可分为大型、中型和小型项目；从建设项目的性质可分为新建项目、改建项目、续建项目和扩建项目；从地区分布可分为旅游业发达地区、欠发达地区和不发达地区；从旅游投资来源可分为国家投资、地方政府投资和旅游企业投资等。

旅游投资的目的、方式和途径各不相同，不同投资来源也导致旅游投资结构不同。从中国的实际看，旅游投资一般来源于国家投资、利用外资、银行贷款和自筹资金四方面。国家投资一般是指纳入各级政府财政预算的旅游投资，其主要用于旅游基础设施建设。利用外资是指利用外国政府、银行国际金融组织、各种国外基金组织的资金和外商直接投资等，其既可用于旅游基础设施建设，又可用于经营性投资。银行贷款是有偿向银行借用的资金，大多数是用于流动资金，但也可用于旅游基础设施和接待设施等方面的建设。自筹资金是由地方政府或旅游企业自行筹集的不属于以上范围的资金，其使用比较灵活。

总之，由于旅游投资结构对其他结构有重要的影响作用，因而必须充分考虑旅游市场需求及各种影响因素，并从旅游业发展的战略高度进行综合分析，才能最终确定合理的旅游投资结构。

六、旅游经济管理结构

旅游产业结构不仅包括生产力方面的结构，也包括生产关系方面的结构。所谓旅游经济管理结构，是指从生产关系角度研究旅游经济的所有制结构、企业规模结构和相应的体制结构等。

（一）旅游经济所有制结构

旅游经济所有制结构反映了旅游业所有制关系的构成及比例。在社会主义市场经济中，发展以公有制为主体的多种所有制结构是客观趋势。因此，分析旅游经济所有制结构的特点、运行状况及发展趋势，既有利于坚持社会主义方向，充分发挥公有制为主体的作用，又有利于不断改革探索，促进非公有制经济的发展，增强旅游经济的内在活力和外在动力，从而进一步加快旅游经济的发展。

（二）旅游企业规模结构

旅游企业规模结构反映了大、中、小旅游企业的结构比例和旅游企业集团化发展的状况。从国际旅游业发展的情况看，一方面，大、中、小旅游企业的规模结构是由客观条件决定的，是在市场竞争中，通过竞争淘汰、新建而逐步形成相对稳定的结构。另一方面，旅游企业遵循规模经济和聚集经济的市场竞争要求，逐步形成一些紧密型与松散型相结合的大企业集团，如饭店管理公司和旅游集团公司相结合等，有利于增强旅游企业的竞争力和提高经济效益。

（三）旅游管理体制结构

旅游管理体制结构是从宏观角度所表现的有关旅游行业的政策保障体系、行业管理体制及实施手段体系的状况。随着中国经济体制改革从计划经济体制向市场经济体制转变，经济增长方式从数量扩展型向综合效益型转变，以及旅游经济的快速发展，中国旅游业正逐步形成以行业管理为主，集旅游政策保障体系、旅游法律法规体系和旅游宏观调控体系为一体的旅游管理体制结构，充分反映了中国以政府主导为主的旅游经济发展模式。

第三节 旅游产业结构的优化

一、旅游产业结构优化的意义

旅游产业结构优化是指通过对旅游产业结构的调整，使整个旅游产业结构合理化、高度化，从而保持旅游经济协调发展不断满足社会日益增长的旅游需求的过程。

旅游产业结构的合理化是指在现有经济技术基础上，旅游经济内部各种结构保持较强的互补性和协调性，具有符合现代旅游经济发展要求的比例关系，从而实现整个旅游经济的持续稳定发展。

旅游产业结构的高度化是指在旅游经济合理化基础上，充分应用现代科学技术成果，有效利用社会分工的优势，不断提高旅游业的技术构成和旅游生产要素的综合利用率，促进旅游产业向高附加值方向发展，不断提高旅游经济的综合效益。

现代旅游经济的持续发展取决于旅游产业结构的优化，而旅游产业结构的优化不仅是现代旅游经济发展的战略目标，而且是旅游生产力体系形成的要求，是旅游经济实现良性循环发展的根本保证。

（一）旅游产业结构优化是旅游经济发展的战略目标

在传统的经济体制下，人们往往把经济发展的总量增长和速度加快作为经济发展目标，因而在讲到旅游经济发展战略时，也往往过分强调经济指标和增长速度，忽略了旅游产业结构和效益。事实上，旅游经济总量的增减和发展速度的快慢不一定反映生产力水平的高低，而旅游产业结构的优劣则明显反映出生产力水平的高低和经济效益的好坏。因此，数量拓展型的旅游经济增长未必带来经济效益的提高，相反有可能引起投入量的增加和结构失衡，最终使整个旅游经济发展不协调。而质量效益型的旅游经济增长依赖于技术进步和结构优化。旅游产业结构合理了，既有速度又有效益，从而能实现旅游经济长期持续协调发展。

因此，必须把旅游产业结构的优化作为旅游经济发展的战略目标，通过产业结构的优化来求速度、要效益，促进旅游经济持续协调发展。

（二）旅游产业结构优化是旅游生产力体系形成的要求

生产力是由相互联系、相互依存、相互制约的各种因素所构成的有机整体，各个因素必须质量相适应，数量成比例，序列有秩序，才能形成合理的生产力结构，才能有效地实现人与自然之间的物质变换过程。否则，就不能形成合理的结构，不能构成有效的生产力。旅游业是一个综合性的经济产业，旅游经济各部门、各要素的发展规模、速度和水平，如果不能相互适应，形成一定的数量比例和合理的序列结构，就不能形成旅游生产力体系，不能发挥出应有的功能。因此，要促进旅游经济的发展，就必须形成有效的旅游生产力体系。而有效旅游生产力体系的形成，需要旅游产业结构的优化。

（三）旅游产业结构优化是旅游经济良性发展的保障

旅游经济的良性发展通常表现为旅游经济各部门、各要素比例协调地发展。如果旅游经济各部门、各要素比例不协调，经济发展大起大落，则是不良循环的反映。纵观改革开放以来中国旅游经济的发展，在总体呈现高速增长的情况下，也一度出现大起大落的状况。虽然宏观调控的手段可以使旅游经济比例关系暂时协调，但随着旅游经济的继续增长，又会出现新的比例失调。因此，要解决旅游经济的平衡协调发展问题，还是要从旅游产业结构优化入手。只有从根本上实现了旅游产业结构的优化，才能使旅游经济发展实现速度适当、效益良好，最终进入持续协调发展的良性循环中。

（四）旅游产业结构优化是提高旅游综合效益的手段

旅游产业结构优化的根本目的是使旅游资源得到合理的开发利用，旅游供给体系趋于完善，形成旅游区域结构新格局，使旅游产业外部和内部各种重要比例不断趋于协调，并向高度化方向发展，从而充分有效地发挥旅游业的产业功能和经济优势，全面提高旅游经济的综合效益。旅游产业结构优化的目标和内容，包括旅游经济各种结构都必须处在合理化和高度化的发展状态，而且各种结构之间的相互作用、相互制约的关系必须有利于各种结构保持合理化发展的状态。其中旅游产品结构、旅游市场结构、旅游企业结构和旅游区域结构的优化又在整个旅游产业结构的合理化中居于重要地位。

二、旅游产业结构优化的标志

旅游产业结构优化并不是一个抽象的概念，而是有具体的评价标准。因各个国家旅游经济发展水平、旅游产业结构形成的历史背景不同，各个旅游产业结构优化的标准存在差异；但旅游产业结构作为一种客观经济活动的实体，却有着具有普遍意义的优化标准，具体表现在以下几方面。

（一）资源配置的有效性

合理的旅游产业结构应能够充分、有效地利用本国旅游资源及人力、财力、物力，能够较好地利用国际分工的好处，发挥自身的优势，实现资源的最佳配置，能够促进旅游资源的保护和适度开放，尽量保持旅游资源的有效使用和永续利用。

（二）产业结构的协调性

合理的旅游产业结构应能够使旅游经济的各产业、各部门保持合理的比例关系及协调发展，能够有效地促进旅游生产、流通、分配及消费的顺利进行，从而使旅游的供给和需求处于协调发展的状态。

（三）产业布局的合理性

合理的旅游产业结构应能够遵循旅游经济发展的客观要求，形成合理的旅游区和旅游产业布局，从而提高整个国家或地区旅游经济的整体形象和综合生产能力，提高整个旅游业的综合经济效益。

（四）旅游经济发展的持续性

合理的旅游产业结构应能促进旅游经济持续稳定发展，社会经济效益不断提高，生态环境不断优化，国家经济实力不断增强。

（五）生态环境的融合性

合理的旅游产业结构应能够促进生态环境的保护和改善，随着旅游经济的发展，不仅保护自然旅游资源和人文旅游资源不受破坏，而且进一步美化和改善生态环境，使旅游业发展与生态环境的保护有机地融为一体，实现经济收益与资源和环境保持相协调的良性循环。

总之，旅游产业结构优化必须从各国、各地区的实际情况出发，在研究本国国情或本地区实际状况的基础上，建立一个既符合本国或本地区实际，又有利于进入国际旅游市场，参与国际竞争，以使旅游经济健康发展的旅游产业结构。同时，要制定有利于旅游产业结构合理化的方针和政策，为旅游产业结构的合理化进程创造一个适宜的环境。并且要处理好宏观调控与市场调节的关系，使宏观调控内容、方向、力度与市场的需求保持协调关系，市场的调节也要有利于产业结构宏观目标的实现。

三、旅游产品结构的优化

旅游产品结构优化是指各种旅游产品在规模、数量、类型、层次等各种指标的比例方面形成一种协调的组合关系。为了实现旅游产品结构的优化，必须采取以下有效的措施。

（一）加强旅游产品开发

大多数旅游产品都是由单项旅游产品组合而成的，任何单项旅游产品的缺少或过多都会对旅游产品整体结构的优化产生影响。因而必须对各种单项旅游产品的开发给以重视，不能因收益回报少而忽视对某些单项旅游产品的开发，也不能因某种单项旅游产品的收益大而一哄而上。有些单项旅游产品特别是旅游景区景点，一旦经过开发引导，就成为旅游产品结构中不可缺少的重要一环，若开发不足势必降低旅游产品的吸引力。因此，加快各类单项旅游产品的开发，才能不断完善旅游产品结构，形成完整的旅游产品体系。

（二）优化旅游产品结构

旅游产品结构不是静止的，而是在不断运动和变化。随着旅游者需求的提高和多样化，旅游者会对旅游产品类型和产品层次提出新的要求。如旅游者的旅游需求由观光型转变为度假型、对交通工具的需求由普通型转变为高级型等。因此，要求旅游经营者时刻跟踪旅游需求的变化，及时对旅游需求结构做出准确的预测，以适时调整现有旅游产品结构。此外，为延长现有旅游产品的生命周期，也要注意对现有旅游产品的挖潜更新和提高工作进行深层次开发，创造出新的价值，在满足旅游需求的同时，保持旅游产品结构的优化。

（三）培育名牌旅游产品

名牌旅游产品是旅游特色产品的核心，也是使旅游活动增加吸引力的基础，其在旅游产品结构中占有举足轻重的地位。在对特色旅游资源的开发带动下，通过开发丰富多彩的一般旅游资源来增加环境容量，通过培育名牌旅游产品来吸引旅游者，既能增加旅游经济效益，又能促进生态环境的保护。

四、旅游产业结构的优化

（一）坚持宏观调控与市场调节相结合

旅游产业结构优化进程中，宏观调控与市场调节分别具有不同的优越性。从宏观上，国家对旅游产业结构中的不合理状况可以通过行政手段、财政预算投资及价格、利率、税收等宏观调控措施，强制性地、及时地进行调整，从而避免市场失效和市场调节的滞后性。但市场的复杂性及其运行的规律性又决定了市场调节也具有重要地位和作用，特别是在社会主义市场经济中，旅游行业的供给结构总是受着市场需求的引导。因此，宏观调控与市场调节在旅游产业结构优化过程中各有特点，不能互相代替。只有充分发挥二者的作用，协调好二者的关系，才能促进旅游产业结构的优化。

（二）使主导行业与关联行业相适应

在旅游产品结构中，旅行社在各行业中处于中心地位，起主导作用，它是联系各行业的纽带。因此，要充分发挥它的“龙头”带动作用，并与其他行业形成合理的比例关系。同时，也要深入研究旅游市场的发展趋势，根据旅游市场需求变化特点，分析和研究不同旅游行业的变化趋势，着重解决“瓶颈”行业的制约，及时调整相关行业的供给及运行状态，保持整个旅游产业结构的合理性，以适应旅游业发展的要求。

（三）加快旅游企业的集团化发展

加快旅游企业集团化发展是旅游产业结构高度化的重要目标。国际经验表明，打造专业化明确、综合性强的企业集团是增强旅游竞争力的重要手段。它能够发挥规模经济的优势，降低市场风险，是旅游产品结构合理化和高度化的重要途径之一。加快旅游企业集团化发展，可采取以下措施：一是组建大型旅游集团，形成开发、经营、管理的一体化；二是促进所有制结构调整，实现旅游产业所有制结构的合理化；三是加强旅游集团的科学管理和现代化管理，向管理要效益，并且促进旅游企业经营管理的国际化。

五、旅游区域结构的优化

从中国区域旅游经济发展不平衡的现状，以及不同地区旅游资源和社会经济发展的差异性出发，实现旅游区域结构优化应抓好以下几方面。

（一）突出重点发展的原则

改革开放以来，中国旅游业经过30多年的高速发展，已初步形成了一部分旅游经济的重点区域。因此旅游区域布局应按照区域经济发展理论，遵循突出重点的原则，加强对重点旅游区、旅游城市及旅游路线的建设和发展。目前及今后一段时间，应重点对当前在国际上已具有一定知名度的旅游区的配套建设及旅游度假区进行开发，通过重点建设一批融观光、度假及文化娱乐为一体的旅游区，尽快形成具有相当产业规模的综合接待能力，增强对国内外游客的吸引力。应加快对重点旅游城市的配套建设，特别是对改革开放以来形成的旅游中心城市，进一步深度开发，提高综合接待能力，充分发挥旅游中心城市的作用，增强对邻近地区和全国的辐射功能，成为全国旅游创汇的基地。要重点扶持和建设一批具有发展潜力，经济效益好的旅游线路，开展多种专项旅游，丰富旅游的内容，增强旅游产业发展的后劲。

（二）遵循点—轴发展的规律

所谓旅游点—轴发展规律，就是以建设国际化旅游城市为依托，形成增长点，再以点带面，带动整个区域旅游经济的发展。按照点—轴发展规律的要求，首先要加快重点旅游区和国际化旅游城市的建设，在目前的重点旅游区和旅游城市中，有选择地建设一批具有国际化标准和功能的旅游城市和旅游景区，形成旅游经济发展的增长点。然后，依托这些增长点，不断向周围地区扩散，并形成旅游网络，带动相应地区旅游经济跳跃式地发展，从而促进全国旅游经济网络的形成和旅游业的大发展。

（三）强调合理分工、互相补充

从地域间旅游经济的发展看，中国旅游经济的发展不仅在区域间有差别，而且各区域之间在发展阶段、发展规模及水平上也存在着差距。因此，旅游区域布局必须遵循合理分工、突出特色、互相补充的原则，根据各区域间旅游经济的发展水平及区位状况，进行合理的分工和布局。一方面，各地区应根据自身的旅游资源优势和区位条件，根据市场需求开发与经济发展相适应的旅游产品，并和相关地区形成合理的分工和布局；另一方面，在注意突出各自的优势和特色时，要强调互补互济，形成各地区之间资源互补、市场互补、产品互补和优势互补，从而促进生产要素的流动和有效利用，提高旅游经济的整体效益。

（四）积极发展国内外区域合作

旅游业是一个开放型的经济产业，封闭是不能发展的，因而必须加快对外开放，积极发展国际国内的旅游合作。一是要按照旅游经济的内在联系，以区域经济理论为指导，加强各地区之间的联合和协作，逐步形成具有一定规模、具有一定水平和各具特色的区域旅游网，提高区域旅游的整体竞争能力。二是要积极发展国际区域合作，参与国际市场竞争。特别是要顺应目前国际经济区域一体化的趋势，打破边界约束，寻求更大范围内的区域旅游合作，增强中国旅游业在国际旅游市场上的旅游竞争能力，为中国进一步开拓国际旅游市场拓展新的途径。

【本章练习】

一、关键名词

旅游产业结构　旅游产品结构　旅游区域结构　旅游投资结构　旅游产业结构优化

二、简答题

1. 旅游产业结构的概念和特征是什么？
2. 旅游产业结构包括哪些内容？
3. 旅游产业结构优化的标志是什么？
4. 旅游区域结构优化有哪些原则和内容？
5. 合理布局旅游生产力的意义是什么？

三、论述题

结合实际，讨论旅游产业结构的影响因素。

四、案例分析

我国旅游饭店业的发展现状和趋势

我国的旅游饭店业是旅游产业的核心要素，也是现代服务业的重要组成。作为我国最早对外开放的窗口行业，经过30多年的发展，我国的旅游饭店业，特别是星级饭店已发展成为市场化程度高、业态丰富、设施齐全、服务规范的现代服务业的典型代表。

1. 旅游饭店业的发展现状

（1）星级饭店数量稳步增长，产业贡献能力不断增强。据统计，我国目前有星级饭店1万多家，且数量稳步增长。同时，星级饭店的产业综合能力不断加强，对国民经济的贡献越来越大。

（2）高星级饭店投资涌热潮，经营绩效不容乐观。在各种因素的影响下，近年来我国各地投资高星级饭店项目热潮涌现，热度不亚于高速发展的房地产市场。数量上，高星级饭店数量增幅远高于总体；在区域分布上，高星级饭店项目已经从一线城市向二、三线城市拓展，从东部发达地区向西部欠发达地区延伸。但是，投资热潮的产生也给行业发展带来了"供过于求"的隐忧。星级饭店出租率长期在低位徘徊。这种现象在全国各个城市普遍存在。

（3）国际品牌大举扩张，本土品牌任重道远。多家国际饭店集团、多个品牌进入了中国市场，管理近千家饭店，世界排名前10的国际饭店管理公司均已经进入中国市场。国际饭店集团不仅在我国的一线城市布局，甚至已进入我国的二线、三线城市。国内饭店管理集团也在高速发展，中国本土的饭店品牌受到市场的广泛关注。我国已经有多家饭店管理集团在规模上进入全球50强（如锦江、如家、七天、汉庭等）。但无论在规模还是业绩方面，国内集团与国际知名品牌集团相比还有明显差距。

（4）消费需求模式转变，饭店业态多元发展。随着内需的不断扩大，传统的依靠旅行团的观光型饭店开始向本地消费市场转型，有些二线、三线城市的星级饭店餐饮收入超过了客房收入。随着会展经济的蓬勃发展，各种规模会议型饭店开始在大中城市快速发展。随着消费结构的升级和国民休闲旅游的发展，城郊或各类风景区的度假型饭店逐渐增多。随着饭店消费模式从单一到多元再到个性化发展，青年旅馆、乡村旅店、农家乐、汽车旅馆等饭店新业态在全国各地陆续出现。

2. 旅游饭店业的发展趋势

（1）高星级饭店增速趋缓。根据普遍的经济规律可以判断，随着行业投资回报率的持续降低，未来几年高星级饭店的数量增速将会趋缓。理性的投资者应该看到，除了房地产价值外，高星级饭店项目的经营回报价值已非常有限。

（2）中端市场发展潜力巨大。近年来，国内传统的经济型饭店集团和豪华饭店集团均开始进军中端市场。一方面，低端连锁经济型饭店竞争激烈。经过近10年的高速发展，几大连锁经济型饭店品牌很快进入"千店"规模，出租率和盈利能力都有下滑，说明部分一线、二线城市低端经济型市场已渐趋饱和。另一方面，部分城市出现高星级饭店项目短期供过于求的局面。在这两方面因素的共同作用下，市场将注意力转移到中端市场。

（3）国际品牌中国化。未来几年，鉴于国内宏观经济增长和国内消费的提振，国际品牌饭店在中国市场将继续“高歌猛进”。在数量上高速增长的同时，为更好地服务中国消费者，国际品牌的产品和服务将呈现越来越明显的中国化趋势。如今，面对国际品牌中国化的现象，我国的饭店人在感慨改革开放、经济发展所取得的巨大成就的同时，思考的是如何在全球竞争的背景下，将“中国服务”发扬光大。

资料来源：鲁凯麟 . 我国旅游饭店业的发展现状和趋势 // 张广瑞，刘德谦，宋瑞 . 2012 年中国旅游发展分析与预测［M］. 北京：社会科学文献出版社，2012.

问题：

1. 近年来我国旅游饭店行业发展过程中呈现出哪些主要特点？
2. 我国旅游饭店行业业态多元发展体现在哪些方面？
3. 如何提高内资旅游饭店的竞争力和经济效益？

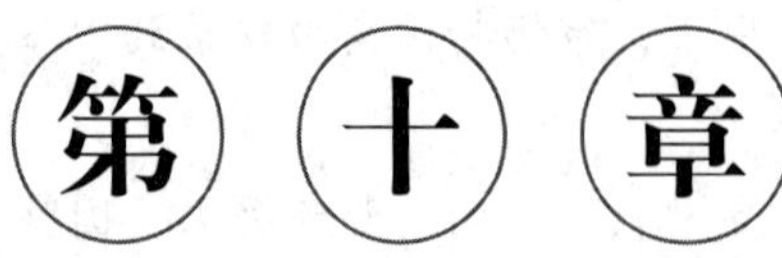

第十章 旅游经济发展

旅游经济发展模式和旅游经济发展战略是旅游经济研究的重要内容。旅游经济发展战略是涉及旅游全局和长远性发展的根本问题。本章从旅游经济发展模式入手，先介绍了旅游经济发展模式的类型、世界主要旅游经济发展模式和我国旅游经济发展模式，接着对旅游经济发展战略的内容和制定依据及我国旅游经济发展战略进行了分析，并对旅游经济发展计划进行了讨论。通过学习，应该掌握旅游经济发展中的一些基础理论知识，这是旅游经济研究应当具备的理论素养。

【学习目标】

1. 了解旅游经济发展模式、旅游经济发展战略和旅游经济发展计划的概念。

2. 了解各国旅游经济发展模式，制定旅游经济发展战略的基本原则，旅游经济发展计划的内容、主要比例和指标，以及编制与实施的程序和方法。

3. 熟悉旅游经济发展模式的类型和我国旅游经济发展模式和战略。

【导入案例】

数字旅游在学界被认为是产业融合的概念和体现，并将引发旅游产业的升级和创新，数字经济助推或扭转旅游发展模式催生出多个生机勃勃的领域。首先，旅游大数据领域。旅游大数据深刻改变了旅游营销和旅游销售的传统模式，这些新的模式全面挖掘并活化了以下新数据源：用户生成内容数据，包括在线文本数据和在线照片数据；设备数据，包括 GPS 数据、移动漫游数据、蓝牙数据等；交易数据，包括网络搜索数据、网页访问数据、在线预订数据等。其次，旅游智慧城市领域。“数字嬉乐”通过数字化将古老城市景观代入现代生活进行互动（比如电子旅游游戏），促进不同利益相关者实现共同创造，从而塑造出“游乐城市”。最后，旅游区块链领域。据研究，旅游政策的制定可以利用区块链来实现各利益相关者之间的包容性、安全性和经济性，对“小岛经济体”尤其适用。此外，还有消费领域。数字旅游在交通密度高的地区对消费升级具有更为显著的作用。当然，数字旅游带来的模式变化还表现在其他各个领域，正逐渐成为旅游发展模式创新的主要领域。

资料来源：魏翔．数字旅游——中国旅游经济发展新模式［J］．旅游学刊，2022，37（4）：10-11.

第一节 旅游经济发展模式

旅游经济发展模式是一个国家或地区在某一特定时期旅游业发展的总体方式。旅游经济发展模式是从旅游产业发展战略的高度出发，全面概括一定时期旅游业发展战略的总体思想和基本特征，规定了在一定时期内旅游业运行的基本性质和发展方向。

一、旅游经济发展模式的类型

旅游经济发展模式是根据特定的社会经济条件、历史发展进程和自然环境状况来加以规定的。因而，不同的国家或地区，旅游经济发展模式是不相同的。纵观世界旅游经济发展模式，按不同的标准可以划分成不同的类型。

（一）按旅游业发展方式分

按旅游业的发展方式，可分为超前型旅游发展模式和常规型旅游发展模式。

超前型旅游发展模式是指旅游业的发展超越了国民经济现行的一般发展阶段，希望通过旅游业的超前发展来带动和促进国民经济中相关产业和相关地区的经济发展的一种发展模式。发展中国家在发展旅游产业的初期较多地采用此种模式。它们通常利用已有的旅游资源，在政府的支持下首先发展国际旅游中的入境旅游，以获得发展经济所需的外汇和推动相关产业和地区的经济发展。

常规型旅游发展模式又称为自然发展模式，是指旅游业的发展是该国国民经济自然发展的一个结果，当国民经济发展到一定阶段时，该国的旅游经济自然而然地就发展起来。这种发展模式是建立在国民经济发展的基础上的。当社会经济发展到一定水平时，人们收入提高，一方面在居民中产生旅游需求，另一方面社会也具备了满足这种需求的条件，因而它是一种常规的旅游发展模式，也验证了旅游经济活动是整个社会经济活动的必然产物的客观规律。这种发展模式多见于经济发达国家，如欧美一些国家的旅游业早在工业革命时期，就随着社会经济的发展而发展起来了。

（二）按旅游业调节机制分

按旅游业调节机制，可分为政府主导型旅游发展模式和市场主导型旅游发展模式。

政府主导型旅游发展模式是指政府在旅游业的发展过程中起着主要作用，政府通过制定各项旅游规划或旅游业政策来确定旅游业的发展战略、目标以及实现战略目标的各种对策和措施，从而达到直接干预旅游业发展的目的。当然，也不排除在政府主导型旅游发展模式中市场的一定的调节作用，但相比政府的主导作用，市场的调节作用只能居于辅助的地位。通常，这种旅游发展模式只适合两种情况：一是在短时期内需要推进旅游业迅速发展的国家和地区，二是这些国家和地区具有政府干预和控制经济的传统。

市场主导型旅游发展模式是指旅游业的发展主要通过市场自发调节机制来推动的一种发展模式。市场在价格、供求和竞争这些机制的作用下实现旅游业资源的合理配置，推动旅游业内部的自行调节和自行均衡，在旅游供求的不均衡—均衡—不均衡的矛盾运动中实现旅游业的发展。这种发展模式，以市场的调节为主，政府的调节为辅，旅游业的发展主要依靠市场机制来实现旅游业内部的自行调节和均衡；政府对旅游业的调节是间接的，主要通过一定的市场参数来进行调节。采用这种旅游发展模式的主要是传统上的市场经济型国家。

（三）按旅游业发展顺序分

按旅游业发展顺序，可分为自然延伸型发展模式和推进型发展模式。

自然延伸型发展模式是指旅游业的发展取决于经济发展的自然规律。经济发展到一定程度，适合发展什么样的旅游业，就发展什么样的旅游业，而并不去刻意追求。旅游业的发展是其本国经济发展的自然延伸的结果。常见的此种旅游业发展模式是先发展国内旅游业，在国内旅游业发展到一定的程度后再发展国际旅游业中的入境旅游和出境旅游，最终实现国内旅游、入境旅游和出境旅游全方位发展。

推进型发展模式是指跨越一定的经济发展阶段，优先发展旅游业中的入境旅游，以此来推动其他类型的旅游业的发展，最终实现旅游业整体发展的一种旅游业发展模式。它的发展顺序依次为先发展国际旅游中的入境旅游，再发展国内旅游，最后发展适度的出境旅游，最终实现旅游业的全面发展。政府在此种发展模式中起着重要的作用。

二、世界主要旅游经济发展模式

（一）发达国家旅游经济发展模式

1. 美国模式

美国模式是指以美国为代表的经济发达，同时旅游业也相应发达的国家发展旅游业的模式。属于这一模式的国家除美国外，主要还有日本、德国、英国、法国、加拿大等发达的工业国家。这些国家的基本状况是：经济发达，人均国内生产总值高；服务业产值在国内生产总值中所占比例高，一般都达到 50%。

美国模式的主要特征表现在以下三个方面：

（1）从旅游产业发展顺序上看，属于经济发展自然延伸型旅游模式。发达国家旅游业的发展通常是其本国经济发展自然延伸的一个结果。美国等国家经济发达，其旅游业的发达程度基本上与国民经济的发达程度同步。大部分发达国家发展旅游业时遵循的是国内旅游—区域（邻国）旅游—国际旅游这样一种层次递进的常规发展过程。由于发达国家国民收入高，消费能力强，国内旅游需求旺盛，因此，国内旅游首先得到发展，并成为整个旅游业的基础，而国际旅游并没有得到刻意发展。这些国家构成了全球国际旅游的主体，既是主要的客源输出国，又是主要的客源接待国。

（2）从旅游业行政管理体制上看，美国模式属于“小政府，大社会”的模式。这种模式的特征为旅游行政管理体制较为松散，中央政府不设专门的旅游主管部门，或虽然有，但机构小，人员少，权限也较小，不直接从事或干预旅游业的经营，没有国家一级的旅游业政策。旅游业的管理主要由半官方的旅游机构（如行业协会）进行协调。例如，美国夏威夷旅游局就是民间行业组织，工作人员众多，而夏威夷州政府旅游办公室只有几名工作人员。发达的旅游行业组织是“小政府”得以存在的条件。

（3）旅游业经营管理上表现出以大企业为主导、小企业为基础的特征。美国模式中旅游企业几乎全部是私营的。一些大型的旅游公司、旅馆联号都实行了网络化经营，在旅游经营和市场份额上占主导地位。这些国家旅游业的发展完全依靠市场机制，以市场的需求为引导和约束，通过市场机制，发展或限定旅游经济的结构。

2. 西班牙模式

西班牙模式是指以西班牙为代表的经济中等发达而旅游业特别发达的国家的旅游发展模式。属于这种模式的国家除西班牙外，还有葡萄牙、希腊、摩洛哥、墨西哥等国。这些国家的基本状况是：地理位置优越，与主要的旅游客源国相邻，旅游资源丰富独特，服务业产值占国民经济比重在 50% 左右，旅游业是该国的经济支柱。

西班牙模式的特点主要表现在以下四个方面：

（1）在旅游业的管理体制上，政府对旅游业的宏观管理相当重视，旅游管理机制趋于完善，发展旅游业成为国家的主导产业政策之一。

（2）在经济结构中，旅游业已成为国民经济的支柱产业。由于这些国家丰富独特的旅游资源和政府对旅游业的大力支持，在一定的发展基础上，旅游业已成为这些国家国民经济的支柱性产业，其国内、国际旅游总产值要占到国内生产总值的 5%~10%，个别国家还要高于这个比例，如西班牙要占到 12% 以上。国际旅游收入又是这些国家的重要外汇来源。

（3）旅游业长期呈高速发展态势。自 20 世纪 70 年代以来，这些国家大部分国际旅游接待人次剧增，国际旅游收入出现顺差，旅游产业呈现长期的高速发展态势。

（4）以邻国的大众客源市场为主要的目标市场。由于这些国家旅游资源丰富独特，且多接近主要的国际客源输出国，交通便利，政府又在国与国之间的交往中尽量减少限制，提供便利条件。因此，这些国家纷纷把邻国的大众客源市场作为主要的目标市场，特别是为其短途驾车旅游和周末旅游等提供方便。

（二）发展中国家旅游经济发展模式

1. 印度模式

印度模式是指以印度为代表的相当一部分发展中国家和欠发达国家发展旅游业的模式。这些发展中国家经济落后，国民经济中农业是主体，工业和服务业处于低水平。

印度模式的特点主要表现在以下三个方面：

（1）在产业发展机制上实行国家的计划调控和市场的自行调节相结合的机制，即国有经济和私营经济并举的混合发展机制。例如，印度旅游业的经营，开始是国有企业为主体，在一定程度上占有垄断地位，发挥主要作用，政府对私营经济的限制较多，私营企业规模较小，而且没有强有力的行业组织。但是从 1985 年开始，印度开始了旅游业的转型改制，旅游企业主要由私营经济经营，政府相应地放宽了限制，取消了垄断法，国有和私营企业处于平等的竞争地位。

（2）在旅游业发展方式上，选择的是超前发展模式。这些国家发展旅游业的中心目标是利用本国旅游资源的吸引力赚取外汇，弥补贸易逆差和减缓外债的压力，带动本国经济发展，改变本国落后的经济状况。因此，这些国家在发展旅游业的初期，一般均采取国际旅游业超前发展的策略，起先只是致力于接待国外游客，对国内旅游和本国公民出国旅游不予鼓励。

（3）在旅游业形成的一定基础上，注重对国内旅游的发展。在国内经济的发展和大力发展输入旅游所形成的一定的旅游业基础上，这些国家开始意识到国内旅游对本国经济的促进作用，即国内旅游不仅是国际旅游的一种补充，而且是国内经济发展的一种重要推动力，能极大地提高人民的文化社会生活水平；国内旅游的发展又进一步推动国际旅游的发展，从而使得整个旅游业获得协调发展。

2. 斐济模式

斐济模式是以指斐济为代表的岛国旅游经济发展模式（这里的岛国不包括日本、英国、新西兰等经济发达或面积较大的岛国）。属于这一模式的国家除斐济外，还包括加勒比海诸国、南太平洋若干岛国、马尔代夫、马耳他、塞浦路斯、塞舌尔、贝宁、冈比亚、博茨瓦纳等。这一类国家国土面积小、人口少、经济资源有限或者原有经济丧失优势，而旅游资源得天独厚，如具有独特的海洋风光、岛国风情、荒漠草原、野生动物、民族舞蹈、宗教活动等优势。有些国家在历史上曾是某些西方国家的殖民地、附属国，或处于国际交通的要冲，或靠近主要客源国。因此，在这些国家，形成了旅游业一枝独秀，成为国民经济主体产业的局面，也由此带动了国民经济各个相关行业的繁荣。

斐济模式的特点主要表现在以下三个方面：

（1）经济单一，国际旅游业是该国国民经济的主体产业和重要支柱，也是外汇收入的主要来源和最主要的就业部门，通过旅游业带动各个相关行业的发展。在这些国家，旅游收入一般占国家外汇收入的 20% 以上。

（2）旅游管理机构地位高，权限较大。国家旅游组织的重点工作是颁布旅游法令，制订发展规划，负责投资征税和对海外推销，也有一些旅游组织直接经营主要旅游设施，但外国公司在旅游经营中起着实际支配作用。

（3）旅游业受世界经济影响较小，如发生世界性政治或经济危机时，洲际长途旅游大量转向这些小国，反得渔翁之利，但受政治因素影响较大。

三、中国旅游经济发展模式

（一）适度超前型发展模式

适度超前型发展模式的基本含义包括两个方面。一方面，旅游业的发展速度既要超过我国 GDP 的增长速度，又要超过国际旅游业的平均增长速度，以体现一个新兴产业的内在生命力，以达到一个外向型产业的国际化要求。另一方面，在发展速度上要略快于国民经济及工农业的发展，但必须与旅游业密切相关的产业相协调。如与民航、铁路等产业的发展相协调，不能盲目超前。

旅游业适度超前发展的主要内容包括：第一，发展速度超前，即旅游业发展速度既要快于国民经济发展速度和工农业的发展速度，又要超过世界旅游业的平均速度；第二，发展水平超前，即经过一定时期的发展，旅游业的管理水平、技术水平和服务质量应达到国际水平；第三，人才培养超前，旅游业是国际性的行业，也是一个特殊性的产业，要达到国际服务水准，就必须建立一支政治、业务素质相当高的旅游业人才队伍。

（二）推进型旅游经济发展模式

中国的社会条件、经济条件和消费条件决定了我国旅游业发展只能采用推进型旅游经济发展模式，即由国际旅游向国内旅游推进的非常规发展模式。推进型旅游经济发展模式建立在社会经济较低发展水平之上，旅游产业的形成和发展不是由本国居民消费需求增长推动，而是由于经济建设需要大量外汇，以及旅游业可以促进相关产业发展而形成的。因而，采取首先发展国际入境旅游，促使国际旅游产业体系率先形成和发展，然后随着居民收入水平的逐步提高，适时地发展国内旅游。这种旅游经济发展模式在其初期阶段是完全建立在境外人民的旅游需求之上的，政府支持旅游业的主要目的是获得特定的经济效益。

（三）政府主导型旅游经济发展模式

从发展中国家看，由于市场机制不健全，政府主导的程度一般都比较高，以高效率的政府行为弥补了市场缺陷，并以此加速了市场的发育。根据我国国情，我国有必要实施政府主导型旅游经济发展模式。一是随着经济全球化，企业面临日益激烈的全球化竞争及与之相联系的更复杂多变的营销环境；二是与发达国家比较，中国旅游业目前的基础条件，特别是旅游基础设施不够完善；三是中国是社会主义国家，发展国际旅游业经济意义和政治意义并举。

【知识链接】

中国旅游业发展模式总结

40年前，随着我国改革开放大幕拉开，旅游业开始了从小到大、从弱到强的发展征程。在此期间，政府根据各个阶段中国旅游发展特点的变化，按照以市场为基础配置资源的基本原则，充分合理地发挥各级政府部门尤其是旅游行政管理部门的宏观调控职能，包括制定科学合理的产业政策和符合市场要求的法规标准等措施，依法规范、积极引导各类旅游主体的行为，从而使旅游资源达到最优配置的状态，为中国旅游业发展营造了良好的市场环境，促使旅游业在政府推动下实现了适度超前发展，并且在不同时期、不同阶段、不同细分领域实现了转变。

在市场竞争方面，从非完全竞争式旅游经济发展模式（1978—1993年）转变为较充分竞争式旅游经济发展模式（1993年至今）；在产业融合方面，从发展初级阶段仅限于旅游业本身转变为重视“旅游+”，强调和其他产业融合发展；在产业功能方面，从单纯追求经济、外交功能转变为重视强化旅游业在促进国民经济增长、树立国民文化自信、保障社会民生、推动生态环保、加强与各国外交友好等多重功能，落实到具体举措，“旅游扶贫”“红色旅游”“绿色旅游”“低碳旅游”等项目在全国各地开展；在开发范围方面，从局部“景点旅游”向“全域旅游”“优质旅游”模式转变，推动中国旅游业在新时代以满足民众安全感、获得感和幸福感为己任，朝品质化方向发展。因此，“政府推动旅游市场优先发展模式”下政府与市场之间更多的是一种“协同”关系，在市场基础薄弱的情况下，政府因势利导推出政策有利于增强市场发育能力，在市场有效发育之后，政府又更多地在扮演监督、调控、规范、引导、助推的角色。

中国旅游业“政府推动旅游市场优先发展模式”是平衡“有效市场”与“有为政府”的重要探索。该模式对于丰富经济学中政府与市场关系研究提供了具有中国特色的理论视角，有利于指导旅游业市场发展。

资料来源：曾博伟等.改革开放40年中国政府推动旅游市场优先发展模式研究［EB/OL］.中国社会科学院旅游研究中心微信公众号.2020-09-14.

第二节 旅游经济发展战略

一、旅游经济发展战略的定义

旅游经济发展战略是一个国家或地区的国民经济发展战略的组成部分，是该国或该地区对其旅游产业所做的全局性与长期性的规划与部署。它反映了该国或该地区发展旅游经济的基本愿望与态度。

（一）旅游经济发展战略的总体目标与阶段目标

旅游经济发展战略的总体目标是旅游经济发展所要解决的首要问题。它由旅游产业发展所要达到的各项指标组合而成，如旅游经济效益指标、旅游产业增长指标、旅游产业结构调整指标、技术进步指标和社会综合效益指标等。

旅游经济发展战略的实施是一个长期的过程，这一个较长的时期一般都要分成几个阶段，旅游经济发展战略的阶段目标就是指各个阶段所要实现的基本目标。

（二）旅游经济发展战略目标的实现

旅游经济发展战略目标的实现即战略实施步骤。其主要表现为旅游资源的开发、旅游设施的建设、旅游市场的开拓、发展资金的筹措、旅游产业结构的调整以及旅游人才的培养等。

二、制定旅游经济发展战略的依据

（一）社会经济发展水平

社会经济发展水平是影响和决定一个国家或地区旅游经济发展战略的基础条件。经济发展水平较高，居民收入水平也高，旅游需求也强烈，要求旅游业快速发展；经济发展水平低，国内或地区内居民旅游需求虽然薄弱，但为了促进经济的发展，吸取外汇，积累资金，而要求发展国际旅游。经济发展水平会对旅游产业的发展形成制约，即发展与旅游业相关的其他产业能对旅游业提供多大的支持，如经济发展水平高，这种支持就比较有保证；如经济发展水平低，这种支持就会很有限，从而制约了旅游产业的发展。所以在制定旅游经济发展战略时，尤其在考虑战略目标时，必须考虑不同时期社会经济发展会对旅游业提出什么要求和能提供多大的支持。

（二）旅游资源的丰富程度与开发潜力

一个国家或地区的旅游资源状况是其旅游产业发展的前提条件，对制定旅游发展战略有直接影响。如果旅游资源丰富，品种又齐全，就可以提供多种类型的旅游产品，满足各种不同的旅游需求，并且由于开发潜力大，其旅游产业的发展后劲也大。因此，在制定旅游经济发展战略时，其战略考虑就可放宽、放远。反之，若旅游资源不够丰富，又比较单一，其旅游产业的发展便会受到一定的限制，旅游经济发展战略也可能有别于前一类型的国家或地区。

（三）旅游产业发展所处的不同阶段

不同的发展阶段意味着旅游产业发展的基础不同，进一步发展的要求也不同，这对旅游经济发展战略的制定也有影响。旅游产业若处于初期发展阶段，其发展速度要快，需要的基础设施投资也大，旅游产业的发展主要表现为数量型增长。旅游产业若处于中期发展阶段，其发展速度相对减缓，所需投资仍然较大，但与初期阶段相比将有所减少，而且其发展开始注重质量和效益，表现为从数量增长向质量提高转换，同时从速度型向效益型转换。进入成熟阶段的旅游产业，各种基础设施已健全，各种接待设施也已完善，服务质量和管理水平也较高，产业体系健全，经济运行畅通。

影响制定旅游经济发展战略的因素除上述三个主要方面之外，还有其他因素，如政治制度、经济发展模式、产业政策、旅游市场需求与格局、周边环境与国际环境等，在具体制定的过程中，应对这些因素进行深入分析，统筹考虑。

三、我国旅游经济发展战略

（一）政府主导型战略

政府主导型旅游战略，就是按照旅游业自身的特点，在以市场为主配置资源的基础上，充分发挥政府的主导作用，争取旅游业更大的发展。政府主导型战略的主体是政府，基础是市场。

政府主导型战略的主要内容包括观念主导、政策主导、管理主导和资金主导等几个方面。参照国际经验，实施政府主导型旅游战略的主要措施有建立和完善旅游法制体系、旅游管理部门行政地位升格、开征旅游税、增加旅游宣传促销的投入等。

（二）经济新增长点战略

选择和确定新的经济增长点，必须把握几个基本原则：符合转变经济增长方式的要求，有利于经济增长的集约化；市场需求量大，有利于增加有效供给；产业关联度高，有利于带动相关产业的发展和结构升级；国际竞争力强，有利于扩大出口创汇；投资回收快，有利于形成经济的良性循环。

（三）旅游强国战略

旅游发展质量和旅游服务质量构成旅游强国战略的总体框架。价格战略、品牌战略与人才战略是质量的自然延伸，是竞争深化的需要，也是旅游强国战略的有机组成部分。

（四）可持续发展战略

可持续发展战略包括四个重点：一是要求正确处理局部利益与整体利益、短期利益与长期利益、经济效益与生态效益的关系，强调当代人公平、世代人公平、地区间公平；二是要求人类在一切经济活动中必须坚持人与自然的和谐相处，切实保护环境，保持生态平衡，实现社会公平和世代昌盛；三是要求任何地区任何时候人们所追求的经济高速发展，都必须控制在生态资源允许的范围内，强调可持续发展时间维度与空间维度相协调，经济、社会发展与资源、环境的承载力相协调，经济增长与社会平等相协调；四是要求共同遵守公平性和持续性原则，共同保护环境，共同发展经济，共同富裕。

旅游业可持续发展战略的基础是资源永续利用，核心是旅游业发展过程中经济效益、社会效益与环境效益的统一。在实施旅游可持续发展战略的过程中，政府的宏观决策和管理措施是决定性的因素。

【同步案例】

泰国宣布 2024 年实现高质量和可持续性的战略方向

泰国国家旅游局日前宣布了 2024 年的战略方向——将继续提高旅游供应和可持续标准，并利用泰国软实力促进和发展泰国的高价值和可持续旅游业。泰国国家旅游局局长育塔萨·素帕颂（Yuthasak Supasorn）先生说："2024 年将是加速复原力的一年，将泰国的旅游业转变为高价值和可持续的旅游业，提升和推进更好的旅游生态系统建立。为了建立一个新的生态系统，我们需要更多地关注增加旅游支出，吸引优质游客，与我们的合作伙伴一起发展供应链，并将收入公平地分配给当地社区。我们需要在经济财富、社会福祉、环境健康和人类智慧之间建立平衡。"为了提振泰国的旅游业，泰国国家旅游局致力于旅游安全的完善，并提出创造旅游安全行业环境的 4 个关键因素：（1）以高质量和可持续性加强供应链，来满足不断增长的需求，并将收入公平地分配给当地社区；（2）制定支持旅游基础设施建设的政策，使国际游客可以更安全更方便地在泰国旅行；（3）通过创新和技术利用数字化转型，为旅游业创造附加值，实现可持续发展；（4）有效地关注外部风险管理。TAT 负责国内营销的副局长塔帕尼（Thapanee Kiatphaibool）女士表示：

“泰旅局将继续专注于为在旅游体验方面有不同需求的优质旅行者创造和提供‘有意义的体验’。为了实现这一目标，泰旅局关注亚文化运动，并将从各个角度加强与利益相关者和供应商的伙伴关系，以推动泰国旅游业走向可持续性。”对于国际市场，泰旅局制定了五个方向来提振海外市场，包括：（1）提高泰国的可持续性形象，并将其作为泰国独特的卖点，旨在加强国际旅行者对 Kinnaree 品牌（泰国旅游奖）的认识；（2）渗透新兴优质市场，专注于新市场以及其他潜在细分市场，如有消费能力的年轻一族、商务旅行者以及婚礼和蜜月；（3）寻找新的合作伙伴，并扩大与全球合作伙伴的合作，如旅游关怀（非营利组织）、支付宝和微信；（4）促进中国—老挝—泰国之间的高铁陆路旅行；（5）通过数字内容进行营销，例如利用虚拟 KOL 将泰国旅游推广到 Z 世代和 Y 世代客群。“根据精心规划的 2024 年战略方向，泰旅局在最佳情况下设定了 3 万亿泰铢的总体收入目标。这包括国际旅游业 1.92 万亿泰铢和国内旅游业 1.08 万亿泰铢。泰旅局预计将在 2024 年接待 3500 万人次外国游客，并激励 2 亿人次国内旅行。”塔帕尼女士总结道。

资料来源：泰国国家旅游局宣布 2024 年实现高质量和可持续性的战略方向［EB/OL］. 泰国国家旅游局成都办事处微信公众号 . 2023-07-20.

问题：泰国国家旅游局宣布的 2024 年实现高质量和可持续性的战略方向对促进泰国旅游业的可持续具有什么样的作用？

第三节　旅游经济发展计划

一、旅游经济发展计划的概念

旅游经济发展计划，是国家或地区确定的在未来一定时期内旅游经济发展的目标以及实现该目标所做的各方面安排和部署。它规定了国家或地区在未来一定时期内旅游经济的发展方向、规模和速度。它既是一个国家或地区社会经济发展计划的组成部分，也是同工业、农业等并列的产业发展计划。

制定旅游经济发展计划的主要任务是：在旅游经济发展战略的指导下，确定合理的宏观调控目标，制定相应的产业政策，搞好旅游经济预测和分析，规划旅游经济结构和旅游生产力布局，安排组织好重点建设项目。

二、旅游经济发展计划体系

为了保证旅游经济有计划、协调地向前发展，必须建立一套时间上前后衔接、内容上互相联系的计划体系。

（一）根据计划期时间的长短划分

1. 长期计划

长期计划一般期限至少为 5 年，具有发展战略性、预见性和纲领性的特点。其主要任务是解决旅游经济有计划发展的一些重大问题，如确定旅游经济的战略目标、战略重点，调整旅游经济结构，确定旅游经济的发展速度和战略布局，确定新旅游区、路线的开发及人才培养目标等。制定旅游经济长期计划的主要依据是国家经济发展计划中对旅游经济提出的任务和要求、旅游供求状况及国际旅游市场的发展趋势等。

2. 中期计划

中期计划一般为 2~5 年，作为旅游经济计划的基本形式，它是长期计划的具体化。中期计划的不确定因素比长期计划少，可以比较准确地衡量计划期各种因素的变动和影响。它需要对长期计划的各项任务给以具体的数量表现，并对实现计划目标的各项措施作出具体的安排，从而为编制年度计划提供依据。

3. 短期计划

短期计划一般指年度计划，也包括更短的季、月计划，是实现中、长期计划目标的具体执行计划。它需要具体规定计划期的任务和实施方案。

从旅游经济发展计划的时间序列上来看，长期计划具有决定性的意义；中期计划是连接长期计划和短期计划的纽带，负有把长远的战略任务具体化和指导近期发展的使命；短期计划是具体的行动计划，是实现中、长期计划的保证。

（二）根据计划的范围不同划分

1. 国家计划

国家旅游经济发展计划是由文化和旅游部编制的。它是根据国家不同时期国民经济发展计划的安排，从整体利益出发，对整个国家旅游经济在一定时期内发展所作的全面部署和安排。其主要任务是：确定每一个时期和每年国家旅游经济发展的规模、旅游接待人数、旅游收入及增长率；确定主要的旅游客源市场，在国外设立旅游宣传与推销机构，进行旅游市场的调查研究，选择理想的旅游代理人；计划旅游产品的生产；促进与旅游有关的行业的发展，保证全国旅游从业人员的培训和教育等。

2. 地区计划

地区旅游经济发展计划是由省、自治区、直辖市的旅游厅（局）编制的。它是根据全国旅游经济发展计划和本地区的实际情况编制的。其主要任务是：确定本地区的旅游接待目标；确定本地区旅游资源的利用和开发、旅游设施的建设；计划旅游物资的供应和旅游人才的培养等。

3. 地方计划

地方旅游经济的发展计划是指有关市、县的旅游经济计划。它是根据以上两种计划编制的，主要是从本地旅游资源的实际情况出发，确定旅游点的建设和有关配套设施的建设，并在人、财、物的分配使用上作出具体的安排。

上述三级旅游经济发展计划，对一个国家而言，构成一个互相联系、互相制约的完整的计划体系。

三、旅游经济发展计划的主要比例和指标

（一）旅游经济发展计划的主要比例

1. 国际旅游与国内旅游的比例

国际旅游与国内旅游，既相互依存、相互促进，又相互矛盾。在资金总量一定的情况下，投在某一方面的资金多了，投在另一方面的资金就要减少；而且在旺季，国内旅游者与国际旅游者对某些共同使用的旅游基本设施与景点在使用上会形成相互争夺的局面，使供求矛盾更为尖锐。因此，在旅游经济计划中，要处理好两者的比例关系，以利于两者相互协调地发展。

2. 基本旅游设施与基础设施的比例

基本旅游设施，是指直接为旅游者提供的旅行游览服务的设施，如饭店、餐厅、交通工具及娱乐游玩场所等，这是发展旅游经济的物质基础。基础设施是使基本旅游设施得以运转的一切地下或地面的工程或建筑设施，如供水、供电、供热系统，通信系统，道路及废物处理系统等。它们虽然不直接为旅游者提供服务，但与旅游经济发展有着密切的关系。因此，基本旅游设施与基础设施之间的比例关系也是旅游经济发展计划应该处理好的问题。

3. 基本旅游设施各组成部分之间的比例

基本旅游设施的各组成部分之间，客观上也要求保持一定的比例关系。这种比例关系一方面体现在量上要相互协调，如交通设施与住宿设施之间、住宿设施与娱乐设施之间数量上的协调，这样可以保证各类设施充分发挥作用，不致出现有的闲置，有的不足的状况。另一方面，在质上即设施之间和同一设施各组成部分之间在规格、等级、类型等方面也要互相保持一定的比例关系，否则便会出现结构性的失衡。因此，必须保证基本旅游设施各组成部分之间在量和质两方面的比例协调，这样才能使旅游经济活动形成比较协调的、适应不同需求的综合接待能力。

4. 旅游设施与旅游从业人员的比例

旅游设施是进行旅游经济活动的物质保证，设施正常运转需要会管理、懂技术、能操作的旅游从业人员，设施与从业人员之间要保持恰当的比例关系。这一比例关系同样体现在量和质上：量上要相互协调，避免设施闲置或人员过剩；质上要相互配套，要保证不同类别、不同层次的人员的需要均衡，使不同的设施设备与不同层次的人员相互配合，提供高质量的服务。

此外，旅游经济发展需要国民经济中众多部门的协作。在计划主要比例的同时，不应忽视它与其他部门或行业的发展比例问题，特别是与交通、建筑、轻工、商业、农业等部门的比例关系。

（二）旅游经济发展计划的主要指标

旅游经济发展计划指标主要包括旅游入境人数、有组织接待人数、接待天数、旅游外汇收入等。其中有组织接待人数是指旅游部门有组织地接待的入境旅游者人数，它包括外国旅游者，也包括我国港澳台游客，既包括入境过夜游客，也包括当日出入境的一日游游客。

四、旅游经济发展计划的编制与实施

（一）旅游经济发展计划的编制

1. 旅游经济发展计划的编制程序

计划编制工作的程序，一般包括以下内容：估量机会、制订目标、确定计划工作的前提条件、拟订可供选择的方案、评价各种备选方案、选择方案、制订辅助计划、通过预算使计划数字化。

首先，要做好编制计划的准备工作，必须进行市场调查研究，收集必要的资料，在分析旅游经济各方面资料的基础上，预测旅游经济未来发展的趋势。其次，要选择适当的计划编制方法或模型，对这些信息进行定量分析。最后，在众多的方案中选择最优方案，并确定计划指标。

2. 旅游经济发展计划的编制方法

（1）投入产出法。投入产出法，是利用数学方法和计算机分析方法，考察国民经济各个部门之间数量依存关系的一种方法。所谓投入，是指各部门为了从事经济活动，需要消耗的物质财富和劳务；所谓产出，就是指每个部门生产出来的产品和劳务。利用该法既有助于正确地确定各部门之间的比例关系，又有助于检查各种比例关系是否协调，也有助于在外界发生变化时，及时调整计划，以达到综合平衡的目的。

投入产出法的主要内容是编制投入产出表和经济数学模型，并利用它来进行经济分析和计划预测。由于编制时所采用的计量单位不同，投入产出法可以分为实物形态的投入产出表和价值形态的投入产出表。但由于这种方法计算过程过于复杂，实际运行中有些因素也无法分析，所以应用起来仍具有一定的局限性。

（2）线性规划法。线性规划法是一种现代数学方法，是管理科学或运筹学中最成熟和应用最广泛的方法之一。旅游经济发展计划追求的主要目标，是在限定的客观条件下，如何使旅游经济活动最优化，即在有限的资源（包括人力、原材料、资金、能源、设备等）条件下，使企业获得最大的经济效益。要达到这样一个目标，就必须在编制旅游经济发展计划时采用线性规划法。

线性规划法的实质就是一个优化问题。它研究的主要内容包括两个方面：一方面是线性极大问题，即在资源给定的情况下，如何充分利用这些资源，使产量最高或利润最大；另一方面是线性极小问题，即在任务给定的情况下，如何合理地调配资源，使消耗最小或成本最低。旅游产品与其他产品一样，其中产销经营同样要受到有限的资源、旅游设施设备、旅游人才、原材料、交通工具、能源、资金等条件的限制。要最大限度地发挥它们的作用，就必须运用线性规划法，合理统筹调配这些资源。

（3）德尔菲法。德尔菲法是20世纪60年代初美国兰德公司的专家们为避免集体讨论存在的屈从权威或盲目服从多数的缺陷而提出的一种定性预测方法。为消除成员间的相互影响，参加的专家可以互不了解。它运用匿名方式征询意见和进行背靠背的交流，以量化指标书面提交主持人，经汇总后将结果发给每位专家，专家们再进行新一轮的预测，如此反复，最后汇总得出一个比较能反映群体智慧的预测结果。

（二）旅游经济发展计划的实施

旅游经济发展计划的实施就是将计划转化为行动的过程。为了更好地保证计划的执行，必须加强对计划实施的管理工作，通过目标管理，将计划指标分解落实到执行单位和部门，各执行单位和部门依据计划的要求，安排落实具体措施，采取有效的手段检查计划落实的情况。

旅游经济发展计划实施的过程，一方面是将计划的预测转化为现实的过程，另一方面是对计划不断进行修改的过程。因为计划是在一定预测基础上编制和实施的，预测由于受未来不确定因素的影响，经常会和实际发展产生一定的差距。因此，必须建立完善的计划监督机制，随时注意将实际与计划加以对比分析，找出形成差距的原因。如果是计划本身的问题，就要对计划进行修正，这就是所谓的滚动式计划编制法，即在每次制订和调整计划时，将计划期按时间顺序向前推进一个计划期，也就是滚动一次，而不是等全部计划执行后，再重新编制下一个计划期的计划。这种动态的计划编制方法，使计划更加符合旅游经济发展的实际，从而更具有权威性和指导性。

【本章练习】

一、关键名词

旅游经济发展模式　旅游经济发展战略　旅游经济发展计划

二、选择题

1. 按旅游业的发展方式，旅游经济发展模式可分为（　　）。

A. 超前型旅游发展模式　　B. 常规型旅游发展模式

C. 市场主导型旅游发展模式　　D. 政府主导型旅游发展模式

2.（　　）是先发展入境旅游和出境旅游，再发展国内旅游，最终实现国内旅游、入境旅游和出境旅游全方位发展的模式。

A. 推进型发展模式　　　　　　B. 超前型旅游发展模式

C. 政府主导型旅游发展模式　　D. 自然延伸型发展模式

3. 下列国家旅游经济发展模式属于美国模式的有（　　）。

A. 英国　　B. 法国　　C. 加拿大　　D. 日本

4. 以下具有地理位置优越，与主要的旅游客源国相邻，旅游资源丰富独特，服务业产值占国民经济比重在50%左右，旅游业是该国的经济支柱等特点的国家有（　　）。

A. 葡萄牙　　B. 希腊　　C. 泰国　　D. 新加坡

三、简答题

1. 简述旅游经济发展模式的类型。

2. 旅游经济发展战略制定依据是什么?

3. 简述旅游经济发展计划类型及编制方法。

四、论述题

结合我国的实际情况，论述我国旅游经济发展模式和战略。

五、案例分析

旅游十思：新时代中国旅游发展战略

2024年5月17日，全国旅游发展大会在京召开。这次会议有三个值得关注的点。一是中国旅游发展，从1978年开始，46年时间，第一次以中央的名义召开。二是这次会议，三年以前就已经提出，甚至已经纳入了当年的工作要点，下发至各地。现在召开，显然是更为合适的历史时机。三是明确为旅游发展大会，而不是文旅大会，说明旅游的特性。这次会议上，最重要的是传达了习近平总书记对旅游工作的重要指示。这篇指示，包括两个部分，第一部分是对旅游发展的总结和定性，第二部分是对旅游发展的分析和要求。高屋建瓴，反复锤炼，字字珠玑，不只是对具体工作的要求，更是一篇新时代的中国旅游发展战略。

第一，历史总结。“改革开放特别是党的十八大以来，中国旅游发展步入快车道。”改革开放四个字，就是46年的历史。快车道，则是对这十几年的描述。

第二，市场状况。“形成全球最大国内旅游市场，成为国际旅游最大客源国和主要目的地”。这个状况，也是中国旅游发展最大的优势，恰恰是与国民经济整体发展相对应。

第三，产业定位。“旅游业从小到大，由弱渐强。日益成为新兴的战略性支柱产业和具有显著时代特征的民生产业、幸福产业”。一是从小到大，由弱渐强，这是一个发展过程，一个“渐”字，则说明还在过程之中。二是在中央的最高层面上，第一次明确旅游的产业性质，是综合性的，符合旅游发展的客观规律。一个方面是新兴的战略性支柱产业，这是在国民经济体系中的地位，也是长远发展定位。一个方面是具有显著时代特征的民生产业、幸福产业。新时代，新追求，新发展，新定位。

第四，“成功走出了一条独具特色的中国旅游发展之路”。这是重要指示第一部分的结论性话语，也是高度肯定的表述。何为成功？何以独具特色？在世界旅游发展的大背景之下，凸显中国旅游发展之路。

第五，“新时代新征程，旅游发展面临新机遇新挑战。”这是旅游发展背景，也是旅游发展前景。值得深入理解的是，指示的第一部分，120 字，从头到尾就是一个句号。而第二部分开端，一句话，也是一个句号。可见战略背景与发展前景的重要性。

第六，发展理念。“要以新时代中国特色社会主义思想为指导，完整准确全面贯彻新发展理念”。这是具有普适性的，也是具有针对性的，完整准确全面，必然和民生产业、幸福产业全面深入融合。思想是灵魂，理念是指引。

第七，发展原则。“坚持守正创新、提质增效、融合发展”，这是旅游发展的三项基本原则，也是中国特色的题中应有之义。客观来看，还是对现存问题的分析。一是守正基础，创新引领，不可偏废。二是提质增效，提质是民生的基本要求，增效是产业的发展目标。三是融合发展，要求是全面融合，各行各业共同发展，旅游恰恰是可以发挥重大作用的。

第八，统筹发展。“统筹政府与市场、供给与需求、保护与开发、国内与国际、发展与安全”，这五对关系，涵盖各个方面。尤其是发展与安全，是第一次明确在旅游领域提出，直令人想起 20 世纪 80 年代旅游发展初期的事情，可见现在的国际发展环境之变化多端。这是发展战略的落实，也是重要的保障方式。

第九，发展目标。一是“着力完善现代旅游业体系”，要求是既要现代，也要体系。二是“加快建设旅游强国”，既要加快，也要强大。三是“让旅游业更好服务美好生活、促进经济发展、构筑精神家园、展示中国形象、增进文明互鉴”，这是从生活到经济，从产业到文化，从国内到国际，从中国到世界，从发展到文明的一系列要求，也正是这些要求，可以使旅游作用发挥到更大。

第十，工作要求。“各地区各部门要切实增强工作责任感使命感，分工协作，狠抓落实，推动旅游业高质量发展行稳致远。”一是远远超越了传统的旅游部门或者文旅部门，涉及各地区各部门。二是提出了使命感，也就是说发展旅游不仅是工作，甚至需要上升到使命的高度。三是分工协作，狠抓落实。也正是因为综合性，使旅游超越了一般的行业概念，才能称之为幸福产业。四是行稳致远。不希望旅游“大跃进”，更不是全国又开始大干快上，行要稳，路尚远，最终还是在市场上。

总体而言，总书记的重要指示，实际上是提出了新时代的中国旅游发展战略。对应中国式现代化，提出了新时代中国式旅游现代化。作为一个时代性的指示，不会局限于一个时期，必然是长远战略。需要从更高的角度，更大的视野，来深入领会，全面把握，系统落实。

资料来源：魏小安．旅游十思：新时代中国旅游发展战略［EB/OL］．中国旅游协会休闲度假分会微信公众号．2024–05–25.

问题：

1. 什么是“独具特色的中国旅游发展之路”？

2. 中国式现代化背景下促进旅游发展的战略方向有哪些？

实训指导

项目一　对旅游经济的初步认识

1. 实训目标

让学生走访、参观附近的公园、酒店、旅行社等。一方面，对游客进行采访，以增加对不同等级酒店各部门服务操作、运营管理的感性认识；另一方面，对经营者进行观察或了解。

2. 实训地点

学校附近的公园、酒店、旅行社。

3. 实训学时

3 学时。

4. 实训安排

（1）根据所学初步知识，选择当地几家不同档次的公园、酒店进行参观、考察，并请相关工作人员进行解说、答疑，与学生形成互动式交流。

（2）课后，视情况要求学生写出观察报告，一周后提交。

项目二　如何设计旅游线路

1. 实训目标

以昆明（大理、丽江任选一）为中心，设计出 6 条 50 千米左右的徒步旅游线路。要求：

（1）时间为 3 天；

（2）线路尽量不重复，形成环形旅游线路；

（3）列出景点（名称、等级、主要景点介绍），住宿条件；

（4）估计基本旅游成本。

2. 实训地点

校内实训室。

3. 实训学时

3 学时。

4. 实训安排

（1）学生自愿组合，分成 6 个项目小组；

（2）确定各组选题，任选一条线路，要求不能重复；

（3）学生讲解；

（4）各组推选一名代表点评其他组的表现情况；

（5）教师点评、总结、打分。

项目三　旅游消费调查

1. 实训目标

学生进行实际走访调查。

2. 实训地点

昆明世博园。

3. 实训学时

3 学时。

4. 实训安排

（1）学生自愿组合，分成 6 个项目小组；

（2）各组确定选题，任选游客进行调查，要求调查对象尽量不要重复；

（3）学生讲解、分析旅游收入与消费的关系；

（4）各组推选一名代表点评其他组的实际调查情况；

（5）教师点评、总结、打分。

项目四　旅游市场开拓设计

1. 实训目标

学生进行实际市场开拓设计。

2. 实训地点

昆明讲武堂

3. 实训学时

3学时。

4. 实训安排

（1）学生自愿组合，分成6个项目小组；

（2）各组确定选题，设计各组的市场目标；

（3）学生讲解，运用所学的知识对其进行市场开拓设计；

（4）各组推选一名代表点评其他组的实际设计情况，要求有实际的设计方案；

（5）教师点评、总结，与学生联合进行打分。

项目五　旅游投资调查

1. 实训目标

学生进行实际旅游项目调查（同旅游有关的投资项目均可），要求：

（1）可以是成功的也可以是失败的。

（2）投资项目自选。

2. 实训地点

当地旅游项目

3. 实训时间

利用学生放假或实习

4. 实训安排

（1）学生自愿组合，可以个人为单位，也可进行组合，教师可以结合自己的实际情况直接对学生进行指导；

（2）各组确定选题，学生可以根据自己所学知识和特长，设计各组的调查目标；

（3）学生讲解，运用所学的知识对其进行旅游投资调查、分析，要求有实际的报告；

（4）教师点评、总结，学生进行实际交流。

参考文献

［1］罗明义．旅游经济学［M］．北京：高等教育出版社，1998.

［2］和军．旅游经济学［M］．北京：科学出版社，2005.

［3］刘彦．大型体育赛事对城市经济和社会发展的推动作用［J］．南京体育学院学报：社会科学版，2008（3）.

［4］魏敏．旅游学概论［M］．北京：对外经济贸易大学出版社，2008.

［5］安应民．旅游学概论［M］．北京：中国旅游出版社，2007.

［6］张超广．旅游学概论［M］．北京：冶金工业出版社，2008.

［7］李伟清．旅游经济学［M］．上海：上海交通大学出版社，2011.

［8］罗明义．现代旅游经济学［M］．昆明：云南大学出版社，2008.

［9］吴国清．旅游资源开发与管理［M］．上海：上海人民出版社，2010.

［10］李云霞，李洁，董立昆，等．旅游学概论：理论与案例［M］．北京：高等教育出版社，2008.

［11］傅云新，蔡晓梅．旅游学［M］．广州：中山大学出版社，2007.

［12］宋伟良．旅游经济学［M］．武汉：华中师范大学出版社，2006.

［13］甘巧林．旅游经济学［M］．广州：华南理工大学出版社，2008.

［14］朱伟．旅游经济学［M］．武汉：华中科技大学出版社，2021.

［15］陈扬乐，谢祥项．旅游学概论［M］．哈尔滨：哈尔滨工程大学出版社，2011.

［16］朱孔山．旅游市场营销［M］．青岛：中国海洋大学出版社，2010.

［17］谷慧敏．旅游市场营销［M］.2 版．北京：旅游教育出版社，2006.

［18］张玉明，陈鸣．旅游市场营销［M］．广州：华南理工大学出版社，2005.

［19］后东升，樊丽丽．旅游经济学［M］．咸阳：西北农林科技大学出版社，2007.

［20］顾江．文化产业研究［M］．南京：南京大学出版社，2020.

［21］文钊．为什么要过黄金周？［N］．经济观察报，2005-10-17.

［22］吕宛青．旅游经济学［M］．北京：科学出版社，2009.

［23］王友明．旅游经济学［M］．北京：北京师范大学出版社，2006.

[24] 林南枝 . 旅游经济学 [M]. 天津：南开大学出版社，2002.

[25] 赵燕 . 旅游经济学 [M]. 北京：经济管理出版社，2002.

[26] 邹树梅 . 现代旅游经济学 [M]. 青岛：青岛出版社，2001.

[27] 郭巍 . 中国旅游消费结构存在的问题与优化对策 [J]. 甘肃农业，2007（3）.

[28] 俞益武 . 乡村旅游消费行为特征研究：以湖州景区为例 [J]. 农业经济，2007（8）.

[29] 刘文彬，梁明珠 . 我国城乡居民人均 GDP 与旅游消费关系的定量分析 [J]. 特区经济，2010（5）.

[30] 尤慧，陶卓民 . 国内旅游消费结构存在问题及优化研究 [J]. 江苏商论，2006（8）.

[31] 丁鑫，汪京强，王晓燕 . 城镇居民国内旅游消费与可支配收入增长的动态关系：基于中国 1988—2011 年数据的实证检验 [J]. 黎明职业大学学报，2014（1）.

[32] 林丽 . 城乡居民旅游消费的地区差异实证研究 [J]. 商业时代，2013（6）.

[33] 夏保国 . 城市居民乡村旅游消费行为研究：以武汉市为例 [J]. 南方农村，2013（7）.

[34] 周文丽 . 城乡居民国内旅游消费对经济增长的影响研究 [D]. 咸阳：西北农林科技大学，2011.

[35] 张翔 . 长沙市乡村旅游消费心理与行为调查报告 [D]. 长沙：中南林业科技大学，2012.

[36] 林南枝，陶汉军 . 旅游经济学 [M]. 天津：南开大学出版社，2009.

[37] 崔晓文 . 旅游经济学 [M]. 北京：清华大学出版社，2009.

[38] 张满林 . 旅游经济学 [M]. 北京：中国林业出版社，2008.

[39] 朱沁夫 . 旅游经济学 [M]. 长沙：湖南大学出版社，2005.

[40] 傅殷才 . 当代西方经济学 [M]. 北京：经济科学出版社，1995.

[41] 高汝熹 . 管理经济学 [M]. 上海：上海远东出版社，1995.

[42] 黄辉实 . 旅游经济学 [M]. 上海：同济大学出版社，1990.

[43] 厉新建，张辉 . 旅游经济学：理论与发展 [M]. 大连：东北财经大学出版社，2002.

[44] 苏勤 . 旅游学概论 [M]. 北京：高等教育出版社，2001.

[45] 黄羊山 . 新编旅游经济学 [M]. 天津：南开大学出版社，2010.

[46] 刘峥 . 关于我国旅游经济发展模式的思考 [J]. 商场现代化，2009（4）.

[47] 邓小海 . 新时代乡村旅游提质增效 [M]. 北京：中国书籍出版社，2020.

[48] 李永峰，李巧燕，杨倩胜辉 . 可持续发展导论 [M]. 北京：机械工业出版社，2021.

[49] 石培华，黄萍，杨旭，穆怀彦，徐进 . 乡村旅游发展的中国模式 [M]. 北京：

中国旅游出版社，2022.

［50］臧峰宇 . 马克思政治哲学引论［M］. 北京：中国人民大学出版社，2020.

［51］厉新建，宋昌耀，张安妮 . 旅游业新质生产力：难点与方向［J］. 旅游导刊，2024，8（3）：23-33.

［52］左冰 . 旅游经济学（高级教程）［M］. 北京：科学出版社，2024.

项目策划：孙妍峰
责任编辑：孙妍峰
责任印制：钱　宬
封面设计：武爱听

图书在版编目（CIP）数据

旅游经济学 / 王静主编 ; 赵福祥, 钟宏伟副主编. 2 版. -- 北京 : 中国旅游出版社, 2024. 8. --（国家级一流本科专业建设配套精品教材）. -- ISBN 978-7-5032-7389-6

Ⅰ. F590

中国国家版本馆 CIP 数据核字第 2024PM2750 号

书　　名：旅游经济学（第二版）

主　　编：王　静
副 主 编：赵福祥　钟宏伟
出版发行：中国旅游出版社
（北京静安东里 6 号　邮编：100028）
https://www.cttp.net.cn　E-mail:cttp@mct.gov.cn
营销中心电话：010-57377103，010-57377106
读者服务部电话：010-57377107
排　　版：北京旅教文化传播有限公司
经　　销：全国各地新华书店
印　　刷：三河市灵山芝兰印刷有限公司
版　　次：2024 年 8 月第 2 版　2024 年 8 月第 1 次印刷
开　　本：787 毫米 × 1092 毫米　1/16
印　　张：15.75
字　　数：330 千
定　　价：49.80 元
I S B N　978-7-5032-7389-6